思想 REFLEXION 43

五一三的幽靈

編輯委員會

總 編 輯：錢永祥

編輯委員：王智明、白永瑞、汪宏倫、林載爵
　　　　　周保松、陳正國、陳宜中、陳冠中

聯絡信箱：reflexion.linking@gmail.com

網址：www.linkingbooks.com.tw/reflexion/

五一三的幽靈

1969年5月13日種族暴亂：馬來西亞的歷史創傷

以英語創作的馬來西亞作家處理了許多馬來西亞重要的議題與事件，五一三事件是許
多這些作家作品中的主題。這個事件持續作為一個暴力的歷史性時刻，一道在50年後
仍舊顯而易見且刻骨銘心的傷口。

創傷後：馬來與馬華作家對513事件的心理比較

馬來及華人語言在政治地位上的不同，以及此二族群對五一三事件的不同認識，導致了
他們在各自文學作品中採取不同的寫作途徑。馬來人與華人在講述五一三悲劇時的差異，
反映出後創傷階段的不同程度。

五一三的幽靈

事隔50年後，五一三的幽靈依然盤桓在馬來西亞的天空，形成漢娜奧卡芙小說書名所謂
的「天空沉重」，顯然還猶待安魂。

致讀者

劉進慶與他的抵抗時代[1]

邱士杰

引言

　　左翼運動一般都可從組織史與理論史兩個面向來把握，具有馬克思主義取向者尤其如此。雖然這兩個面向也存在於20世紀台灣左翼運動，但在日本殖民者與戰後國民黨政權接連採取暴力鎮壓的背景下，無數個別運動家的長期堅持活動——而不是組織本身的長期存在——往往是組織得以在潰滅後重建甚至吸收新血的前提；理論也經常依托於個別運動家的智力活動——而不是容易夭折或萎縮的組織本身——才得以繼續發展或延續。換句話說，個別的運動家對於20世紀台灣左翼運動而言，經常是敘述組織史和理論史的支點）儘管運動長期的衰弱不振也正好作為運動特點而體現於茲。

　　對20世紀台灣左翼運動而言，足以成為理論史與組織史之敘述支點的人物並不多，但活躍於戰後日本的劉進慶（1931-2005）正是

1　Research on Marxist Theory of Social Formation and the Development of Chinese History, Project supported by the National Social Science Foundation of China （Grant No. 18BZS008）.

這樣的人物之一。劉進慶是戰後台灣經濟研究者眾所皆知的學術先驅，代表作就是他在1972年完成並於1975年出版的《戰後台灣經濟分析》（戰後台湾経済分析──1945年から1965年まで）。然而這部作品也是20世紀台灣左翼運動罕見的大型理論著作。此書不但涉及馬克思主義者一般都會關心的社會形態理論，也試圖用社會形態理論為台灣歷史進行分期。而他的獨特觀點就是將台灣自晚清到戰後二十年視為連續的「半封建社會」。更重要的是，劉進慶本人也是台灣民主化運動、中國統一運動，以及台灣左翼運動在日本當地的重要參與者和組織者。雖然劉進慶並沒有以台灣左翼活動家的身分在戒嚴時期的台灣島內活動，其活動軌跡卻構成20世紀台灣左翼運動史特別是七十年代的關鍵部分。換句話說，劉進慶是同時在組織史與理論史上占有一席之地的運動家。

　　本文將依據現有史料探索劉進慶與台灣左翼運動的關係。劉進慶退休後發表的七十自述〈我的抵抗與學問〉（わがレジスタンスと学問）是認識其思想與生平的第一材料。[2]根據這份自述，劉進慶的人生可說由三個環節所構成。第一個環節是作為被壓迫者個人的「原始體驗」的形成，第二個環節是從原始體驗出發並涉及組織史的「抵抗」（レジスタンス，即resistance的日語音譯），第三個環節則是為了抵抗且涉及理論史的「學問」。劉進慶為了抵抗而形成的第二個環節將是本文主題，而〈我的抵抗與學問〉未能說明的歷史則將根據其他史料而加以復原。

2　劉進慶，〈わがレジスタンスと学問〉，《東京経大学会誌》第233
　　號（2003年2月，東京）。本書徵引此文時以曾健民先生的漢譯本
　　為基礎並加以修訂。漢譯本原載於：劉進慶著、曾健民譯，〈我的
　　抵抗與學問〉，《批判與再造》（2005年12月，台北），頁30-39。

從「原始體驗」走向「抵抗」與「學問」

1931年九一八事變前夕，劉進慶出生在台灣雲林斗六。尚稱富裕的家境讓他自幼便能快樂地成長。雖然他的成長時代正是殖民地台灣進入「十五年戰爭」以及皇民化運動的階段，但因為了配合不懂日語的母親，家裡完全以台語溝通，對外才使用日語，從而他也通過這樣的二重生活而自小就能保有漢民族生活的空間。雖然少年時代的他也曾遭到皇民化運動的矇騙，但父親的民族教育以及皇民化運動對漢民族傳統和民間信仰的破壞，卻讓他在日本投降之前便建立起初步的中國民族意識。1945年的台灣光復讓劉進慶滿心歡喜迎接祖國的接收，但隨後爆發的二二八事件卻讓他對國民黨徹底失望。事變中，他作為嘉義中學學生參與了鬥爭，並有同窗好友在事變中犧牲。這是他日後猶然深刻悲痛的創傷，國民黨統治下復現的壓抑同殖民地時期的被壓迫經驗，共同構成了他所稱的「原始體驗」。劉進慶在1952年考入台大經濟系，同級同學有孫震（1934-）、黃昭堂（1932-2011，又用名黃有仁）以及吳澧培（1934-　），稍晚幾屆的則有他日後長期共事的涂照彥（1936-2007）。劉進慶在1956年畢業之後服役，然後順利考入銀行工作，結婚生子。然而，就在他的生活基本安定無虞的時候，心中卻產生重新確定人生方向的想法。「我內心的深處卻是想走到廣大的世界去，再一次審視自己與台灣的關係。還有，只要出國，應該有什麼好的機會也說不定；那時，自己還未有要走學問的道路的念頭。那是1962年，29歲的春天。」[3]

3　劉進慶，〈わがレジスタンスと学問〉，頁16。

　　劉進慶在1962年赴日留學，並在1963年拿著台大經濟系教授張漢裕（1913-1998，東大經濟學博士）所寫的介紹信，[4]參加了東京大學大學院經濟學研究科的入學考試，然後拜入隅谷三喜男（1916-2003）門下，「從此便開始了我往後9年間在東京大學本鄉校園的生活。」[5]這裡有早他一步先到的雲林同鄉涂照彥與劉守哲（1935?-1973），以及比他更早拜入隅谷門下但最終未能取得學位的郭嘉熙（1933- ）。[6]在東大首次接觸到馬克思以及韋伯的劉進慶打開了自己的學術視野。他不但深為這兩位思想家所傾倒，也在隅谷的鼓勵下決意研究台灣經濟。劉進慶回憶，「一個人的思想和認識，是離不開他的時代和社會而存在的。即使是追求客觀理性認識的學術研究，事實上仍然排除不了其個人主觀感性認識的參與。其中，個人在十多歲青少年的『原始體驗』，往往形成他一生世界觀之出發點。不幸的是，我這一年代的『原始體驗』，就是二二八事件的慘劇和嗣後白色恐怖時代下的生活。我著手研究台灣時，這個『原始體驗』的黑影，始終在我心底，若影之隨形。猶記得我從小夢想的抱負，就是要改造這個社會；要台灣成為民主樂土。六十年代初，我離開台灣來到日本。當我看到他國自由繁榮之情景時，自嘆自己國家的黑暗落後，不禁感到悲憤，竟至痛哭流涕。我愛台灣好的強烈意識，使我決心研究台灣。」[7]

4　劉進慶，〈先生と台湾〉，未刊打印稿，1994年3月14日，頁1。

5　劉進慶，〈わがレジスタンスと学問〉，頁17。

6　張炎憲訪談、陳美蓉整理，〈郭嘉熙先生訪談〉，《台灣史料研究》第47期（2016年6月，台北）頁94-101。劉進慶，〈先生と台湾〉，未刊打印稿，1994年3月14日，頁1-2。

7　劉進慶，〈漢譯版序言〉，收錄於劉進慶著，王宏仁、林繼文、李明俊譯，《台灣戰後經濟分析》（台北：人間出版社，1992），頁VIII。

　　1967年5月30日，劉進慶當選東京大學中國同學會（簡稱東大中同會）總幹事。[8]這是以台灣留學生為主的東大校內團體，主要活動是同學聯誼和學術交流，而首任總幹事即戴國煇（1931-2001）。[9]雖然總幹事一職與政治毫不相干，但劉進慶當選總幹事後意外發生的「劉佳欽、顏尹謨返台被捕事件」，卻改變了他的人生道路。1967年7月，均為東大學生的劉佳欽和顏尹謨參與旅日留學生暑期歸國訪問團返台。沒想到，這場由駐日使館組織的集體返台省親活動亦預謀誘捕劉顏二人。劉顏先後在8月中下旬被捕並遭到慘無人道的刑求。[10]「劉顏事件」讓「原始體驗」的黑影再次浮現劉進慶心中。這讓他展開了「抵抗」。「台灣當局以他們與反體制（台獨）組織有關係為理由秘密逮捕了他們並送軍法處法辦。劉〔佳欽〕先生的家屬把記錄了受嚴刑拷問逼供經過的手記送到我手上；還有當局也把兩位在日本時遭國民黨特務計誘犯罪的部分也當罪狀，我以會長的立場毅然出面究明真相。」[11]9月23日，東大中同會舉辦了一場由駐日使館文化參事宋越倫和日本各大學台灣留學生對話的「留學與個人的問題」座談會。「在會上，劉、顏二君被逮捕的消息傳開，所有人都非常震驚。」劉顏事件終於在所有留學生面前曝光。為了救援劉顏，劉進慶與駐日使館文化參事宋越倫來回溝通，甚至在1967年11月29日衝向東京山王飯店舉辦歡迎蔣經國訪日的宴席，「將要

8　〈東大同學會改選幹事〉，《台灣青年》第79號（1967年6月，東京），頁32。

9　戴國煇著，林彩美策劃，《戴國煇全集》第27卷「別卷」（台北：文訊雜誌社，2011），頁85。

10　《〔紀錄片〕劉佳欽口述歷史》，國家人權博物館，https://imedia.culture.tw/channel/nhrm/zh_tw/media/41461，擷取日期：2019年12月10日。

11　劉進慶，〈わがレジスタンスと学問〉，頁18。

求妥善處理劉顏事件的書函當面交給當時正好訪日的國防部長蔣經國」，[12]要求「在不妨害偵查工作範圍內，應該對留日同學充分說明，以安人心，一方面，對外國朋友（例如教授、學生等），也要有個交代。」[13]

　　赴日留學之初，台大經濟系的同學黃昭堂曾勸劉進慶參與台獨派的「台青」，[14]但他「基於坦率的感情」直接拒絕了讓「台灣變成孤兒」的活動，於是兩人再也沒有往來。[15]儘管如此，東大時代的劉進慶仍基於反對台灣戒嚴專制體制的原則和良心，而願與立場異己的台灣留學生「共鬪」（共同鬥爭）。[16]用他的話來說，「自擔任同學會的負責人以來，我一向對事做事，為事做事，以良識、正義與良心為憑，以國家與同學會的利益為會務的價值判斷基準，而從不為任何個人或團體做事。」[17]救援劉顏事件就是他踐行此原則的實證。

　　1968年5月，劉進慶卸下東大中國同學會總幹事的工作，由當時

12　劉進慶，〈劉顏事件覚書〉，《東大中国同学会会報・暖流》第14期（1972年8月，東京），頁117-121。

13　〈劉進慶致蔣經國信〉，手稿，1967年11月29日；全文並收錄於：劉進慶著、邱士杰主編，《劉進慶文選：我的抵抗與學問》上卷（台北：人間出版社，2015），頁3-4。

14　「台青」指的是以1960年創刊的東京《台灣青年》雜誌為開端，並進而組織成台灣青年會（1963年）、台灣青年獨立聯盟（1965年）的獨立運動系譜。代表人物有王育德、黃昭堂、許世楷等人。

15　劉進慶口述、駒込武等訪問，〈追悼特別掲載：「戦後」なき東アジア・台湾に生きて〉，《前夜》第1期，頁241。

16　對林啟洋的訪問（訪者：邱士杰），2014年3月5日，林啟洋北投寓所。

17　〈劉進慶致宋越倫信〉，手稿，不早於1968年8月；全文並收錄於：劉進慶著、邱士杰主編，《劉進慶文選：我的抵抗與學問》上卷，頁5-6。

已經取得東大物理學博士並留校從事博士後研究的林清凉
（1931-2019）接任。[18]然而劉進慶並未放棄救援。以劉顏事件為例，
「1970年兩人遭判刑（10年和15年）後，我〔劉進慶〕也站在先鋒
繼續進行救援政治犯的活動，當時的東大校長加藤一郎也加入了這
個救援活動。」[19]此外，國民黨當局為鎮壓留日學生／學者而在劉
顏事件之後繼續製造了陳玉璽事件（1968年。統一運動相關）、柳
文卿事件（1968年。獨立運動相關）、陳中統事件（1969年。獨立
運動相關），以及劉彩品事件（1970年。統一運動相關）。劉進慶
不但為這些事件保留了大量救援文獻，也著重為陳中統撰寫救援文
章。[20]正如許介鱗所言：「在實施戒嚴的台灣，仍然是蔣介石獨裁
專制時代，台灣民眾在『白色恐怖』政治下徬徨，較聰明的知識分
子，也是在『敢怒而不敢言』的狀態。留日學生為什麼佩服劉兄的
為人，因為他投入學問之餘，也是一位熱心聯繫鄉親、照顧後進的
行動派。」[21]

　　劉進慶等學生的運動屬於六十年代全球學運的有機部分。以中
國文革和越南戰爭為前奏，1968年春天的法國爆發了反對越戰與戴
高樂政府的全國總罷工與總罷課。劉進慶身處的日本也因反越戰等
問題，而從1967年10月到1968年1月先後出現「羽田鬥爭」等數次全
國學生集結。在此背景下，東京大學校園內也爆發了學運。東大醫

18　〈留學生動態〉，《台灣青年》第90號（1968，東京），頁42。

19　劉進慶，〈わがレジスタンスと学問〉，頁18。

20　劉進慶，〈陳中統事件について〉，《東大中国同学会会報・暖流》
　　第14號（1972年8月，東京），頁122-125。

21　許介鱗，〈憶劉進慶兄的人生哲學──抵抗與學問（Resistance and
　　Learning）〉，收錄於劉進慶著、邱士杰主編，《劉進慶文選：我
　　的抵抗與學問》上卷，頁VI。

學部學生為完全廢除無給職的實習制度，而在1968年1月展開無限期
罷課，要求改善《醫師法》。以醫學部學運為前導，東大本鄉校園
的安田講堂開始成為學生占領和召開反戰‧反安保集會的據點，並
引來警方派出機動隊（鎮暴警察）進入校園。大批武裝警力的進入
校園引來了更大的反彈，於是東大各學部先後宣布進入無限期總罷
課，並在同年7月組成了全校各學部師生共同參與的「東大鬥爭全學
共鬥會議」（簡稱東大全共鬥）。步步升級的「東大鬥爭」讓全校
進入無限期罷課以及校長大河內一男被迫辭職的癱瘓狀態。抗爭還
轉變成校外各種左翼派系以東大校園為舞台相互較勁，並與機動隊
搏鬥的複雜局面。東大鬥爭在1969年1月圍繞著東大本鄉校區的安田
講堂攻防戰而進入高潮，駐守講堂的全共鬥學生不敵8500名機動隊
的圍攻而失守。東大鬥爭走向低潮，所有學部也在同年7月7日恢復
教學。[22]

　　某回，隅谷三喜男與十名左右的大學院院生（研究所學生）在
入夜後的研究室裡進行學運中常見的團體交涉，劉進慶亦在其中。
不過劉進慶並不是為了圍攻隅谷而來。事後他向隅谷表明，當時「如
果學生們動用暴力，我會用我的身體保護先生。」[23]由於校園無法
進行正常教學而劉進慶等人又得開始撰寫博士論文，師生只好轉移
他處。涂照彥回憶，「撰寫學位論文之際，我從進慶桑這裡獲得了
很多刺激和建議。在東大紛爭的高潮中，我們兩人在中央圖書館地
下室兩人並桌努力學習，直到寒冷的晚上八點。此間，進慶桑由指

22　東大鬥爭詳細過程可參見：東京大學全学大学院生協議会、東大鬥
　　爭記録刊行委員会編，《東大変革への闘い》（東京：労働旬報社，
　　1969）。

23　隅谷三喜男，《隅谷三喜男著作集》第9卷「激動の時代を生きて」
　　（東京：岩波書店，2003），頁300。

導教官隈谷三喜男先生指導論文，因此他就邀請了我，在校外的一間斗室準備了一個只有我們三人的討論課。」[24]劉進慶則說，「在博士課程的後半段，東大颳起校園鬥爭的風潮。東大經濟研究所幾乎陷入瀕臨崩解的狀態。我作為外國留學生與風潮保持了距離，只有以總圖書館地下室的研究室為立足處埋頭研究。隈谷先生身負處理校園紛爭的大任，一方面仍繼續在東大駒場校區附近的公寓一角指導我們的課業。同時，我也參加了亞洲經濟研究所的研究會成員，最大限地活用了研究所內收藏的有關台灣的圖書資料。就這樣，我博士論文的寫作就在東大校園紛爭中進行。」[25]

博士論文的完成與台灣問題研究會的成立

1968年7月13日，學運分子為鞏固東大鬥爭在暑假期間的運動能量，在東大本鄉校區召開學生集會。[26]與此同時，劉進慶在這天留下一則關於D. H. Houghton的《南非經濟論》（*The South African Economy*）的筆記。他在結束筆記之際提到了南非當時的種族隔離政策和經濟發展的關係，他寫道：「隔離發展乃是對歷史的逆行。〔但〕以人種差別為基礎的白人支配正在帶來經濟發展。」因此，是否就該「讓有能力的人去承擔政治，使經濟得到發展」？對於這種觀點，劉進慶在明快的破折號後寫下自己的評語──「奴隷の言

24　涂照彥，〈同学同郷のよき先輩を偲ぶ〉，《日本台湾学会ニュースレター》第10號「特集：劉進慶先生追悼文集」。

25　劉進慶，〈わがレジスタンスと学問〉，頁18。

26　東京大学全学大学院生協議会、東大闘争記録刊行委員会編，《東大変革への闘い》，頁143-146。

葉（奴隸的語言）」。[27]

「奴隸の言葉」（«рабьим» языком）是列寧對《帝國主義是資本主義的最高階段》初版的形容語。[28]列寧為了在沙皇俄國出版這本書，不得不以有利於出版的「奴隸的語言」鋪陳該書初版行文，迴避官憲審查。《南非經濟論》的論調顯然讓劉進慶想起列寧批判的「奴隸的語言」，而且成為自己畢生未敢忘懷的警語：「我一方面熱情於母國的民主化運動，另一方面，論文的研究作業也同時推進，兩者並立不悖同時進展。我往復於對抗專制政治的民主化運動的感性，和研究專制政治的下層構造的經濟的理性認識之間，這使台灣政治經濟的全貌和本質更加明確地浮現出來。我拋掉『奴隸的語言』，全心忠實於真實和真理，盡全力寫下來。伴隨著研究作業的進展愈有充實感，深深感受到學問的滋味和喜悅。」[29]

劉進慶在1969至1971年間留下的材料多屬學術論文，顯然劉進慶並未在「抵抗」之餘忘卻「學問」本務。1972年3月29日，涂照彥以《台灣殖民地經濟的構造與變化》（台湾植民地経済の構造と変容）取得東大經濟學博士學位（課程博士，博經第十九號）。劉進慶則在4月12日以《戰後台灣經濟分析》（戦後台湾経済分析）為題取得同學位（課程博士，博經第二十號）。「當日本的學生運動漸漸平息下來的時候，我的論文也已完成（1971年），向學校提出。獨自的理論架構和從社會底層出發的觀點紮實地貫穿了全體論文，被教授褒獎是『優秀的論文』。至少，在校園紛爭使東大經濟所的

27　《劉進慶筆記1965-1966‧川田演習》，1968年7月13日。

28　參見俄文版《列寧著作全集》（Владимир Ильич Ленин. Полное собрание сочинений）第27卷，頁302，http://uaio.ru/vil/27.htm，擷取日期，2020年4月22日。

29　劉進慶，〈わがレジスタンスと学問〉，頁18。

教育、研究極端荒廢的時期，有研究的成果出來，因而得到指導教授們的歡喜和祝福吧！」[30]同儕對於這部論文的評價也很高。涂照彥認為，「這本書無論在理論上或實證上，都內含著強烈的陽性的主體性」，「給予讀者以同類書籍所沒有的強烈印象。」[31]戴國煇則認為，這本書在東大出版會先後出版的五本台灣學者博士論文中，[32]屬於「最洋溢熱情、精力豐沛的成果。」[33]

　　然而，當外在環境出現劇烈變化，劉進慶暫時偏向「學問」的重心就敏感地轉移到「抵抗」。保衛釣魚台運動以及兩岸圍繞著聯合國中國代表權問題而引發的鬥爭，是再次激化劉進慶「抵抗」之心的關鍵事件。保釣運動始於1970年9月美國將釣魚台列嶼作為沖繩附屬島嶼而一同「返還」日本，進而在1971年的海外尤其是北美刺激廣大台灣留學生走上街頭反對美日所為，並譴責國民黨當局的姑息與無能。同年4月10-12日的全美華人保釣遊行，以及8月的美中、美東、美西的留學生三場國是會議之後，釣運進一步轉化為認同中華人民共和國的中國統一運動，並伴隨著同年10月25日聯合國大會表決通過第2758號決議而愈見深化與強烈。這導致海外台灣留學生內部不得不圍繞著左／右／統／獨各種傾向而分裂與重組。除了統一運動之外，北美留學生的運動還存在著認同國民黨當局統治合法

---

30 劉進慶，〈わがレジスタンスと学問〉，頁18-19。

31 涂照彥，〈書評：劉進慶，『戦後台湾経済分析』──一九四五年から一九六五年まて──昭和50年2月　東京大学出版会刊，398ページ〉，《経済学論集》第41卷第3號（1975，東京），頁83。

32 這五位東大取得博士學位的台灣學者分別是劉進慶、黃昭堂、江丙坤、涂照彥、許世楷。

33 戴國煇，〈近代日本與台灣──台灣留學生前輩的台灣研究〉，收錄於戴國煇著、林彩美策劃總校，《戴國煇全集》第17卷「書評與書序卷」（台北：文訊雜誌社，2011），頁43。

性但要求當局厲行改革的一種路線，即「革新保台」。同時，對釣運非常消極的獨立運動也在北美存在。不管北美的台灣留學生運動如何分化，運動的總體高漲還是影響了全球各地的台灣留學生，其中也包含了日本的劉進慶，結果他並未在取得學位之後馬上走上純學問的道路。

　　劉進慶曾在1971年3月7日東大中同會的座談會，提請大家思考東大中同會如何面對在校生因畢業而轉變為「OB」（畢業校友）的問題。[34]他的提議直接促成了被他稱為「留學生OB會」（留學生畢業校友會）的成立，[35]即1971年8月發足的「台灣問題研究會」。研究會的創立〈緣起〉言：「眾所周知，台灣的前途亦就是我們的前途。為台灣的前途開拓光明大道，乃是每一位熱愛鄉土的同胞不可迴避的責任。因此我們懷著沉重的心情參加集會研討，企望能為廣大的同胞群眾提供一個不分黨派、立場的對話的場所。」「本會於1971年8月14日首次集會以後，至同年12月26日的第十次會正式成立為止，國際間局勢的激變使人有一葉知秋的預感。尤其對於台灣前途關係休戚的中共在聯合國獲得正式地位後，更使本會加速成長。今後本會的發育茁壯，全看我們的留日學友僑胞的努力和團結而定。」[36]1971年8月剛好是美中、美東、美西三地留學生先後發起國是討論會的時刻，可見大洋兩邊的台灣留學生因為局勢劇變而同步

34　〈東大中国同学会歴代総幹事座談会——同学会の在り方を考える〉（1971年3月7日），《東大中国同学会会報・暖流》第13號，頁13。此處採用了蔡秀美譯文，見戴國煇著、林彩美策劃總校，《戴國煇全集》第20卷「採訪與對談卷・三」（台北：文訊雜誌社，2011），頁51-52。

35　劉進慶，〈わがレジスタンスと学問〉，頁19。

36　〈台灣問題研究會成立沿革〉，《台灣問題研究會會刊・改造》第0號（1972年1月15日，東京），頁1。

的政治化。

　　在劉進慶取得學位前三個月的1972年1月14日，他在某個場合針對自己的博士論文進行了報告。[37]翌日即1月15日，劉進慶在東京台灣問題研究會的首次公開活動發表主題演講，題為〈1972年有關台灣問題之內外情勢的展望〉。[38]可以說，14日是他「學問」上的報告，15日則是他為「抵抗」而進行的演說。劉進慶在15日的演說公然提出了「人民政府」與「解放台灣」之類的用語，這可以說是他日後全面走上中國統一運動的伏筆。值得注意的是，就在他發表以上報告前幾天，出獄不久的雷震（1897-1979）於1月10日向蔣介石等高層領導人秘密提交了題為《救亡圖存獻議》的革新保台建議書。雖然這篇文書未獲蔣介石回應，台灣該往何處去的問題顯然已在此時成為眾所關心的課題。

　　儘管劉進慶個人已出現認同中國統一運動的傾向，但台灣問題研究會整體更近於革新保台，故其政治走向與美國的三場國是討論會完全不同。台灣問題研究會主要從台灣島內的〈國是諍言〉（1971年10月《大學雜誌》發表）與〈台灣基督長老教會對國是的聲明及建議〉（1971年12月）設定自己的問題意識，進而在1971年的十次會議討論了「中國代表權問題」、「建立台灣為新國家體制的得失問題」，以及討論《國是建議書》等問題。《國是建議書》概括了

37　劉進慶，〈ブーケ的視角における台湾経済の史的構造〉，未刊手稿，1972年1月14日。這份手稿似乎作為油印的單張在某個場合發表，然後劉進慶保留了一張並夾在他於1967-1968年使用的筆記本中。

38　劉進慶，〈討論會報告：1972年有關台灣問題之內外情勢的展望〉（1972年1月15日報告），《台灣問題研究會會刊‧改造》第1號（1972年1月30日，東京），頁1-2。

十次會議的主題並集中為兩點訴求：「我們促請政府速納下列基本
事項：一、解除戒嚴令，廢止動員戡亂時期諸法規，釋放政治犯，
保障基本人權。二、解散國民大會、立法院、監察院並在台灣普選
代表，厲行民主憲政。」該文件在1971年12月25日由中華民國京都
留學生同學會、中華民國留日關西同學會、早稻田大學台灣稻門會、
明治大學台灣同鄉會，以及東京大學中國同學會共同提出。並在宣
言提出隔天正式成立台灣問題研究會。

　　對於這份具有革新保台特點的《國是建議書》，有日本評論者
認為是戰後台灣留學生第一次空前團結的公開發言，有劃時代的意
義。[39]左翼華僑界則嚴厲批評其只是「換湯不換藥地把台灣打扮成
另一種門面的小朝廷。」[40]根據劉進慶精心保存的台灣問題研究會
的手寫刊物《改造》，[41]革新保台的思路在研究會成立之後仍然持
續，並在研究會成員與國民黨官員的直接對談中達到高潮。這就是
「本會員劉進慶等應中國國民黨海外工作委員會陳裕清主任之邀於
8月4日12時至16時假東京都港區元麻布『迎賓酒家』舉行有關國是
時局問題的座談會」。國民黨為此活動派出了陳裕清（海工會主任）、
劉介宙（海工會副主任），以及宋越倫（駐日公使）等人，而台灣
問題研究會則派出了劉進慶、吳奇宗、張勝凱、許極燉、邱勝宗、
石滋宜、黃文雄，以及戴昭憲為代表。這場座談會圍繞著台灣政治
改革、政治犯釋放、留學生出入境與回國服務，以及中日建交後的

39　杉野駿介，〈台湾留学生に見る「統一」への思考〉，《日中》第
　　2卷第9號（1972年8月，東京），頁12-16。

40　〈評東京大學中國同學會《國是建議書》〉，《今日！》第1號（1972
　　年4月，東京），頁2。

41　劉進慶保存了第0號（1972年1月15日）至第11號（1972年7月15日）
　　的《改造》以及《改造》的「國是座談會號外」（1972年8月5日）。

留學生居留問題展開激烈的討論。劉進慶在會上公開提出「執政黨是否可以考慮建立多黨政治，結束一黨專政，或其本身分出若干政黨」的提問，並批評「政府對政治犯的處理欠妥不公，難服人心」——這些批評有一個關鍵前提，就是革新保台。[42]

　　劉進慶對此經歷的回憶如下：「1971年台灣喪失聯合國的中國代表權，在日本的留學生整合全體意見，向台灣當局提出了有關台灣民主化的建言《國是建議書》。這一連串的民主化運動，得到超越政治立場的廣大台灣留學生的支持。不經意地我竟然成了在日本的反蔣民主化運動的領導者。想起來這是從我的原始體驗來的志向為原點，在海外的抵抗的實踐。」[43]劉進慶並未說明這段運動的革新保台傾向，因為他旋即轉入自己奉獻終身的中國統一運動。

在留學生的政治分化中走向中國統一運動

　　1969年5月13日，就在東大鬥爭因安田講堂攻防戰而陷入低潮之後，右翼作家三島由紀夫接受全共鬥學生邀請，在東大駒場校園的「九百號教室」與一千餘名的左翼學生進行大討論。學生們燃燒著一舉「論破三島」並「讓他在舞台上切腹」的氣氛，但三島單刀赴會，以一擋百。[44]雖然三島並未在現場切腹，他卻在隔年率領其準軍事組織「楯之會」成員在自衛隊的某駐地發動一場毫無勝算的軍事譁變，並在絕命演說之後切腹自殺。

42　以上引文與座談會細節均見：〈國是座談會：與陳裕清氏一席談〉，
　　《台灣問題研究會會刊・改造》國是座談會號外，頁1-2。

43　劉進慶，〈わがレジスタンスと学問〉，頁18。

44　映画『三島由紀夫VS東大全共鬪：50年目の真実』，http://gaga.ne.jp/
　　mishimatodai，擷取日期：2020年5月13日。

　　在三島與全共鬥學生進行左右激辯的延伸線上，同時，在中國
重返聯合國（1971年10月）、尼克森訪華（1972年2月），以及中日
建交（1972年9月）的劇變時局下，台灣旅日學生也終於在1972年發
生了類似的公開大辯論。10月7日，東大中國同學會主辦一場題為「中
日復交與我們的前途」的座談會。座談會邀請了三種不同立場的同
學作引言人，各抒己見。依發言順序是黃昭堂（1932-2011）、劉進
慶，以及黃東熊（1932- ）。據《台灣青年》轉述，黃昭堂強調「建
立台灣人自己的國家」與「消滅蔣政權」才是台灣人的唯一出路。
劉進慶則針對黃的發言，提出「知識分子不能代表大眾」，「台灣
農工大眾均在認為台灣人就是中國人」，「台灣現在有社會階級的
問題，要解決此一問題就只有歸屬中國。」兩人立場呈現出絕對的
對峙。據說，「當天有日本的FUJI TV錄畫錄音採訪，出席者空前
之多，發言也空前之熱烈。」[45]

　　1972年10月的這場座談會是劉進慶「抵抗」人生的分水嶺。在
此之前，他致力以不分左右統獨的態度推動台灣留學生的「共鬥」。
因此他不但敢於公開救援參與獨立運動的同學，也不忌諱公然使用
「解放台灣」與「人民政府」這樣的詞彙，甚至敢於在革新保台的
底線上要求台灣當局進行改革。然而這場座談會所造成的氛圍卻消
除了以政治模糊換取彼此合作的可能，於是劉進慶再也難以用自己
的力量將不同立場的台灣同學聯合在一起。劉進慶在這場座談會上
的明確表態，讓同年11月發行的獨立派刊物《台灣青年》特別撰文
批判劉進慶。[46]此外，《台生報》不但拒絕刊登他的論文，並在該

45　〈東京大學台灣同學會舉行時事座談會〉，《台灣青年》第145號
　　（1972年11月，東京），頁19。

46　〈東京大學台灣同學會舉行時事座談會〉，《台灣青年》第145號，
　　頁19。

報第83號登出一篇匿名投書批判劉進慶是「西瓜主義」者，甚至說
他在座談會之後向時任台灣駐日使館公使的宋越倫訴苦。由於此時
主辦《台生報》的「在日台灣學生連〔聯〕誼會」（簡稱台連會）
恰好換屆，並由親近劉進慶的旅日後輩、台灣霧峰林家後人林啟洋
（1942-2014，當時用名王啟洋）接任第十屆總幹事，[47]換屆後的《台
生報》第84號便登出劉進慶與黃東熊反駁《台灣青年》的文章。劉
進慶強調自己不但已半年沒去台灣駐日使館、座談會後再沒收到《台
灣青年》，而且出現各種必然是來自熟人的匿名造謠抹黑，「然而
我仍不願想這些朋友對我不同的意見就來誹謗我的人身，因為我相
信大家都為台灣人民造福著想而苦惱。」[48]

　　求學東大期間的劉進慶幾乎沒有任何文章直接談論自己對於中
國統一、文化革命，以及20世紀中國革命的看法。也可能他寫了類
似主題的文章但採用筆名。如果要探尋他在求學時代對這些問題的
意見，主要得從他的筆記中尋找線索。根據筆記，劉進慶早在文革
爆發之初的1966年，就在大塚久雄的韋伯課程記下從韋伯角度分析
文革的隻言片語（但不能判斷是他自己的觀點還是大塚的觀點），
比方：「宗教性暴力與物理性暴力兩者的結合型態最為糟糕。凱撒
式的權力。紅衛兵。巨大卡利斯馬。」文革結束之際的1976年，已
經任教的他承擔了一門題為「中國經濟論」的課程，這門課則完全
挪用了文革結束為止大陸學界所發展的中國近代經濟史觀點。儘管
這門課以各種數據示於學生，卻完全是以階級鬥爭史觀說明中國革
命的合理性與必然性，並對社會主義改造直至文革階段的發展進行

47　〈第十屆幹事介紹〉，《台生報》第84號，1972年12月25日，第1
　　版。

48　劉進慶，〈從個人的經驗談到台連會當前的問題〉，《台生報》第
　　84號，1972年12月25日，第2版。

了正面說明。可惜的是，雖然晚年劉進慶撰寫了大量擁護中國統一
的論文，但要推測他在六、七十年代對此問題的思考，恐怕還得依
靠更多直接的史料。

　　劉進慶在1972年向「紅色祖國」的左轉並非偶發的個人事件，
而是左翼的中國統一運動在七十年代初期成為海外華人時代主流的
體現。首先，史稱「保釣第0團」的五名台灣留學生，以北美釣運骨
幹分子的身分在1971年11月秘密抵達北京，並於17日與周恩來總理
會見，徹夜長談。[49]他們是李我焱、陳治利、陳恆次、王正方和王
春生。這次的會面雖是秘密進行（隨後才被台灣情報部門獲知並在
媒體上曝光），卻是兩岸自1949年分斷以來的第一次，也是北美釣
運快速左傾並演化為統運的象徵。值得注意的是，此後雖仍繼續舉
辦類似的訪問團且未必採取秘密形式，但直到1975年3月，才有蘇清
楚、蔡京寧、劉助、呂學周、吳國禎、廖秋忠、郭松年等全數由台
灣本省籍留學生組成的訪問團秘密前往大陸訪問。換句話說，外省
籍留學生在引導釣運左傾和轉化為統運的過程中，屬於最初且最主
要的力量。

　　本省籍人士對左傾潮流的呼應可從陳逸松（1907-2000）談起。
陳逸松是日據以來著名的律師與文化人。青年時代就曾在日本幫助
日共翻譯中共的文獻，並與蘇新等台共成員保持著長期的友誼。戰
後特別是文革發生之後，基於對國民黨的不滿及對新中國的憧憬，
他決定與大陸進行接觸。1972年8月，他離開台灣並抵達日本，認識
了劉進慶、川田泰代（1916-2001，作家）以及福建出身的林伯耀

---

49 中共中央文獻研究室編，《周恩來年譜1949-1976》下（北京：中
　　央文獻出版社，1997），頁496。此則資料由北京清華大學保釣資
　　料收藏研究中心的何玉首先指出。

（1939-，著名僑領與華僑運動家）等相互認識的社會運動參與者，然後在林伯耀建議下以日語撰寫了後來由周恩來親自批閱的意見書。以此因緣，陳逸松在1973年輾轉各國，抵達北京，並於4月17日得到周恩來總理接見，從此展開他在北京的從政生涯。[50]就在陳逸松抵達日本後不久，另一份由本省籍知識分子寫給北京的台灣工作意見書也出現了，這就是北美釣運的本省籍骨幹成員林盛中、許登源、陳妙惠三人在1972年10月在北京提交給喬冠華副總理的〈台灣工農子弟給政府有關台灣解放單位的批評與建議〉，原標題是〈一群台灣工農子弟給政府有關台灣解放單位的一張大字報〉。「大字報」提交之際的林盛中剛轉換身分為回國工作的學者，定居北京，而許、陳兩人則是作為旅美台灣省籍同胞到北京短期訪問，因此最終只有許陳二人得到喬冠華接見。

　陳逸松的意見書與林盛中等人的「大字報」有個共同特點：一方面，他們都堅持一個中國、中國統一、中華人民共和國為中國唯一合法政府，另一方面又都主張分析和理解台獨運動的歷史背景和情感因素，並強調爭取和轉化台獨分子的必要性。比方陳逸松強調應以「毛主席所謂『治病救人』、『懲前毖後』的態度」挽救因反對國民黨暴政而走上台獨的「青年」，對他們進行「有熱情的細緻工作。」[51]林盛中等人則主張「對『台獨』路線加強批判，對台獨分子和同情台獨的分子進行又團結又鬥爭的政策，肯定它反蔣和民主自決的進步性，打擊它買辦資產階級的反動性。同時必須進行打

---

50 曾健民，《陳逸松回憶錄（戰後篇）：放膽兩岸波濤路》（台北：聯經出版公司，2015），頁184-213。

51 陳逸松未刊手稿，1972年8月後，頁6。本史料由曾健民先生惠示，特此致謝。

擊蔣介石集團的反動的一面，提防蔣記獨立的陰謀。」[52]

　　晚年劉進慶對於自己在七十年代的左轉曾有如下回憶：「戰後中國，由於內戰和冷戰使台灣與大陸隔離，台灣出身的我有兩個祖國。由於對『白色祖國』的絕望，有一部分台灣知識分子在海外走向台獨運動。雖然我了解他們的心情，但我堅守民族統一的原點，肯定中國革命和新中國，寄希望於『紅色祖國』。」[53]這段話的首要重點是劉進慶認同「紅色祖國」，但他也強調自己對於異己認同（獨立運動）的理解及戰後台灣國民黨政權作為「白色祖國」的歷史定位。顯然劉進慶的認同轉移仍以尊重各種認同的寬容態度為前提。這種寬容態度及其在劉顏事件以來採取的「共鬥」立場似乎互為因果、相互助長。與認同相異者在反蔣立場上「共鬥」，可能也是理解同時期的陳逸松和林盛中等人的一把鑰匙，但「共鬥」本身也容易使自身的政治面貌顯得模糊，比方同在東大學習的張國興（1936- ）就認為劉進慶是左派，但又是「親近中國國民黨派」。[54]

旅日左翼統一運動者的集結與連帶

　　作為轉捩點的1972年10月，不但屬於劉進慶的「抵抗」人生，

52　林盛中、許登源、陳妙惠，〈台灣工農子弟給政府有關台灣解放單位的批評與建議〉，未刊手稿，1972年10月。北京清華大學圖書館典藏。

53　劉進慶，〈わがレジスタンスと学問〉，頁19。

54　由於張國興同時將劉進慶的履歷錯誤描述為「本來是國民黨、是農林廳官員出身」，因此張國興此處回憶的真實性顯然要打折扣。但也可以說，劉進慶當時給人的這種錯誤印象可能就是如此。參見：張炎憲訪談、陳美蓉整理，〈張國興先生訪談〉，《台灣史料研究》第47期（2016年6月，台北），頁123、140。

也屬於台灣左翼運動。除了林盛中等人在北京貼出「大字報」以及「中日復交（建交）與我們的前途」座談會之外，這個月份還同時在北美和日本誕生了兩份以台灣本省籍留學生為主的左翼刊物。北美的刊物是前述許登源、陳妙惠也參與其中的《台灣人民》，日本的刊物則是劉進慶參與其中的《洪流》。

　　《台灣人民》是「台灣人民社會主義同盟」（簡稱社盟）的機關刊物。刊物的核心口號是台灣人民的「自求解放」與「台灣革命」，[55]而主要批判對象則是當時開始呼應國民黨「革新保台」的資產階級台獨派（這種呼應被稱為「國〔民黨〕台〔獨〕合作」）。《台灣人民》的立場是兼容統獨兩派。這樣的立場不但空前，在以中國統一為主要指向的北美保釣運動內部也屬異端。林盛中和許登源、陳妙惠提出的「大字報」指出，促統工作應該要「主動地積極地爭取『台灣人民社會主義同盟』，使這個組織在中國共產黨的領導下，為台灣的解放作出正面的貢獻。對台獨右派要打擊，對左派和中間派要爭取，應該分別對待。」[56]但對參與其中的獨派而言，這份刊物則是早前一度與日本的史明合作但又決裂的「左雄」（化名）以台獨左派論客的姿態介入北美釣運的象徵。[57]雖然同時期的北美釣

55　該刊討論「自求解放」的文章甚多，但沒有統一的定義，比方作者「李寬」就在主張「自求解放」的同時也不能拒絕外在的協助，特別是中國人民的幫助。參見：李寬，〈台灣社會主義者與民族自決〉，《台灣人民》第5期（Halifax, 1973），頁29-36。

56　林盛中、許登源、陳妙惠，〈台灣工農子弟給政府有關台灣解放單位的批評與建議〉，未刊手稿，1972年10月。

57　1987年的「台灣解放社」社員許宏義認為，「回顧近乎二十年的台灣左派運動，無可諱言的，它是一個以左雄為中心人物的運動。」許宏義指出，左雄因不滿史明的「小資產階級社會主義傾向」而在北美洲結合了反史明的統、獨社會主義者，共同創立「社盟」。參

運內部已有輿論反思本省籍留學生為何更親近台獨運動而不是如火如荼的保釣運動，希望能更加理解和爭取廣大本省籍留學生，但《台灣人民》採取的統獨兼容立場特別是刊物登載的獨派同人觀點，遠遠超越多數釣運參與者能夠理解的範圍，這就導致《台灣人民》直接被當成台獨刊物而遭批判。林盛中回憶，《台灣人民》讓許多人「污蔑他〔許登源〕搞台獨，連我在北京工作的也都受到波及」，「許登源覺得很冤枉」。[58]此間可能只有轉載《台灣人民》的論文並試圖組織討論的北美《群報》採取比較友善的態度。[59]在北美保釣運動中，《群報》是各地運動家交換信息的機關之一，也是林盛中和許登源曾參與工作並為之撰文的左翼報紙。

　　與《台灣人民》相比，劉進慶參與的《洪流》則是一份「有鮮明中國統一立場的雜誌。」[60]以「牛馬社」名義編輯的《洪流》先在東京發行五期，停刊一年後的1974年9月才在橫濱發行最後的第六期。整份刊物以大陸通行的簡化字排印，刊物尺寸和封面也特意模仿當時北京發行的《紅旗》雜誌，不難想見整份刊物的政治基調與思想狀況。[61]此時高度政治化的劉進慶也在《洪流》發表文章，但

（續）————————————

　　　見：許宏義，〈左雄路線與政客左雄〉，《台灣解放》創刊號（Darien IL., 1987），頁35。

58　林盛中，〈悼念我的良師益友許登源先生〉（2009.4.5，未刊稿；2009.8.6，修訂稿）。北京：台灣同學會。

59　著重參見1972年下半年到1973年上半年的《群報》。此間至少轉載三次《台灣人民》的論文，並有論文專門討論統派應該如何對待左派台獨的問題。許登源以筆名「何青」在《群報》發的〈一位台籍同學對釣運的感想〉也體現其當時的看法。

60　劉進慶，〈わがレジスタンスと學問〉，頁19。

61　筆者曾訪問當年的《洪流》參與者林啟洋先生。他認為這種完全模仿大陸刊物的做法是一種「左派幼稚病」的反映，實際上無助於爭取更多支持。對林啟洋的訪問（訪者／邱士杰），2014年3月5日，

目前只能確定他以筆名「江林」撰寫的〈從台灣雜誌看邱永漢〉一文。此文呼應當時台灣《中華雜誌》對邱永漢（1924-2012）的批判，斥責放棄反蔣並返台賺錢的邱氏不過是「做外國經濟侵略先鋒」，幫日本資本開道。他以高亢的革命語調呼籲：「天下沒有不經奮鬥而能獲到的幸福，我們所有台灣出身的人們，包括被蔣幫奴役過的大陸來台同胞，必須勇敢地向黑暗鬥爭，掙向東方紅太陽的路上走，才能真正抬頭挺胸，重見光明。」[62]

　　《洪流》是1973年秘密籌組的「中國統一促進會」的機關刊物。這個組織分為公開組織與秘密組織兩部分。據林啟洋保留的文書，這個組織曾擬命名為「台灣革命解放黨」，劉進慶負責秘密組織的企劃組，而組織的正、副領導人則由台連會第十屆幹事會的學術幹事吳新地[63]以及總幹事林啟洋分別擔任。吳新地被林啟洋視為「我們的核心領路人之一」，「他對政治哲學的解析，影響我們這群『新入生』很大。他的背後又有劉進慶的同窗關係〔按：台大與東大的同學〕。我們三人經常是小組會議的成員。大大小小諸事我都會跟這兩位前輩商議。」[64]

　　曾經積極參與北美保釣運動的作家劉大任（1939- ）認為，「小組」是20世紀中國革命發展起來的獨特模式，「彼此互助合作，交換學習心得，像一家人，大方向是蠻理想主義的。」這種模式解決

（續）————————

林啟洋北投寓所。

62 江林〔劉進慶〕，〈從台灣雜誌看邱永漢〉，《洪流》第6期（1974年9月，橫濱），頁9。

63 吳新地，高雄市人，台灣大學法律系畢業，東大法學碩士，當時在日本大學大學院專攻哲學。參見：〈第十屆幹事介紹〉，《台生報》第84號，1972年12月25日，第1版。

64 林啟洋，〈林啟洋回憶錄（節選）〉，收錄於劉進慶著、邱士杰主編，《劉進慶文選：我的抵抗與學問》上卷，頁97-98。

了一盤散沙的中國傳統人際關係，實現了左翼亟需的紀律性與動員力，從而幫助美國各地留學生以學校為單位在保釣期間實現了自我啟蒙與組織建設，然而小組成員的思想緊張和負面壓力卻也因此產生。[65]劉進慶等人的政治集結也屬於劉大任所稱的「小組」模式，而林啟洋提到的「同窗關係」則是小組賴以成形的人際網絡。以劉進慶為例，他在東大畢業之際同屬應用經濟學專攻的「同窗關係」共有涂照彥、劉守哲、汪義正三人。[66]除了涂照彥並未涉入政治，其餘兩人都與劉進慶有「小組」關係。其中，與涂、劉同為雲林人並且同時赴東大求學的劉守哲是一位比劉進慶還要熱衷於統一運動的留學生，他不但公開在親中的「日中友好協會（正統）」工作，過世之後並有中華人民共和國大使館派代表出席告別式並贈花圈。[67]劉守哲和劉進慶之間是否在政治上存在密切的互動？如果有，又是怎樣的聯繫？這些問題有待更多史料釐清。

劉進慶不但通過《洪流》與中國統一促進會實現小組形式的左翼集結，也形成跨地域與跨世代的連帶。第一個線索是劉進慶與北美《群報》的聯繫。劉進慶保存的社會運動文書包含一份指名劉進慶為收件人的《群報》第58期原件。1973年11月25日發行的這期報紙登載了旅日僑生的反蔣運動消息，這大概是寄給劉進慶並得到他保存的原因。顯然，至少在1973年的時候，劉進慶與北美的釣運‧統運之間已經進行某種往來。

第二個線索則是北美《台灣人民》對劉進慶論文的翻譯。《台

---

65 劉大任，《遠方有風雷》（台北：聯合文學，2010），頁47-48。

66 〈會員氏名簿〉，《東大中国同学会会報‧暖流》第13號（1971年4月，東京），頁190。

67 路通，〈悼念劉守哲同學〉，《洪流》第6期（1974，橫濱），頁3-4。

灣人民》雖在創刊之出展現出「統獨兼容」色彩，但其兼容性崩潰
得很快。首先是第3期登出的〈台灣牌的社會主義〉被視為台獨文章
而遭到批判，然後是1973年上半年因為刊物成員李清一赴北京建立
聯繫，而使刊物內部的統獨嫌隙加深的所謂「李清一事件」。事件
的發生讓《台灣人民》從1974年3月發行的第8期後出現拖刊。台灣
解嚴之後另以「台灣左派理論研究所」名義在台灣重新複印的《台
灣人民》也僅止於第1到8期。然而《台灣人民》其實在1974年12月
和1975年2月還先後發行了第9期與停刊的第10期，而且恰恰是這兩
期完整譯載了劉進慶發表在1973年9月日本岩波書店《思想》第591
號的〈台灣國民黨官僚資本的展開──寄予國家資本主義的研究〉。
[68]這也是劉進慶日語論著的首次漢譯。從內容上來看，前八期主張
「中台」之間屬於中越關係式的「同志加兄弟」，最後兩期則明確
主張「兩岸」之間應該實現「無產階級聯合」。換句話說，最後兩
期已經完全成為主張中國統一的刊物。左雄一系的獨立派不但在第
八期之後完全分裂出來，還在《台灣人民》發行第10期的1975年2
月同時創辦完全主張台獨的《台灣革命》雜誌，並稱主張最後兩期
《台灣人民》的同人是「新台灣人民派」。雖然目前缺乏史料說明
劉進慶與「新台灣人民派」的關係，但「新台灣人民派」顯然已經
從北美注意到劉進慶在日本的理論動向而且認可其論述。[69]

68　劉進慶，〈台湾における国民党官僚資本の展開──国家資本主義
　　研究に寄せて〉，《思想》第591號（1973年9月，東京），頁27-52。

69　《台灣革命》辦到中途便由左雄在1977年1月創刊的《台灣時代》
　　雜誌接續，並在八十年代初期遭到《台灣人民》部分同人所參與的
　　《台灣思潮》的強烈批判，終至停刊。詳情參見：邱士杰，《一九
　　二四年以前台灣社會主義運動的萌芽》（台北：海峽學術出版社，
　　2009）。

　　以上兩個線索之外，劉進慶最重要的連帶就是通過他所參與的
《洪流》和中國統一促進會，而與旅日左翼僑界特別是東京華僑總
會產生接點。[70]早在二十年代，旅日的大陸各省僑民以及台灣旅日
的僑民就以各種方式實現馬克思主義者的組織化。此處所稱的組織
化有兩種基本模式：第一種模式是僑民基於共產國際規定的一國一
黨原則直接加入當地的共產黨，第二種模式則是基於僑民自身的民
族特性而建立自己獨立的組織。早期旅日的台灣共產主義者如蘇新
（1907-1981）等人都曾基於第一種模式而先加入日本共產黨，三十
年代由大陸旅日作家成立的中國左翼作家聯盟東京支部則是第二種
模式的典型，至於1928年4月台共在上海建黨之後短暫存在的「日本
共產黨台灣民族支部東京特別支部」（即台共東京特支），則可視
為第一種模式與第二種模式的混合類型。雖然中國與朝鮮的旅日僑
民基於第一種模式秘密加入日共的狀況，在1945年日本戰敗之後仍
維持一段短暫的時間（代表人物就是作為戰後左翼僑領的老台共楊
春松以及日共朝鮮人部領導人金斗鎔），[71]但台灣的光復也產生了
大陸與台灣的僑民聯合成統一的華僑組織的需求，比方大陸留學生
為主的東京同學會與台灣學生聯盟就在1946年實行合併，並進一步
出現網羅兩岸學生的中國留日同學總會。[72]儘管國共內戰的爆發與
中華人民共和國的成立讓日本華僑內部相應出現左右分裂，卻也促

70　關於東京華僑總會的歷史可參見：日本華僑華人研究会、陳焜旺編，
　　《日本華僑‧留学生運動史》（東京：日本僑報社與中華書店，2004）。

71　楊國光，《一個台灣人的軌跡》（台北：人間出版社，2001），頁
　　185-205。鄭栄桓，《朝鮮独立への隘路：在日朝鮮人の解放五年
　　史》（東京：財団法人法政大学出版局，2013），頁163-182。

72　日本華僑華人研究会、陳焜旺編，《日本華僑‧留学生運動史》（東
　　京：日本僑報社與中華書店，2004），頁58-62。

使左翼僑界沿著第二種模式形成各種擁護中華人民共和國的僑團，進而成為劉進慶等新生代左翼在七十年代所接上的關係。

　　林啟洋回憶，東京華僑總會「給了一間空房供我們作辦事處，可以有個集會和做事的場所。那就是位於東京中央線火車站『御茶之水』站附近的『後樂寮』裡。此寮是中日共有的歷史學寮，已數十年之老建築物。中式建築的此寮在當年（清朝）是座現代化建築物，規格也夠氣派。我們接到一間空房，年久失修，屋內又留下一大堆近乎垃圾的東西。為了使用，我們幾個人分別找出時間整理它、粉刷它，貼上壁紙。」但在即將投入使用之際，林啟洋在1975年9月13日遭到日本移民局「強制收容」，劉進慶轉而投身營救林啟洋，他們所實現的政治集結也不得不在日本的壓制中消散。[73]

陳明忠事件前後

　　劉進慶在林啟洋遭到「強制收容」的同時也陷入越來越艱難的處境。雖然他終於在1975年獲得東京經濟大學正式教職，但也因為參加左翼運動而遭亞東關係協會吊銷台灣護照。「由於我早有覺悟，也就能以平常心看待這事。還好沒有台灣護照也不影響在日本的居留，只是成了一個無法回故鄉的『棄民』。我不得不繼續留在日本，這是我人生的第三次大轉變，那是1973年的夏天。即使如此，台灣當局對我一點也沒鬆手。」[74]除了吊銷護照之外，1976年迎面而來的「陳明忠事件」更使其處境愈發惡化。

73　林啟洋，〈弔劉進慶學長、同志〉、〈林啟洋回憶錄（節選）〉，收錄於劉進慶著、邱士杰主編，《劉進慶文選：我的抵抗與學問》上卷，頁XIV-XV、96-99。
74　劉進慶，〈わがレジスタンスと学問〉，頁19。

　　陳明忠（1929-2019），台灣高雄岡山人。1947年二二八事件中
以學生身分參與了謝雪紅領導的「二七部隊」，並於1948年秘密加
入中共台灣省工作委員會。雖然陳明忠的入黨始終沒有曝光，但其
參與二二八的經歷仍然讓他在1950年7月遭到逮捕，判刑十年。陳明
忠於1960年出獄後進入製藥廠工作，並以專業知識獲得重用。本來
陳明忠的政治受難人身分不被允許出境，但因廠方需要他前往日本
辦理相關業務，便幫他爭取到赴日考察的機會。陳明忠回憶：他在
1974年首次訪日前，當時已經在1971年出獄的陳玉璽委託他聯繫曾
經幫助過自己的川田泰代，向她致意，並將當時猶在獄中的台灣政
治犯名單轉交給她，盼能再轉給她所參與的國際特赦組織（Amnesty
International）。通過川田，陳明忠進一步認識了林伯耀，然後通過
林伯耀而認識劉進慶。1975年陳明忠二次訪日，這次他從林伯耀處
獲得了劉進慶的《戰後台灣經濟分析》並再次與劉進慶會面。[75]

　　劉進慶回憶：「對於把焦點放在考察構成專制政治的物資基礎
的台灣經濟的生產關係和階級關係的拙著《戰後台灣經濟分析》，
給予最高評價的，是台灣的讀者。拙著與台灣讀者相遇的最早讀者
是台灣的政治受難者。……陳〔明忠〕氏是最早拿到這本書的人，
拙著先在台灣政治受難者之間廣為流傳閱讀。但是，很快地，……
這本書成了台灣當局的禁書。事後聽到的說法是：政治受難者喜歡
這本書的理由是，拙著把他們曾認真思考過的這個時期的台灣問
題，以及其後在獄中也曾研究過的時期中的諸多問題，以合乎邏輯
的、實證且明快的方式整理出來且給予概括。這個讚譽，回答了論
文審查時被指出的第一個問題，也就是，是否可以有效地說明台灣
經濟現實的這個質疑。因此，對於拙著可以為處於被壓迫的最底層

75　陳明忠口述，李娜、呂正惠整理，《無悔：陳明忠回憶錄》，頁171-175。

的台灣政治受難者的立場和見解代辯，我內心感到十分高興。……
為政治受難者所喜愛的拙著，對台灣當局而言是『討厭的存在』。
舉個例子，1979年10月因《富堡之聲》思想問題事件而被逮捕的名
作家陳映真先生，被特務列舉的所謂嫌疑證據中拙著就名列其中。
陳氏出獄後經營出版社，1987年戒嚴令解除後，開始推動拙著中譯
版的出版計畫，1992年終於完成了中譯版《台灣戰後經濟分析》的
出版事宜。譯者是台大研究所的三名氣銳研究生，監譯者是林書揚
先生。林書揚先生經歷三十五年最久的牢獄，是台灣戰後政治受難
者的代表人物。拙著在台灣的中文版，是曾經與戰後台灣恐怖政治
戰鬥、受苦的政治受難者們熱烈的推舉和努力的結果。」[76]

　　返台後的陳明忠為蘇慶黎（1946-2004）和陳映真即將改組成左
翼刊物的《夏潮》提供了支持，卻旋即在交付啟動資金的隔天即1976
年7月4日被捕，並牽連到許多與陳明忠相關的五十年代曾經入獄的
政治受難人。此即「陳明忠事件」。

　　事件的發生得從他與劉進慶的會面說起。陳明忠回憶，陳逸松
的移居北京讓他和劉進慶產生了再說服一個台灣知名人物的想法：
「我〔在赴日出差期間〕和劉進慶就這麼談了兩三天，很愉快，我
們思想見解都很一致。他突然衝口而出，說：『嘿！現在來策反黃
順興吧。』這樣，我就踏入了第二次被捕的鬼門關。」黃順興是陳
逸松意見書所稱讚的人物，而陳明忠也通過劉進慶而獲知陳逸松前
往北京的過程和意見書的內容。[77]意見書開列了兩組名單，第一組
是寓居大陸但「深受台灣民眾信賴」的台灣左翼運動家，包括了蘇
新、謝雪紅、王萬得（以上是老台共領導人）、蘇子衡、陳文彬。

76　劉進慶，〈わがレジスタンスと学問〉，頁22。
77　陳明忠口述，李娜、呂正惠整理，《無悔：陳明忠回憶錄》，頁171-180。

第二組則是「得到民眾支持」的島內人物，其中有黃順興（台東縣長、立委）、許乃昌（最早的台籍中共黨員與左翼理論家）、劉傳明（礦業鉅子）、彭德（曾任台北市社會局長）。[78]當時擔任立委的黃順興（1923-2002）早為陳明忠所認識，但因黃順興有別的考慮，因此最後實際成行者是他正在日本留學的女兒黃妮娜。由於黃妮娜返台之後洩漏了自己前往大陸旅遊之事，才導致陳明忠的被捕。[79]

遠在日本的劉進慶也獲知了陳明忠被捕的消息。1977年11月的日本《軍事研究》雜誌登載了陳明忠判決書的內容，其中赫然將劉進慶封為「中共統戰部派遣駐日幹部」，而且判決書還將劉進慶視為策動陳明忠等人的指導人物。[80]此後，劉進慶幾乎每個月都接受神奈川縣警的外事課警察的「訪問」，直到1978年《中日友好條約》締結之後才終止。劉進慶為了避免家人知道自己遭到警方的定期調查，便在住所附近的咖啡店與警察見面。「表面上好像是談有關台灣留學生的事，後來才注意到原來是來檢查我的動向，也就是台灣的特務機關通過日本警察來監視我。」「這件事相當傷害了我個人的名譽和人格，使我對日本當局和日本的民主主義極度失望。」「為了不使家人因為這無法想像的冤罪而悲傷，二十五年間我一直深藏在內心沒有告訴他們。這是我被壓抑和抵抗的人生的最高峰。」[81]

劉進慶在2003年11月為陳明忠撰寫但沒有發表的口述自傳〈台

78　〈陳逸松致周恩來總理的建議書〉（暫定標題），未刊手稿，1972年8月後，頁6。

79　陳明忠口述，李娜、呂正惠整理，《無悔：陳明忠回憶錄》，頁171-180。

80　判決書原文用語：「匪幫統戰部派駐日本統戰匪幹」。參見：《陳明忠判決書》，台灣轉型正義資料庫，https://twtjcdb.tjc.gov.tw/Search/Detail/14215，擷取日期：2020年1月2日。

81　劉進慶，〈わがレジスタンスと学問〉，頁19-20。

灣人愛國主義鬥士陳明忠的口述史：國家恐怖下的生死之巷〉如此敘述了劉進慶在陳明忠事件中的角色：「我〔陳明忠〕通過川田女士而認識了旅日華僑林伯耀先生。林氏乃是原籍福建省的二代華僑，畢業於京都大學的旅日愛國華僑青年領袖，更是強烈關心救援台灣政治犯的熱心活動家。通過林氏，我也進而得以認識台灣出身的學者劉進慶。劉氏也是旅日的台灣留學生領袖、站在台灣民主化運動的最前列。這實在是收穫豐富的日本之行。隔年，也就是1975年，我再次前往日本。當時，我從林伯耀那兒取得了才出版沒多久的劉進慶《戰後台灣經濟分析》一書。對於住在台灣的我來說，這部研究著作的分析視角與我擁有共通的問題意識。此回，我再度會晤了劉進慶。針對台灣的動向、大陸的形勢，乃至對於國際環境的認識等各種各樣的話題，我們進行了親切的意見交換。進而，我也聽說了台灣政界的大前輩陳逸松先生在1972年經日本前往大陸的事情。返台之際，我買進了一台複印機，熱心地把許多圖書或資料複印之後，廣泛地散播到以五十至六十年代的政治受難人為中心的相關朋友手中。」「就起訴書的起訴事實來說，雖然我確實保存了大量與中國大陸相關的文獻材料，但最重要的罪名卻完全是台灣當局單方面所捏造出來的劇本。其中主要部份的第一點，乃是我與中國共產黨之間的關係。也就是說，我以日本為基地，在日本接受中共統戰部派遣在日本的幹部劉進慶的指導，進而意圖在台灣著手實行叛亂計畫。而且，根據保安處的調查，劉進慶乃是在日台灣學生連誼會的幹事。但事實是什麼呢？實際上，劉進慶出身於台灣雲林縣，畢業於台大經濟系之後前往日本留學，在東京大學取得博士學位，而當時的他，乃是一位正在東京經濟大學擔任助教授的經濟學者。此外，在日台灣學生連誼會雖然乃是迄今猶存的旅日台獨派留學生的組織，但劉教授與這個組織完全沒有關係，政治立場也全然迥異。

況且起訴書在同一份文件裡，一下子說劉進慶是中共幹部，一下子
又說他是台獨組織幹部，這又該從何說起？只能說是前後不一、邏
輯不通。竟然把出身台灣的劉進慶教授捏造成中國大陸派往日本的
中共幹部，並當成我的罪狀的核心部分。如前所述，我與劉教授只
是在我訪問日本的時候，曾在東京會面，而在我被拷問的時候，我
說出了這個事實，就只是這個樣子而已。」[82]

　　劉進慶的父親在七十年代末已是九十多高齡，「人子無法與老
父相見的苦楚日愈加劇」，「抵抗的『大義』和孝行畢竟無法兩全」。
當劉進慶的父親在1981年春天過世，他乾脆放棄返台。此舉引起此
前與他溝通返台的調查局的緊張，急著要他回來。於是劉進慶決定
將計就計，「對我自己而言，為了證明自己沒罪也有必要採取歸鄉
的行動。同時，如果我可以自由進出台灣，一方面可以證明我自己
的清白，另一方面也可以間接推翻軍法庭對陳氏案的判決，動搖警
總的威權。」於是，劉進慶終於還是在1981年返台。為了避免抵台
後可能發生的逮捕，劉進慶在出發之前將相關資料交給了隅谷先
生。雖然返台之後未遭逮捕，但「下飛機直到離台期間，一直在特
務的監視之下，也出面接受了調查局和警總的共同調查，真是如履
薄冰的歸鄉。」[83]

　　儘管返鄉的行動洗清了劉進慶極為不滿的冤罪，陳明忠遭遇的
不當判決與刑罰卻未得到任何改變。此外，在林宅血案（1980）與

82　陳明忠口述，劉進慶整理，〈台湾人愛国主義者の闘士陳明忠の口
　　述史：國家テロ下の生死の巷〉（草稿），未刊打印稿，2003年11
　　月5日，台北。
83　劉進慶，〈わがレジスタンスと学問〉，頁20。陳明忠對此事的回
　　憶見：陳明忠口述，李娜、呂正惠整理，《無悔：陳明忠回憶錄》，
　　頁202-203。

陳文成事件（1981）這種「令人毛骨悚然的暗殺事件」的陰影下，考慮到自己的安全、孩子的未來，以及國際學術交流的便利，劉進慶決定取得日本國籍。於是，「我的抵抗的人生，實質上，在法的層面上總算告了一段落。那是1984年6月，五十二歲那年。」[84]

劉進慶並未忘懷獄中的陳明忠。1986年11月8日，劉進慶在大阪「與台灣民眾的鬥爭連帶起來的集會」以〈開發獨裁與民眾——戰後台灣社會的實像〉為題報告了戰後台灣史。報告中特別介紹了二二八事件對台灣民眾的影響，並以二二八對陳明忠一生命運的影響為例，稱當時仍在獄中的陳氏境遇堪稱「戰後台灣社會的縮影」。[85]劉進慶直到此時仍未放棄營救。翌年，陳明忠保外就醫，終於出獄。

在溫厚和激情之間擺動的抵抗

劉進慶自言，「我的抵抗的生存方式，是從命運性的被壓抑中解放出來，做為一個人而得以自主、自由地生存，並且朝向超越一般世俗名利的更高的價值邁進。追求學問的道路使這樣的生存方式成為可能，並且能夠把自己的研究成果留給後世。」[86]然而，也因為劉進慶的抵抗沿著學問的線索前進，他必須堅持學問所要求的冷靜與理性，規範其澆鑄在抵抗中的激情，進而克制並反思激情所產生的判斷。

劉進慶從抵抗與學問的角度回顧自己的人生時，也許心底曾經

---

84 劉進慶，〈わがレジスタンスと学問〉，頁20。
85 劉進慶，〈開発独裁と民衆—戦後台湾社会の実像〉，未刊手稿，1986年11月8日，「台湾民衆の闘いに連帯する集会」，大阪・部落解放センター。
86 劉進慶，〈わがレジスタンスと学問〉，頁23。

浮現從「信仰與學問」的緊張中走來的人生榜樣：作為基督徒的隅
谷先生。在《隅谷三喜男著作集》編輯工作結束的座談會上，劉進
慶指出：基督教的信仰讓熟稔馬克思經濟學的隅谷不能成為馬克思
主義者，但作為社會科學者的隅谷先生始終堅持社會底邊的觀點，
因此始終能讓人注意到他在學問與信仰之間的深厚聯繫，特別是兩
者之間的緊張關係。「先生的基督徒身分成為他自身從事勞動經濟
學並深入研究社會思想的一個契機，這是我的理解。」[87]

　　在隅谷身上，「信仰與學問」存在著緊張；這樣的緊張關係在
劉進慶的身上變成了「抵抗與學問」的對立。隅谷認為，由於日本
的傳統價值體系並不賦予「抵抗＝レジスタンス」以積極的價值，
因而日本不存在「抵抗思想」，也不能產生反對日本侵略戰爭的「抵
抗運動」，至多只能產生少數的「個人抵抗」或以「無抵抗主義」
為名的「消極抵抗」，比方無教會主義基督徒內村鑑三（1861-1930）
對日俄戰爭的抵制。抵抗思想的缺失自然也會導致竹內好所說的「轉
向」問題：日本總是能夠輕易因為外來事物而轉向，並不斷藉由轉
向而鞏固自己的優等生地位，卻不能在抵抗中實現自我的更新，即
「回心」。[88]

　　自認「抵抗」一生的劉進慶並沒有從「不抵抗的集體與少數的
抵抗者相對立」的日本式構圖審視自己的奮鬥歷程。在〈我的抵抗
與學問〉中，「抵抗的個體」（自己）與「抵抗的集體」（運動）
之間的辯證聯繫，是劉進慶自覺或不自覺呈現出來的歷史軌跡。他

87　〈座談會：編集委員の任を終えて〉，收錄於《隅谷三喜男著作集・
　　第9卷・月報9》，頁8-10。

88　竹內好，〈何謂近代──以日本與中國為例〉，收錄於氏著、孫歌
　　譯，《近代的超克》（北京：生活・讀書・新知三聯書店，2005），
　　頁181-222。

清楚知道自己只是眾多抵抗者的一員，而運動的整體形象正在集體
的抵抗中。

　　「回顧七十年的星霜歲月，年少時常常浮現腦際的問題──『我
是誰』，在人生不斷的經驗和思索之中，終於有了解答。答案是超
出科學領域的問題，這待來日有機會再說罷。人生最重要的是要有
方向和原則。我個性生來樂群，是一個跟誰都可以相處的人。『溫
厚的人』，這是我給一般人的印象。我想這應該是受到雙親和家庭
環境的影響。另一方面，我有遇弱則弱，遇強則強的性格和行動特徵。
最近畏友中村貞二教授曾經用『激情的人』這句話來總括我這個人，
雖然自己並沒有意識到這一點，但的確也有這一面。這個『激情』的
一面，也許是來自在戰亂的時代而且活在壓抑的社會的我的抵抗意識
形態。我的抵抗的生存方式，是在溫厚和激情之間擺動的。」[89]

　　邱士杰，廈門大學人文學院歷史系助理教授，研究興趣是20世紀
台灣社會主義運動史與中國馬克思主義經濟學思想史。主要著作：
《一九二四年以前台灣社會主義運動的萌芽》（2009）。

89　劉進慶，〈わがレジスタンスと学問〉，頁22-23。

為革命招魂？：
評汪暉新著《世紀的誕生》

榮 劍

引言

　　英國歷史學家艾瑞克・霍布斯鮑姆在其《極端的年代》以「20世紀概覽」為題，引述了12位人物——包括哲學家、歷史學家、科學家、人類學家、作家、藝術史家、音樂家、生態學家、諾貝爾獎獲得者——對20世紀的看法。這些看法多半對20世紀持負面評價。英國哲學家以賽亞・伯林認為：「我個人在20世紀的生活經歷中沒有遭遇過磨難，但在我的記憶中，20世紀在西方歷史中是最可怕的世紀。」法國農學家雷納・杜蒙認為：「整個世紀充斥著屠殺和戰爭。」英國作家、諾貝爾獎獲得者威廉・戈爾丁認為：「20世紀是人類歷史上最充滿暴力的世紀。」音樂家耶胡迪・梅紐因認為：「如果要總結20世紀的話，我認為它喚起了人類本應擁有的巨大期望，同時毀滅了人類的所有幻想和理想。」依據這些判斷，人們在告別20世紀時的確難以從已經過去的那些悲劇性場景和記憶中完全走出來，人性與生俱來的悲憫情懷是由歷史塑造的。儘管如此，還是有諸如西班牙科學家、諾貝爾獎獲得者塞維羅・奧喬亞在提醒人們：「20世紀最具特色的事件是科學的巨大進步。」另一位諾貝爾獎獲

得者、義大利科學家里塔・列維・蒙塔西尼則把革命、第四等級和
婦女的解放視為是20世紀的進步事件。因此完全不必為20世紀的暴
力性質而痛心疾首，這個世紀所創造的時代進步是有目共睹的，正
如義大利歷史學家列奧・瓦里阿尼所說的那樣：「即使處在最絕望
的境地，我們也不應絕望。」重要的或許是他的同行、義大利史學
家弗蘭克・文杜里所強調的那個原則：「我須努力再三才能理解20
世紀。」[1]

　　霍布斯鮑姆引述20世紀這些有代表性人物的看法，顯然是為了
引導人們走向他自己對20世紀的特定理解，他的問題意識是：20世
紀為什麼不是在空前驚人的慶典中結束，而是在一種騷動不安的狀
態中結束的？作為一個歷史學家，不管他持什麼立場，應該都無法
迴避20世紀最嚴峻的現實，霍布斯鮑姆意識到了這一點：「20世紀
毫無異議是我們所記錄的最充滿血腥屠殺的世紀──無論從戰爭的
規模、頻率和持續時間來看，1920年代就幾乎沒有一刻停止戰爭；
而且因為從歷史上最大的饑荒到一系列系統的種族滅絕來看，20世
紀製造的人類大災難是史無前例的。」[2]可以這樣認為，20世紀是
「總體戰的年代」，其間發生的兩次世界大戰，以歷史上前所未有
的規模展開，對世界造成了難以想像的破壞，由此譜寫了人類歷史
上最黑暗的一頁。

　　20世紀的暴力性質不僅僅是體現在戰爭中，同時也體現在全球
性的連續不斷的革命中，戰爭和革命就是一對孿生兄弟。革命是20
世紀戰爭的產物，儘管一戰之後的革命和二戰之後的革命在性質上

1　[英]艾瑞克・霍布斯鮑姆，《極端的年代》，馬凡等譯（南京：江
　　蘇人民出版社，2011），頁1-2。
2　同上書，頁14。

迥然不同，但戰爭並不一定會獨自在交戰國中導致危機、衰敗和革命，革命有其產生的獨特機制和比戰爭更為深遠的影響。按照霍布斯鮑姆的看法，發生於1917年10月的布爾什維克革命，構成了20世紀歷史上的核心事件，「十月革命比其先驅有著更加深遠和全球性的反響，」「十月革命甚至比法國雅各賓派時代的法國革命更加徹底和堅決，它更將自己視為世界範圍的事件而非一個國家的事件。它沒有給俄國帶來自由和社會主義，卻帶來了世界的無產階級革命。」[3]如此看來，20世紀與其說是一個戰爭的時代，不如說是一個革命的時代，十月革命後的歷史證明了布哈林發表於1919年的一個判斷：「我們已進入了一個在最終取得整個歐洲以及全世界革命勝利之前可能持續50年的革命時期。」[4]在這個革命時期，蘇維埃制度的建立以及在二戰之後形成國際社會主義陣營，包括吸引了世界上三分之一的人信奉社會主義制度，直到1991年隨著蘇東體制全面崩潰而幾乎喪失殆盡時，其存續的時間超出了布哈林的預言——不是持續了50年而是70年。但這不是一個好消息；20世紀連綿不斷的革命，尤其是以十月革命所開創的共產主義革命進程，並不是以勝利而終結，而是無可挽回地失敗了。即使像巴迪歐這樣激進的法國毛主義者在1991年之後，也不得不承認十月革命以及共產主義在20世紀的失敗，他的概括是：

> 這個世紀開始於1914年至1918年的戰爭，這是一個包括1917年十月革命的戰爭，結束於蘇聯的崩潰以及冷戰的終結的世紀。這是一個很短的世紀（75年），一個高度統一的世紀。一句話，

3　同上書，頁41-42。
4　轉引自同上書，頁40。

蘇聯的世紀。我們借助於歷史和政治的尺規將這個世紀建構為
眾所周知也是極為傳統的一個世紀：戰爭與革命的世紀。在這
裡，戰爭與革命都同「世界」有著特殊關聯。這個世紀是一個
複雜性交織的世紀，一方面，它縈繞著兩次世界大戰；另一方
面，它與作為全球性的「共產主義」陣營的肇始、展開和崩潰
相關。[5]

　　我以霍布斯鮑姆和巴迪歐為理論嚮導，引向對汪暉新著《世紀
的誕生：中國革命與政治的邏輯》的閱讀和批評。這一方面是因為
汪暉全面展開的關於「世紀」的宏大敘事，從「世紀的誕生」到「世
紀的多重時間」再到「世紀的綿延」，是來源於對霍布斯鮑姆的「短
20世紀」（即「掐頭去尾的20世紀」）的挪用和重構。他試圖超越
霍布斯鮑姆局限於「歐洲視野」中所提出的關於「短20世紀」的核
心觀點：以十月革命的失敗和蘇東體制的崩潰作為20世紀的終結，
因為在他看來，霍布斯鮑姆這個歷史性判斷顯然沒有「將在他的敘
述中地位十分邊緣的中國置於思考20世紀的中心位置」，[6]「沒有考
慮全球權力中心的移動對於全球及其不同地區的巨大影響」，[7]沒有
從「中國經驗」出發，把中國革命視為「短20世紀」的起點。汪暉
想像的「世紀的誕生」，既不是意味著「歐洲世紀」的誕生，也不
是意味著「蘇聯世紀」的誕生，而是象徵著「中國世紀」的橫空出
世。因此，他特別強調：「若要從中國或中國革命的角度思考20世

5　[法]阿蘭‧巴迪歐：《世紀》，藍江譯（南京：南京大學出版社，
　　2017），頁2-3。
6　汪暉，《世紀的誕生》（北京：生活‧讀書‧新知三聯書店，2020），
　　頁17。
7　同上書，頁18。

紀，則必然需要調整對20世紀的分期和界定。」[8]由此可見，汪暉的理論雄心是要在歐洲的左翼思想陣線中完成一次理論突破，他要在霍布斯鮑姆架起的梯子上宣布：帶著過往的悲悼重新敘述「失敗的歷史」並不可取，因為支配20世紀的中國革命和政治的邏輯還在，「世紀」是屬於中國的。

另一方面，以巴迪歐為代表的歐洲左翼激進主義長時期推崇中國革命及其毛主義的理論主張，構成了汪暉重要的思想資源，但汪暉顯然並不滿意巴迪歐自蘇東體制崩潰之後所表現出來「右傾」失敗主義情緒。這種失敗主義在汪暉看來，是源於沒有把中國革命置於由十月革命所開創的世界革命進程中，沒有意識到「短20世紀」和中國「漫長的革命」的相互重疊的關係，尤其是沒有認識到中國革命所開創的「失敗與勝利」的辯證法。這種辯證法旨在為中國革命提供一種「關於失敗與勝利的全新理解」，「發展了對於失敗與勝利的全面思考，這些思考也從革命進程內部重新界定了革命本身。」[9]從這樣的辯證法出發，汪暉建構了他的「勝利的哲學」──這是一種革命者永遠不會失敗的哲學，並據此對歐美世界以福山等為代表的右翼的「歷史終結論」和以霍布斯鮑姆、巴迪歐等為代表的左翼的「歷史失敗論」共同說不。

20世紀作為戰爭和革命的世紀，已成為思想界的共識，戰爭對人類社會的巨大破壞作用已讓其失去了任何合法性和正當性，即使現實中依然存在著冠之以反對恐怖主義的正義戰爭。但和戰爭相比，革命的正當性似乎並沒有因為20世紀革命背負著一點也不比戰爭要少的血腥歷史而被徹底否定，對革命的憧憬和想像在十月革命

8　同上書，頁17。
9　同上書，頁75。

基本歸於沉寂之後依然持續存在著。尤其是因為中國革命作為十月革命的繼承者在1991年之後仍然張揚著共產主義的旗幟，這為世界革命的未來前景帶來了某種希望。霍布斯鮑姆就認為：「只要占人類五分之一的中國人繼續生活在共產黨領導下的國家中，為革命作悼詞還早了些，但是，以共產主義名義進行的現實革命已使自己筋疲力盡了。」[10]對於汪暉來說，他是絕無可能為革命撰寫一份悼詞的，他也絕不會承認共產主義革命在現實中已經筋疲力盡。在歐美左翼知識界普遍沉陷於對革命的反思、自省、批判或絕望之際，汪暉顯然是立志於通過三卷本的理論建樹來完成一項宏大的歷史使命：在革命的頹勢中重振革命的信心，將共產主義「失敗的歷史」重新置於「漫長的中國革命所締造的新秩序及其價值系統中」，其意義還不僅在於為逝去的革命作出遲來的辯護，而是通過對中國革命獨特性的確證來進一步重構它對世界的普遍性。質言之，這是一個關於中國革命既要解放自己也要解放全人類的新的理論版本，是一個試圖用「中國方案」或「中國經驗」來解決世界的世紀性問題的新烏托邦計畫，是一個在21世紀的時代條件下為革命招魂的宣言書。

一、長世紀、短世紀還是中國世紀？

世紀作為西方格裡曆的一個紀年單位，於1582年由時任羅馬教皇格里高利十三世批准實行，以耶穌誕生之年作為紀元的開始，後改為西元紀年，成為世界各國普遍採行的西曆。1912年，剛剛成立的民國政府採用西曆作為國曆，否棄了革命黨人提出的黃帝紀年和

10 [英]艾瑞克·霍布斯鮑姆，《極端的年代》，頁12。

「康黨」（康有為）的孔子紀年方案。「世紀」這個時間概念的誕
生，對於中國在20世紀中究竟居於何種位置，以及會促成何種歷史
意識，的確值得探討。正如梁啟超在構建其「新史學」以取代「舊
史學」時所看到的那樣，中國傳統的二十四史不過是帝王二十四姓
之家譜而已，中國只有朝廷史而沒有國家史，只有個體史而沒有群
體史。梁啟超宣導的「史界革命」是循著西方進化史觀的邏輯來展
開，認為「歷史者，敘述人群進化之現象，而求得其公理公例者也」；
「歷史者，以過去之進化，導未來之進化者也。」[11]梁啟超的進化
史觀是建立在一種對普遍主義歷史尺度的認可之上，他關於歷史的
線性的和進化的敘事模式，最終是為了把中國歷史納入和歐洲相同
的史學框架內以賦予其普世性的意義與價值。杜贊奇由此認為：「歷
史學家梁啟超也許是第一個用啟蒙的敘述結構來寫中國歷史的。他
宣稱，沒有線性歷史的人民是無法成為民族的。」在普遍主義的歷
史敘事中，中國歷史首次具有了世界史的性質，它是按照歐洲歷史
所描繪出來的世界史的基本軌跡來建構一個新的歷史編纂體系，也
即如杜贊奇所說的，「基本上從歐洲從中世紀專制制度獲得解放的
經驗為樣板，……在中國語境裡複製西方史的三個階段：古代、中世
紀與現代。」[12]因此，世紀的概念，和世界、國家、民族、國民包
括後來使用的階級、政黨、群眾等概念，共同構成了20世紀中國史
學的核心關鍵字，而20世紀中國則幾乎成為現代中國的同義語，中
國是在世紀概念中獲得了一種現代的歷史意識。

　　汪暉的世紀敘事是如何展開的？世紀何以在中國「誕生」？世

11　梁啟超，《新史學》，載洪治綱主編，《梁啟超經典文存》（上海：
　　上海大學出版社，2003），頁208-209。

12　[美]杜贊奇，《從民族國家拯救歷史：民族主義話語與中國現代史
　　研究》，王憲明等譯（北京：社會科學文獻出版社，2003），頁21。

紀作為一個西方的「時間」概念何以轉化為一個中國的「時勢」概
念？用他自己的話來說：「如果世紀概念標誌著一種霸權性的普遍
時間概念的誕生，歷史行動者用世紀作為界標的努力也同時表現為
對於推動這一事件概念普遍化的霸權力量的抵抗。世紀這一西方時
間概念是在時勢這一傳統範疇內獲得其內涵的：世紀的霸權力量究
竟是什麼？是船堅炮利？是政治制度？是文化形態？是生產方式？
是殖民主義？是資本主義？是帝國主義？這一連串的追問也產生了
不同的文化和政治戰略。」[13] 這段話清楚地表達了汪暉試圖重構世
紀概念的主要設想，把世紀視為是西方霸權性的時間概念，它體現
於西方式的船堅炮利、政治制度、文化形態、生產方式、殖民主義、
資本主義和帝國主義，因此，世紀就成了霸權性的標誌。為抵抗這
種霸權，汪暉創造了一個「時勢的世紀」概念。如果這個概念成立，
以中國為主體的世紀不僅要從邊緣走向中心，而且要徹底終結西方
舊的時間概念，也就是從18世紀、19世紀和20世紀的時間序列中來
理解世紀概念的歷史觀。他斷言：「20世紀不是其前史的結果，而
是其前史的創制者。」[14]

　　從學理上看，汪暉關於「世紀的誕生」的驚人論斷並不完全是
來自於他個人的獨創，他關於「時勢的世紀」充分借鑒了阿瑞吉的
「長世紀」概念和霍布斯鮑姆的「短世紀」概念。阿瑞吉關於「漫
長的20世紀」的說法，是基於從19世紀末開始的世紀轉變直至在20
世紀所完成的一系列國家和社會轉型，這一西方史學界所普遍採用
的長時段的歷史考察方法，對於觀察跨時段的社會歷史變遷是極其
有效的，但汪暉並不願意用「長世紀」來界定20世紀，而願意使用

13　汪暉，《世紀的誕生》，頁9。
14　同上書，頁16。

霍布斯鮑姆的「短20世紀」的概念。原因何在？就是因為汪暉要寫一部關於「20世紀和20世紀中國」的書，他心目中的世紀起點必須是一個中國事件，必須從中國或中國革命的角度來調整20世紀的分期和界定。他明確宣布：「不是第一次世界大戰界定了世紀的誕生，而是『五四』運動標誌著一種區別於1840年以降抵抗和變革運動的鬥爭新階段。」[15]這樣一來，基於19世紀的發展邏輯所產生的「漫長的20世紀」，因為無法在時間上容納一個標誌性的中國事件而不能成為20世紀的前因或起點；相反，19世紀卻成了20世紀「創制」的結果。

　　雖然汪暉放棄了阿瑞吉的「長世紀」的概念，但他建構的「時勢的世紀」卻是來源於阿瑞吉關於霸權重構理論的重要啟示。在阿瑞吉看來，霍布斯鮑姆所謂的「短20世紀」揭示了20世紀七八十年代稱作「普遍危機或全球危機的時代」，蘇東共產主義政權的崩潰則「產生了一個政治變幻、不穩定、混亂和內戰的廣闊地帶」，而且還摧毀了四十多年來穩定的國際關係。[16]阿瑞吉還認為，和霍布斯鮑姆一樣，沃勒斯特也把1989年的巨變放在前二十年愈演愈烈的無序背景下來考慮，認為1989年標誌著一個「政治—文化時代」或一個「壯觀的技術成就時代」的終結。[17]甚至可以在更長的時段內，將結束於1989年（沃勒斯特）或1991年（霍布斯鮑姆）的「短20世紀」，看作是啟蒙運動和法國大革命發起的特殊政治—文化時代的結束，進而可以看作是自「漫長的」16世紀以來就存在的現代世界體系的結束。正是基於這些判斷，阿瑞吉認為，20世紀是「美國世

15　同上書，頁22。

16　[意]喬曼尼・阿瑞吉等，《現代世界體系的混沌與治理》，王宇潔譯（北京：生活・讀書・新知三聯書店，2003），頁1。

17　參見同上書，頁2。

界霸權衰落和危機的時期」，如同先前已經發生過的兩次世界霸權
轉移，即18世紀的世界霸權從荷蘭向英國的轉移，19世紀末至20世
紀初世界霸權從英國向美國的轉移。他由此提出了四個問題：第一，
國家之間不斷變化的力量平衡，是否有可能出現一個新的霸權國
家？第二，全球化是否已不可救藥地毀壞了國家的權力？第三，人
類的生活和工作環境是否處在「向谷底沖去的競賽」之中？第四，
西方文明和非西方文明之間不斷變化的力量平衡，特別是西方文明
主宰現代世界體系的五個多世紀是否已到了盡頭？[18]看得出來，阿
瑞吉在提出他的問題時，實際上已經包含了他自己的答案。他把現
代世界體系的劇烈重組過程中所出現的霸權轉移，既視作是美國霸
權衰落的一個必然結果，同時也視作是對「未來霸權國家」崛起的
一個展望：「霸權的崩潰是霸權轉移過程中的決定性轉捩點。這是
衰落中的霸權所確立的體系組織解體、體系混沌開始出現的時刻。
這也是新霸權建立的時刻。」[19]

　　阿瑞吉的霸權轉移的理論在汪暉的世紀敘事中當然不是被原封
不動地照搬過去，沃勒斯特和阿瑞吉的「世界體系」理論作為歐美
左翼學者的共同思想資源，在中國語境中被轉化為一種汪暉長期津
津樂道的「抵抗」西方霸權的學說，當然也被他視為是由「中國世
紀」或「中國模式」順理成章地取代「美國霸權」的一個理論方案，
需要調整的可能只是一種話語策略——*不是直抒「霸權轉移」之雄
心而是代之以「世紀的誕生」這樣的文學表達*。在汪暉看來，世紀
或20世紀的誕生不是一種客觀的分期方法，而是一種通過對「獨特
時勢」的把握以重新確定歷史行動方向的主體行為。「時勢」概念

18　參見同上書，頁4。
19　同上書，頁39。

的提出，是對「世紀」這個西方「時間霸權」概念的重大修正，同時也表現為對於推動這一時間概念普遍化的霸權力量的抵抗。汪暉這樣寫道：

> 我將短20世紀理解為革命世紀，正是為了在歷史分期時參考內在於這一革命時代的理論視野和戰略策略。這個革命世紀不是發端於歐洲或美國資本主義的經濟和軍事霸權的確立，而是發端於這一經濟和軍事霸權在確立自身過程中所造成的新的「非均衡性」，或者更準確地說，由這一「非均衡性」所造成的顛覆這一霸權體系的革命契機。[20]

從這個論斷出發，汪暉認為，時勢意識是一種新的歷史意識，這種歷史意識既是指向對西方時間霸權的抵抗，又是指向對中國「時勢的世紀」的重新建構——將中國置於思考20世紀的中心位置，將中國自五四運動以來所發生的一系列事件，尤其是將中國革命和十月革命共同置於20世紀最核心的事件。

汪暉借鑒阿瑞吉的霸權轉移理論而放棄其「漫長的20世紀」的概念，顯然是因為如果將20世紀的起源向前延伸到19世紀末，是找不到一個典型的中國事件可以作為「漫長的20世紀」的起點，因此，他願意選擇霍布斯鮑姆的「短20世紀」來界定20世紀的進程及其性質，因為「短20世紀」是可以和汪暉想像的中國革命世紀相重疊。但是，汪暉對霍布斯鮑姆的「短20世紀」的強烈不滿在於，他認為這個概念主要是在歐洲視野中形成的，沒有照顧到中國事件和中國革命在20世紀中的應有位置，沒有考慮到中國「獨特時勢」的發展

20　汪暉，《世紀的誕生》，頁34。

對於世界地緣政治關係的改變所帶來的重大影響。更重要的是，因
為霍布斯鮑姆把1991年蘇東體制的崩潰視為20世紀的終結，這標誌
東方的革命世紀的一系列失敗：蘇聯陷於官僚主義國家的失敗，中
國陷於持續革命的失敗，國際共運陷於國際主義的失敗，最終的結
果是共產主義作為一種信念的失敗。[21]在汪暉看來，霍布斯鮑姆以
一系列失敗為線索構築起來的「短20世紀」的致命問題在於，它忘
了進一步追問：「蘇聯的解體就代表著俄國革命是全然的失敗嗎？
強大而堅韌的反法西斯的蘇聯是失敗了嗎？社會主義陣營對於第三
世界反帝反殖民鬥爭的支持全都失敗了嗎？」[22]當然，在汪暉的心
目中，中國革命及其政治成果在1991年之後一直保持著並有了強勁
的發展，這是20世紀「漫長的革命」進程並沒有徹底退出歷史舞臺
的最有力證明。他問道：「如果中國經濟的發展證明自由資本主義
並未取得勝利，中國宣導的全球化路徑有可能終結新自由主義全球
化的一統天下，那麼，中國的現實和未來與20世紀的持續革命到底
是什麼關係？」[23]對此，汪暉認為，西方左翼沒有用「漫長的革命
進程」來界定20世紀，沒有在20世紀的政治視野中認識到中國革命
所完成的主體性改造，沒有充分估計到中國革命在20世紀的時代意
義，沒有將中國置於20世紀的中心位置來予以思考和理解。因此，
汪暉的「世紀的誕生」，是對阿瑞吉的「漫長的20世紀」和霍布斯
鮑姆的「短20世紀」的雙重否決，亦是對20世紀史一次前所未有的
改寫：將中國在20世紀的「獨特時勢」——從五四運動作為20世紀
的起點直至延續至今的中國「漫長的革命」，視為是20世紀存續和

---

21 參見同上書，頁73。

22 同上書，頁74。

23 同上書，頁74。

發展的最重要的歷史因素。

　　上面說過，從梁啟超以來，借助於西方的史學觀念和時間概念，中國史學首次建構起世界史的視野和普世性的歷史意識，但由此也的確難以避免陷入西方中心主義的史學敘事框架。按照杜贊奇的看法，梁啟超那個時期的中國史研究的中心敘述結構和歐洲模式或啟蒙模式聯繫得過於密切，以致無法揭示這個歷史模式的壓抑作用。這個情況其實並非限於自由主義領域；馬克思主義史學在中國的崛起並取代了梁啟超的新史學，可以視為是中國史學領域的另一種「全盤西化」。中國馬克思主義史學用唯物史觀重新闡述了一種普世性的歷史意識，最典型的是社會形態進化的「五階段」論，認為中國社會和西方社會一樣，受共同的普遍性規律的制約，具有相同的歷史進程和性質。因此，如何從西方中心主義的敘事結構擺脫出來，以確立中國史學區別於西方史學的主體地位，的確是值得研究的課題。但是，汪暉對20世紀的重構究竟在在多大程度上反映了歷史真實和歷史的上下文關係，則是大可質疑的；而他用「中國世紀」誕生的敘事策略來表達重建中國主體性以抵抗或取代西方霸權，將中國革命視為是20世紀的主要歷史進程，究竟在多大程度上獲得了歷史事實的支持，也是大可質疑的。

　　阿瑞吉將20世紀視為18、19世紀演化的結果，從長時段來看，顯然有助於認識20世紀的「誕生」不是由幾個突如其來的事件所構成的，在20世紀霸權轉移和重構的過程中，阿瑞吉沒有把中國看作類似於歷史上曾經居於霸權地位的「荷蘭綜合體」、「英國綜合體」和「美國綜合體」，大概就在於中國尚不具備一個「未來霸權國家」所應具有的足以代表新的體系的普遍利益、獲得體系中所有成員的

普遍信任以及存在著世界治理能力的有效供應。[24]按照汪暉的見解，在20世紀所發生的中國事件、中國革命以及由此形成的中國經驗不僅僅只屬於中國，而是具有世界歷史性質；用他自己的話來說：中國的「世紀」意識亦即對時勢的判斷，「都可以被歸納為在帝國主義與文明論的雙重陰影下對獨特性的探尋——對獨特性的探尋也是對伴隨帝國主義時代而來的普遍歷史的抗拒和解構，但這一抗拒和解構不是通過對特殊性的確認，而是重構普遍性。」[25]由此可見汪暉的理論雄心之大，在為中國「時勢的世紀」爭取歷史合法性的同時，向世界宣布中國歷史就是世界的普遍歷史。

霍布斯鮑姆將1914年第一次世界大戰的爆發視為「短20世紀」的起點，而不是像汪暉那樣將中國發生於1919年的五四運動想像為「短20世紀」的起點，應該是基於西方史學界關於世界歷史的基本共識：第一次世界大戰引發了全球性的政治和經濟動盪，激發了俄國的十月革命以及東方國家的一系列革命，包括為中國五四運動的產生製造了宏闊的時代背景。如果沒有第一次世界大戰以及緊隨其後的十月革命所引發的巨大的政治海嘯，中國以五四運動為首創的思想變革和社會變革究竟會以何種方式出現，肯定是難以想像的。但是與此相反，汪暉認為，

> 20世紀中國革命所帶來的一個世界歷史問題是：由於帝國主義時代的降臨，世界上不同地區均被捲入了同一個世界進程；19世紀歐洲社會主義運動無法突破資本主義的內在矛盾，現在這

---

24 參見[意]喬曼尼‧阿瑞吉等，《現代世界體系的混沌與治理》，頁33-34。

25 汪暉，《世紀的誕生》，頁124。

一使命需要通過所謂「前資本主義的」「非西方的」「農業的」社會的革命來完成，而爆發這一革命的國度同時面臨著經濟、政治和文化的19世紀式的變革。從孫文的「政治革命、社會革命畢其功於一役」，到毛澤東的「新民主主義」概念，無不體現中國革命的雙重使命。[26]

可以這麼說，這完全是汪暉的一個臆斷，在20世紀的時代條件下，不管是五四運動，還是民國初期的憲政運動，以及後來在中國革命的名義下所進行的國共兩黨內戰，都談不上具有「世界歷史」性質，中國在20世紀的政治動盪和變革遠未對世界上其他國家產生任何重大影響，更不用說決定了20世紀的世界歷史走向。阿瑞吉的「長世紀」概念和霍布斯鮑姆的「短世紀」概念，都沒有把發生在中國的某個事件、運動或革命作為20世紀發生或終結的界標，這不是西方的「時間霸權」觀念在作怪，而是因為他們必須忠實於一個歷史學家的基本職責——盡可能如實地反映歷史真實，在無數的歷史支流中尋找到歷史的主流。

汪暉的世紀敘事正如他自己表白的那樣，是對「中國革命及其意識形態的歷史分析」，因此，他的歷史學不過就是在一種意識形態理論身上披上一件歷史學的外衣，他致力於把中國革命置於20世紀的中心位置，把世界歷史置於「漫長的中國革命所締造的新秩序及其價值系統中加以觀察」，最終都是為了確證中國「獨特的時勢」所具有的世界歷史意義，並通過這種努力向世界主張一種普遍性權力。基於這種意識形態的立場，汪暉對20世紀的重構沒有絲毫西方左翼歷史學家所普遍具有的批判和反省意識，他堅決不承認霍布斯

---

26 同上書，頁70。

鮑姆對十月革命以來「失敗的歷史」的總結,他也批評巴迪歐喪失了對「漫長的革命」的信念,沒有從中國革命進程中開拓出一種「勝利的哲學」,他缺少對20世紀的一種最基本的悲憫情懷。為此,我建議汪暉閱讀一下巴迪歐在其《世紀》一書中對20世紀的一個評價:

> 世紀在這裡是一個悲慘的和恐怖的事件,而唯一能夠來稱呼其統一性的範疇是罪行:史達林共產主義的罪行,以及納粹的罪行。在這個世紀之中,正是其罪行為所有其他罪行提供了標準:對歐洲猶太人的毀滅。這個世紀是一個罪惡的世紀。其思考的主要參量是滅絕集中營、毒氣房、大屠殺、酷刑和國家有組織的犯罪。數字成為其中的內質性,因為一旦罪行的範疇與國家有關,它就主宰著對大眾的謀殺。世紀的清單立即提出了一個問題,即對死者的計數。為何要計數?因為,對上百萬的受害者的計數是這裡唯一可以用來發現的過度滅絕罪行的真實的倫理判斷。計數是死亡的工業性維度與必要性判斷的交織。計數是道德律令設定的真實。這種真實與國家罪行的聯合有一個共同的名字:這個世紀是一個極權的世紀。[27]

　　在汪暉的意識形態的歷史學中,缺少的就是「計數」的概念,那些死於20世紀的戰爭、革命、暴政、屠殺、酷刑、饑餓的成千上萬的人們,在汪暉「世紀的誕生」的宏大敘事中,根本就不存在。

---

27 [法]阿蘭‧巴迪歐,《世紀》,頁3-4。

二、革命是世紀的創造還是毀滅？

　　把20世紀界定為革命世紀，這在中西史學界應該沒有多大爭議。霍布斯鮑姆曾經描述過，在1914年第一次世界大戰的前夜，歐洲社會主義黨派依靠他們國家正在壯大的無產階級的支持以及受到他們最終勝利的歷史必然性信念的鼓舞，似乎都在等待戰爭的爆發，從而將世界戰爭毫無意義的苦難轉化為更加積極的革命。俄國十月革命就是在這樣的政治邏輯下誕生的，

> 十月革命在現代歷史上創造了迄今為止最令人驚歎的組織化的革命運動。自從伊斯蘭教在其創教時期的征服以來，十月革命的影響在全球的蔓延無與倫比。在列寧到達彼得格勒芬蘭車站後僅僅三四十年，三分之一的人類就發現自己生活在某種政權制度中，這種政權制度直接源於「震撼世界的十天」，以及列寧的組織模式和共產黨。[28]

　　汪暉當然同意20世紀是革命世紀這個判斷，用他自己的話說：「真正在20世紀與19世紀劃出清晰分界的是帝國主義時代的內外條件所孕育的革命——革命的內容、革命的主體、革命的目標、革命的形式、革命得以發生並持久化的區域、革命對世界格局的改變。」[29]但汪暉不滿意霍布斯鮑姆沒有將中國革命和俄國十月革命並列為決定20世紀歷史走向的兩個核心事件，也就是沒有把中國革命置於

28　[英]艾瑞克・霍布斯鮑姆，《極端的年代》，頁42。
29　汪暉，《世紀的誕生》，頁30。

20世紀的中心位置來思考。在他看來,「20世紀的兩個標誌性事件,
即中國革命和俄國革命,也可以理解為對抗海洋資本主義的陸地革
命,這兩場陸地革命由充分汲取了海洋能量的新勢力所推動,不僅
抵抗外來侵略或殖民統治,而且也改變內陸秩序的革命。」

> 這一時代最為重要的政治成果便是中國作為現代政治主體的誕
> 生,從而現代中國的主權和內外關係不能一般地從連續性的角
> 度加以論述,而必須將這一「連續性」置於抵抗帝國主義入侵
> 與中國革命的進程中加以探索。[30]

按照這個說法,霍布斯鮑姆顯然犯下了「歷史虛無主義」的錯
誤,他只是把中國革命視為繼承十月革命的一個特殊形態並長期受
制於列寧主義邏輯,而且,和他犯下同樣錯誤的肯定可以在西方史
學界列出一長串的名單,包括被汪暉經常引述的巴迪歐,因為他們
都沒有認識到中國革命的世界歷史意義及其對20世紀的支配性作
用,「沒有考慮全球權力中心的移動對於全球及其不同地區的巨大
影響。」[31]

從中國革命的世界歷史性質出發,汪暉不僅是要為中國革命爭
取到一個在20世紀中的中心位置,而且還要為中國革命塑造出其普
遍性的形式,即中國革命所開創出來的「獨特時勢」對其他國家的
示範意義,尤其是在蘇東體制崩潰之後,中國革命在他的心目中足
以取代已經壽終正寢的十月革命而成為新的世界革命的楷模。但
是,汪暉在確立這樣的理論自信時,他也不得不面對20世紀由十月

---

30 同上書,頁60。
31 同上書,頁18。

革命所開創的社會主義事業「失敗的歷史」，以及由俄國和西方知
識界所共同開展的關於十月革命的「原罪」、社會主義和共產主義
為什麼失敗的討論。面對這樣的現實，汪暉有他自己的辯護策略；
他絕不認可「當代左翼」以「失敗」為起點來重申俄國革命和中國
革命及其原則。「失敗」既不是一種戰略性退卻，也不是一種策略
性的挫敗。「失敗」的表面形態是作為革命成果的20世紀社會主義
體系的解體——蘇聯和東歐社會主義不復存在，但中國、越南和其
他仍然由共產黨執政的國家正在捲入全球資本主義進程，這些歷史
性變化在汪暉看來，並不代表著國際共產主義運動的失敗。他寫道：

> 沒有人否定20世紀革命和社會主義實踐中的失誤、挫折和悲
> 劇，但這是一個「失敗」嗎？如果不是或至少不是一個單純的
> 「失敗」，那麼，如何估價其成就？深入地總結失敗的教訓與
> 重估其成就本來是一致的，但在今天的潮流中，重新估價其成
> 就甚至比承認其失敗更加迫切，也更加困難。[32]

　　這段話看起來就像是汪暉的一個悲情告白，他是要在革命已經
蛻變為「幽靈」的時候重新為革命招魂。

　　就像汪暉說「沒有人否定20世紀革命和社會主義實踐中的失
誤、挫折和悲劇」，也沒有人否定十月革命對20世紀歷史的重大影
響。不管是左翼還是右翼，都無法忽視十月革命給20世紀的人類社
會所帶來的創造與毀滅、進步與破壞、肯定與否定的歷史作用，包
括汪暉為十月革命和蘇維埃政權所提供的辯護——最大程度地保留
甚至擴展了沙俄帝國的領土、人口和權力，完成了工業化，取得了

32　同上書，頁373。

衛國戰爭的偉大勝利——都可以為不同立場的歷史研究者所接受。
誠如美國自由主義憲法學家布魯斯・阿克曼所說：「馬克思主義和
自由主義在關鍵問題上存在分歧（而分歧的程度取決於作為特定革
命之理論基礎的馬克思主義或自由主義的版本）。但是，分歧不應
當遮蔽住他們共同的啟蒙理想——普羅大眾經由動員起來的理性行
動，即可建設一個更加美好的世界。」[33]20世紀的革命之所以能夠
在世界的不同地帶形成持續的廣泛的影響，並深刻地改變著特定的
地緣政治關係乃至整個世界格局，就是因為20世紀的革命一直延續
著法國大革命所賦予的革命正當性和道德性。

　　馬克思所強調的「革命是歷史的火車頭」，不僅僅是對19世紀
以來無產階級革命的總動員，也是對20世紀以來民族獨立、民族解
放和民族革命運動的思想啟蒙。作為共同來自於馬克思主義革命譜
系的俄國十月革命和中國革命，肯定是屬於20世紀革命史上兩個影
響最大的革命，汪暉把它們稱之為「漫長的革命」並拒絕承認1991
年是其失敗的標誌，可以視為是一種堅定的革命信仰。他就是依據
這種革命信仰批評巴迪歐僅僅只是把共產主義作為一個假設，而且
「共產主義假設」是以對失敗的確認為前提的，承認了「第二個革
命序列的主要內容（馬克思主義、工人運動、群眾民主、列寧主義、
先鋒黨、社會主義國家）已經不再有效。」[34]對於巴迪歐的這種「失
敗主義」主張，汪暉是絕不會苟同的，他拒絕承認革命的失敗，也
拒絕對革命進程中持續存在並最終導致了革命失敗的那些「失誤、
挫折和悲劇」進行必要的反思和批判。他始終堅信：「中國革命發

33 [美]布魯斯・阿克曼，《自由革命的未來》，黃陀譯（北京：中國
　　政法大學出版社，2015），〈序言〉，頁XVII。
34 參見汪暉，《世紀的誕生》，頁372。

展了對於失敗與勝利的豐富思考，這些思考也從革命進程內部重新界定了革命本身。因此，離開中國革命的內在視野也就難以把握失敗與勝利的辯證關係。」[35]按照汪暉這個「勝利的哲學」的邏輯，蘇東體制的崩潰未必就是十月革命的失敗，而十月革命的「失敗」未必就是中國革命的終結，中國將繼續進行「漫長的革命」。

如何認識革命在一個特定世紀中的位置和影響並評價其得失？在21世紀的時代條件下，是繼續賦予革命作為社會變革和發展的主要方式？還是對歷史上的革命及其後果做實事求是的研究與批判性的反思？這是兩種價值取向完全不同的歷史觀。為此，可以從大革命的發源地——法國開始思考。法國不僅創造了大革命的歷史，也創造了一個持續幾代人以革命為使命的左翼陣營。從薩特那一代左翼知識人開始，他們宣揚的馬克思主義話語對法國的哲學、文學、歷史學和其他學科形成了空前的優勢，正如雷蒙·阿隆所看到的那樣：「法國被認為是左右對立的故鄉。當『左派』、『右派』之類的術語直至第二次世界大戰爆發仍很少出現在英國的政治語言中時，它們在法國早已取得了合法身分。在法國，左派享有的威望是如此之高，以至於溫和的或保守的黨派也絞盡腦汁從對手的詞彙中借取某些修飾語。人們比試著誰最有共和主義、民主主義、社會主義的信念。」[36]在這樣的思想氛圍中，法國左翼知識人在戰後幾十年裡始終保持著對十月革命及其蘇維埃政權的學術和情感支持，在蘇聯體制徹底暴露出極權主義的本性之後，他們又把支持的熱情轉向中國，在1968年「五月風暴」中達到了高潮。美國學者理查·沃

---

35 同上書，頁75。
36 [法]雷蒙·阿隆，《知識分子的鴉片》，呂一民、顧杭譯（南京：譯林出版社，2012），頁4。

林觀察到：在20世紀60年代晚期至70年代，許多青年知識分子開始
迷戀中國文化大革命，迷戀毛澤東思想，「毛主義的魅力最初只是
一種邊緣現象，然而，這種魅力很快就以參與者自己都無法預料的
方式轉換為一種普遍的文化政治陶醉。在某種意義上講，好像整個
巴黎都被蔓延的毛主義所控制。」[37]如果汪暉的著作能在這個時候
進入法國，我相信會贏得大多數法國青年的喝彩，因為那時在法國
流行的關於中國的各種故事都是想像的產物，它們遠遠達不到汪暉
精心構造出來的理論敘事水準。

　　法國1968年的「五月風暴」是中國革命和毛主義在西方世界引
發的唯一一次具有國際影響的事件，它培養了諸如巴迪歐、福柯這
樣激進的毛主義者。但在隨後的幾十年裡，也就是在1991年之前，
法國左翼就開始了對紅色革命及其政治成果的反省與批判。法國自
由主義歷史學家弗朗索瓦·傅勒在《思考法國大革命》這本重要著
作中指出了法國思想界的重大轉變：「這個時候，批評蘇聯極權主
義，或者更寬泛地說，批評一切自稱馬克思主義的政權，已經不再
是右翼思想界的專利（或準專利），它也成為左派思考的主題了。」
「重要的是，左翼文化一旦接受思考事實，也就是說從它自身價值
方面去思考20世紀共產主義經驗構成的災難，就不得不批判它自身
的意識形態，批判它的闡釋，批判它的希望和它的那些所謂合理化
的建議。」[38]正是基於這樣的思想轉變，就不難理解從薩特一輩的
左翼知識分子到「五月風暴」時期成長起來的毛主義者，為何會先
後不約而同地開始從共產主義的迷幻中走出來了。阿隆顯然代表著

---

37 [美]理查·沃林，《東風：法國知識分子與20世紀60年代的遺產》，
　　董樹寶譯（北京：中國編譯出版社，2017），〈序言〉，頁5。
38 [法]弗朗索瓦·傅勒，《思考法國大革命》，孟明譯（北京：生活·
　　讀書·新知三聯書店，2005），頁61。

這個時期最具前瞻性的思考，他認為：

> 右派與左派，或者說法西斯偽右派和蘇聯偽左派難道沒有在極
> 權主義中相匯合嗎？人們對此可以說，前者的思想源自反革命
> 的浪漫主義，而後者的思想則源自革命的理想主義。而且，前
> 者從根本上說強調特殊性，強調民族或種族的因素，而後者以
> 一個歷史選定的階級為出發點來強調普遍性。但是，號稱是左
> 翼的極權主義在革命發生三十五年之後，……繼續否認各種自
> 由的和個人的價值觀念，而這些價值觀念是啟蒙運動在反對權
> 力的專斷和教會蒙昧主義的過程中力圖宣導的。[39]

　　汪暉對於來自於傅勒或阿隆的批評可能會不以為然，他們畢竟
是在站在自由主義的右翼的立場，以「修正史學」的觀念來挑戰在
法國占統治地位的左翼話語體系，但法國左翼從1980年代開始的對
法國大革命「神話」的自我反省和批判會不會給予汪暉以思考和警
醒呢？1989年是法國大革命200周年，這個舉世矚目的慶典未公開宣
布的主題是：「大革命結束了。」[40]這個主題讓人馬上回想起拿破
崙於1799年12月15日當選法國首席執政官後所作出的承諾：「革命
結束了。」[41]法國馬克思主義史學家阿爾貝·索布爾在他的著作《法
國大革命史》中認為，所謂「革命結束了」，是波拿巴保證既不復
辟王政，也不恢復共和二年的民主制度，「他使貴族與資產階級秩

39 [法]雷蒙·阿隆，《知識分子的鴉片》，頁13。
40 [法]羅傑·夏蒂埃，《法國大革命的文化起源》，洪慶明譯（南京：譯林出版社，2015），頁4。
41 [法]阿爾貝·索布爾，《法國大革命史》，馬勝利等譯（北京：北京師範大學出版社，2015），頁432。

序，教會與新國家重歸於好，實踐了1789年的諾言。」[42] 但在法國
大革命二百年之際，「大革命結束了」的含義早已超越了貴族和資
產階級妥協的層面，而是回到了法國大革命所追求的最核心的價
值：《人權宣言》中所宣揚的理想。兩位法國編輯在1989年為年鑒
學派第四代人物羅傑・夏蒂埃的著作《法國大革命的文化起源》所
寫的導言中指出：

> 它向這個國家——乃至向世界，呈現了法國最終與自己達成和
> 解的圖景：一個安享人權（它們構成了法國真正的革命性遺產）
> 的民族，一個篤信法國制度的成熟，並準備迎接新歐洲秩序的
> 挑戰和機遇的民族，一個堅定地讓整個國家為民主信條獲得普
> 遍尊重而獻身的民族。它宣稱民主信條是自己對世界各個民族
> 最根本的貢獻。[43]

　　從「大革命結束」的主題出發，必然意味著對法國大革命的根
本性反思，以及對法國傳統的革命史研究的學術霸權結構——以勒
費弗爾和索布爾為代表的馬克思主義革命史觀的某種修正或挑戰。
革命史觀對革命的暴力性質和恐怖主義一直抱有寬容態度。比如索
布爾就認為：「暴力的必然性；暴力與革命是不可分開的，同社會
階級的衝突也是緊密相連的；分析暴力的發生，就是解釋『革命的
進程』。找出暴力的倫理，就是『使革命合法化』」。[44]所以說，
法國革命史學和它的研究對象一樣，長期處在一種激進狀態，法國

42　同上書，頁433。
43　[法]羅傑・夏蒂埃，《法國大革命的文化起源》，頁4。
44　[法]阿爾貝・索布爾，《法國大革命史》，頁463。

大革命最血腥的一面也始終沒有在史學領域得到根本清算。由此導
致的後果是，不僅法國的社會演化進程為激進主義所主導，而且也
深刻地影響了20世紀革命的暴力路徑及其和戰爭的內在關係。傅勒
指出：「俄國畢竟是從法國和19世紀的思想那裡繼承了革命選擇——
歷史學的不同話語卻在這兩種革命之上走到一起了，互相感染了。
布爾什維克的前輩是雅各賓黨人，而雅各賓黨人扮演了共產黨人的
前身。」[45]美國學者托尼·朱特在評述法國革命史觀何以能長期主
導20世紀法國思想走向時也精闢地指出：「誰能『控制』法國大革
命的闡釋權，誰就能控制法國，或至少能在大革命後的法國搶占有
利位置，主導關於政治合法性的論爭。」[46]由此可見，對於自1789
年巴士底獄「陷落」以來十年的法國革命史的研究，在很大程度上
具有和政治理論與實踐同等重要的位置，在此後的兩個世紀裡，來
自於馬克思主義和左翼陣營的關於法國大革命的「權威解讀」，為
世界各地的激進主義主張制定了意識形態綱領。

　　1989年，法國大革命結束了，儘管法國還存在著「對誰結束了」
和「結束了什麼」的問題，但正如夏蒂埃在《法國大革命的文化起
源》一書中所指出的那樣，法國大革命無論如何不能被貶損為它所
使用的或授權的暴力，但必須深刻反思大革命暴力的自發形式，以
及國家壟斷合法地使用暴力的發展趨勢，對私人領域和公共領域所
造成的巨大破壞。[47]法國大革命應該結束的就是革命的神話，結束
以革命來形塑20世紀的暴力形式，以及結束賦予羅伯斯庇爾主義以
革命信仰的崇高地位，讓大革命的受害者來取代羅伯斯庇爾、丹東、

45 [法]弗朗索瓦·傅勒，《思考法國大革命》，頁53。
46 [美]托尼·朱特，《責任的重負：布魯姆、加繆、阿隆和法國20世
　　紀》，章樂天譯（北京：中信出版社，2014），頁6。
47 參見[法]羅傑·夏蒂埃，《法國大革命的文化起源》，頁180。

聖茹斯特這些革命英雄而成為革命反思的主角。這個時候，顯然需
要重溫艾德蒙・柏克在反思法國大革命時所發出的警示：「使光榮
革命成為安定之母，而非孕育下一次革命的溫床。」[48]

對法國大革命持續兩個世紀的反思，是否能為反思俄國十月革
命和中國革命提供重要啟示？在1989年「法國大革命結束了」之後，
1991年是否意味著「十月革命結束了」？汪暉在他的著作中對此作
出了完全否定性的回答：「20世紀則是由俄國革命與中國革命所界
定的。這兩場革命不僅試圖在自己的國家創造一個新社會，而且也
將各自的革命道理理解為全世界探索未來的偉大嘗試，從而激發起
全世界不同地區的人們對俄國與中國的讚揚與詛咒、支援與遏制、
熱愛與敵視。」[49]因此，在汪暉看來，所有關於十月革命結束、終
結、失敗的觀點，都不過是對於革命的反動大潮中所掀起的幾朵浪
花，包括「告別革命」的口號，也不過是「美國版的『歷史終結』
命題的亞洲版表述」。汪暉為十月革命所提供的辯護以及他對中國
革命為什麼能夠成功的確證，存在著傅勒所指出的那個意識形態頑
疾：「還是一種關於起源的敘事，還是一種身分話語」[50]，也就是
特別強調十月革命區別於歷史上所有革命的不凡身世，用所謂「無
產階級革命」的身分定位塑造其比「資產階級革命」更為優越的道
義性和正當性。他對中國革命基於「獨特時勢」以及在帝國主義時
代的兩個薄弱環節中脫穎而出的系統描述，是旨在建構關於中國革
命的一種新的身分話語：「中國革命的成就和政治創新堪稱20世紀

48 [英]艾德蒙・柏克，《法國大革命反思錄》，馮麗譯（南昌：江西
人民出版社，2015），頁53。

49 汪暉，《世紀的誕生》，頁363。

50 [法]弗朗索瓦・傅勒，《思考法國大革命》，頁53。

人類歷史上的奇蹟之一。」[51]基於這樣的判斷，十月革命及其衍生出來的各種國家版本，在它們各自進程中所製造的遠比法國大革命更為殘酷和血腥的歷史，都被汪暉忽略不計了。革命史觀在汪暉新的理論包裝下，依舊閃爍著那令人崇高又令人生畏的光環。

革命是世紀的創造還是毀滅？基於不同的歷史觀和歷史價值觀肯定會有不同的結論。「革命結束了」針對的是法國大革命以來正反兩方面的歷史經驗──革命從正面推動社會和時代進步的同時也製造了國家和社會的災難性後果，更重要的是，革命並未一勞永逸地解決專制政權束縛和扼殺人性的問題，革命在打碎舊世界之後並未普遍建立起一個新世界。就像阿倫特的描述：「十月革命對於本世紀的深刻意義，與法國大革命對於其同時代人的意義一樣，先是使人類最美好的希望轉化為現實，然後又讓他們徹底絕望。」[52]這就是革命的悖論，革命在創造的同時也是在毀滅，在粉碎舊的國家專制機器的廢墟上又建立起一個新的更強大的國家專制機器。

三、從革命到專政：何種歷史經驗？

1789年7月14日，在巴士底獄被攻占的當晚，驚恐不安的路易十六問他的大臣們：「這是一場叛亂嗎？」利昂古爾公爵回答道：「不，陛下，這是一場革命。」[53]這個歷史性對話曾被許多史家記錄在他

51　汪暉，《世紀的誕生》，頁410。

52　[美]漢娜‧阿倫特，《論革命》，陳周旺譯（南京：譯林出版社，2019），頁49。

53　參見[法]米涅，《法國革命史》，北京編譯社譯（北京：商務印書館，1977），頁46；[法]阿爾貝‧索布爾，《法國大革命史》，頁456。

們關於法國革命的著述中，其象徵意義也被做了廣泛的解讀。米涅，
這位最早對法國大革命作出理論反應的歷史學家，在1824年出版了
他的《法國革命史》，他在那個時候就斷言：「法國革命，如同英
國革命開創了新政體的紀元那樣，在歐洲開創了新社會的紀元。法
國革命不但改換了政權，而且也改變了整個國家的內部生活。」[54]但
在米涅按照時間順序記錄的法國革命進程中，國王最初並不是第三
等級的打擊對象，他毋寧是第三等級政治改革的支持者，後來他是
在貴族的裹挾下才走到了革命的對立面，最後被革命群眾送上了斷
頭臺。國王之死，以及其後所發生的一系列屠戮事件，包括在《人
權宣言》通過之後革命者內部的自相殘殺，反映了法國大革命最殘
酷的一面。革命並沒有如米什萊所說的那樣，成為「法律的降臨、
權利的復興、正義的反應」，[55]相反，革命的過程始終被籠罩在暴
力的恐怖之中，以致像丹東和羅伯斯皮爾這樣的革命者最後也沒有
逃脫由他們成立的革命法庭對他們的死刑判決。革命推翻了王朝統
治，產生的卻是一個比王朝政權更為極端的革命專制，最後在拿破
崙的軍事統治下走向了中央集權專制。

　　托克維爾對法國大革命的政治後果所作的分析，至今仍然沒有
哪位歷史學家可以超越，他的《舊制度與大革命》一書的主要理論
貢獻確如1875年的一位評論家保爾·雅內所說：「托克維爾力圖喚
醒我們對革命的一種可能後果的憂慮，即新專制主義的確立，民主
的或軍事獨裁的專制制度，抹煞個人，無視權利，由中央吞併所有
地方生活，並因此消滅各部門的一切生命力；托克維爾也許（但願
如此）誇大了這種弊病的意義，但這弊端在我們的整個歷史中早已

54　[法]米涅，《法國革命史》，頁1。
55　轉引自[法]阿爾貝·索布爾，《法國大革命史》，頁456。

萌芽，通過革命毫無疑問繁衍和惡化到了極點。」[56]事實上，托克維爾所揭櫫的革命和專制的輪迴關係，在法國大革命的雅各賓專政中遠未達到極點，20世紀的俄國十月革命所建立起來的蘇維埃紅色政權，就是公開以「專政」（專制在紅色話語中另一個表述）的名義來行使對全社會的政治統治，從而為自羅馬帝國或秦帝國以來一種前所未有的專制政治鋪平了道路。

如何解釋革命和專制的共生結構？汪暉的世紀敘事以「中國革命和政治的邏輯」為主線，不僅展開對中國革命的全面辯護，將中國革命置於20世紀的中心位置，而且是把中國革命的政治成果——無產階級專政置於20世紀最重要的歷史經驗來加以總結。當汪暉把中國革命的成就和「政治創新」稱之為20世紀人類歷史上的奇蹟之一時，他並不否認應當「對人民民主專政和無產階級專政的理論和實踐進行重新檢討」的必要性，但他所謂的「檢討」全然沒有對以人民和革命的名義的專政所製造的一系列悲劇性事件的應有反思。他更關心的問題是：十月革命「面對的真正挑戰是對它所創造的第一個無產階級國家或無產階級專政國家的否定」。[57]尤其是在他看來，在對革命進行「審判」已經成為時尚的時代，「批判地審視人民民主專政和無產階級專政的理論和實踐是必要的，但重新闡釋中國革命的成就及其政治創新卻更為迫切。」[58]為完成這個迫切任務，汪暉從三個方面展開其論述。

首先，帝國—民族國家的分析框架被汪暉再次運用於論證帝國治理模式及其制度安排的歷史合法性和有效性，他在《中國現代思

---

56 轉引自[法]托克維爾，《舊制度與大革命》，馮棠譯（北京：商務印書館，1992），〈導言〉，頁22。

57 汪暉，《世紀的誕生》，頁366。

58 同上書，頁410。

想的興起》一書中，已經把帝國模式視為中國現代性進程的必要歷
史前提，由此強調中國現代性和西方現代性的不同路徑依賴。在《世
紀的誕生》中，汪暉決意要為帝國模式再次做出辯護，在他看來，
民族國家敘事體現的是西方自19世紀以來所形成的一種話語霸權，
其主要內容包括民族主義、人民主權、憲政體制、主權單一性、國
際條約及談判構成等，與此相對立的是由帝國、君主權力、專制政
體、多元宗主關係、朝貢及軍事征服等內容所組成的帝國敘事。在
帝國─民族國家的敘事結構中，汪暉致力於重構帝國模式的歷史合
法性和有效性，突出強調「在革命中誕生的帝國與國家的連續性問
題」，也就是強調「中國是前20世紀農業帝國中唯一一個將這種連
續性維持至21世紀的國家」，「帝國建設與國家建設存在著若干重
疊」。[59]據此，汪暉把諸如民族區域自治、香港、澳門回歸視為是
「帝國時代宗主權在民族─國家時代的變體」，進而認為：「帝國
形態與民族─國家形態本身並不提供褒貶的根據，人們需要根據不
同政治體在特定歷史條件下的存在狀態對之進行判斷，即相對單一
的族群構成與多族群構成的政治形式本身並不提供政治判斷或道德
判斷的根據。判斷政治體的根據是歷史性的和政治性的。」[60]正是
基於對帝國敘事的現代重構，汪暉試圖為「後帝國」時代中央集權
專制的治理模式和制度安排提供歷史合法性，將他所謂的「民主專
政」──「民主」是指它具有廣闊的政治整合能力和代表性，「專
政」是指這一政治整合能力是排斥性的和暴力的──這兩種性質根
本不同的乃至絕對對立的政治要素，置於他所謂的「主權連續性」
的命題之下。汪暉繞了一個這麼大的彎子，其實就是為了證明毛對

59　同上書，頁175。
60　同上書，頁176。

「人民民主專政」的一個界定：人民民主專政是對人民實行民主，對敵人實行專政。至於在「人民民主專政」之下，「人民」究竟獲得了多大的民主權利，「敵人」究竟是如何被專政的，汪暉則一概置之不理。

其次，為了論證革命和專政的合法性，汪暉必須重新闡釋十月革命和蘇維埃政權的性質，在他斷言「十月革命不可能被整體否定」時，他所面臨的挑戰主要還不是來自於西方那些鼓吹「歷史終結論」的右翼學者或者像霍布斯鮑姆、巴迪歐那樣鼓吹「歷史失敗論」的左翼學者，而是來自於俄國知識界的批判性反思。當俄國知識界開始嚴肅清算十月革命及其無產階級專政所造成的嚴重後果時，作為一個中國學者的汪暉，能夠越俎代庖為一個已經逝去的革命和一個已經被埋葬的政權繼續伸張正義嗎？汪暉引述了俄羅斯聯邦總統辦公廳主任謝爾蓋‧亞歷山德羅夫‧菲拉托夫對十月革命的一個判斷：「從形式上說，1917年10月俄國發生了一次政變，其結果是政權為人數不多但很團結的左翼激進政黨所篡奪……1917年的10月是對俄國社會進行最嚴重的革命破壞的開始。」「由19世紀的偉大改良的俄國向工業化民主社會的逐步轉變過程中斷了。1917年2月成了國家民主發展路線的終點，二月革命後經過八個月俄國就確立了集權主義的鎮壓體制。」[61]汪暉對這個判斷當然是不以為然，即使是那些仍然正面評價十月革命的看法，包括普京總統「為了實現『白色的』後代和『紅色的』後代的和解」而對十月革命所作出的部分「肯定評價」，因為其中所包含的曖昧性和策略性的因素，顯然也根本達不到汪暉對十月革命的認識高度。在汪暉看來，對於十月革命的曖昧表述並不能將其「馴服」，這一事件不僅改變了俄國也改變了世

61　轉引自同上書，頁363-364。

界，由此引發的激烈爭論並不能說明「失敗」就是意味著革命進程的終結。事實上，在汪暉自詡要將理論和實踐的關係問題提升至非常重要的位置時，他正面臨著一個自己無法克服的理論和實踐的悖論：一個在理論上被賦予了崇高性質的革命和它的實際結果的巨大反差，在他不遺餘力地試圖重新構造十月革命的歷史合法性時，他應該意識到並具有窘迫感：十月革命的合法性在其祖國已經基本喪失殆盡，中國革命成就及其政治創新的合法性又能從何談起？

第三，論證帝國模式的歷史合法性和為十月革命及其蘇維埃政權的政治合法性辯護，最終是為了確證「中國革命成就及其政治創新」在20世紀政治譜系中的中心位置。汪暉反覆提醒他的讀者，蘇聯和東歐社會主義國家體系的相繼解體，以及民族與市場—民主資本主義體系的雙重勝利，實際上凸顯了現代中國的獨特性和創造性，因為恰恰是中國不但保持了政治結構、人口構成與國家規模的完整性，而且在社會主義國家體制的基礎上完成或正在完成一種以市場經濟為導向的大轉變。在汪暉看來，中國革命及其政治成果之所以能在蘇東體制崩潰的「歷史終結」中保存下來，就在於毛及其中共領導集團善於總結「無產階級專政的歷史經驗」。從1956年赫魯雪夫發表著名的《關於個人崇拜及其後果》的報告之後，中共在《人民日報》上連續發表了〈關於無產階級專政的歷史經驗〉（1956年4月5日）和〈再論無產階級專政的歷史經驗〉（1956年12月9日），這兩篇文章被汪暉視為是毛及其同事開始反思史達林的錯誤和中國革命中的教訓，開始探索無產階級專政條件下的民主問題；他進而認為，「文革」初期，以巴黎公社為楷模的工廠、學校和機關的自治的社會實驗，是對舊的國家機器改造的嘗試，亦即是一種超越國家機器的文化—政治實踐，這類政治實驗「相較於蘇聯共產黨支配下的官僚體制，中國『後文革』時代的政治制度具有更大的彈性和

回應社會需要的能力。」[62]針對那些對無產階級專政暴力性質的指控，汪暉坦然為毛做了這樣的辯護：「毛澤東從未羞於承認革命政權的專政性質，也從未掩蓋革命的暴力過程；他強調的不過是：革命的專政正是人民民主的政治形式。在生死對峙的氛圍中，一般地否定革命的暴力性，或者通過對革命暴力性的否定來否定整個革命進程，幾乎無從對20世紀的歷史進行政治分析。」[63]所以，汪暉認定，不能把中國革命及其「無產階級專政的歷史經驗」放置在蘇東體制「失敗」的範疇內予以思考；它們在經歷了人民戰爭、群眾路線、黨的建設、統一戰線以及反修防修、文革實驗之後，完全是一種政治正確的體現。用他引用毛的話來說：「有了正確的制度以後，主要的問題就在於能否正確地運用這種制度，就在於是否有正確的政策、正確的工作方法和工作作風。沒有這些，人們仍然可以在正確的制度下犯嚴重的錯誤，仍然可以利用良好的國家機關作出並不良好的事情。」[64]按照這個「最高指示」，無產階級專政及其制度安排作為中國革命最重要的政治成果，始終是偉大的、光榮的、正確的，因而根本不需要經過人民授權或人民認可的一系列程式。汪暉所構想的中國革命和政治的邏輯，實際上就是一個「政治正確」的邏輯。

　　汪暉關於「無產階級專政歷史經驗」的總結，基本上是對中共政治文件的一個理論闡釋，在結論上他根本沒有增添新的內容，更談不上對無產階級專政歷史經驗的深刻反思和批判。他所增加的不過就是一大堆新的理論名詞和隱晦複雜的敘事過程。他是屬於雷

62　同上書，頁415。
63　同上書，頁408-409。
64　《再論無產階級專政的歷史經驗》，《人民日報》，1956年12月29日，轉引自汪暉，《世紀的誕生》，頁420。

蒙・阿隆所批評的那類昧著良心說話的知識人：「對民主國家的缺
失毫不留情，卻對那些以冠冕堂皇的理論的名義所犯下的滔天大罪
予以寬容。」[65]當然，對於汪暉來說，任何來自於右翼的批評或忠
告，他都會視為是一種意識形態的挑戰，而他對歐洲左翼觀點的借
鑒或挪用則完全取決於它們能否為其所用。在世界左右分明甚至截
然對立的思想鬥爭中，汪暉的「選邊站」是一個可以理解的行為，
但他應該意識到，歐洲的左翼和右翼不管在認識法國大革命或俄國
十月革命的性質上存在著多大分歧，他們對於革命過程中所體現出
來暴力性和在革命後所建立起來專制政權是持共同的批判性立場，
這個立場可以溯及到第二國際時期的馬克思主義理論家們。羅莎・
盧森堡在十月革命剛剛爆發時曾給予高度評價，但當她發現十月革
命所建立起來「無產階級專政」完全背離了布爾什維克曾經承諾的
民主道路，她便立刻寫下了〈論俄國革命〉（1918年）一文，批判
列寧的建黨原則和蘇維埃政權的專制性質。她寫道：「列寧和托洛
茨基用蘇維埃代替了根據普選產生的代議機構，認為蘇維埃是勞動
群眾唯一真正的代表。但是隨著政治生活在全國受到壓制，蘇維埃
的生活也一定會癱瘓。沒有普選，沒有不受限制的出版和集會自由，
沒有自由的意見交鋒，任何公共機構的生命就要逐漸滅絕，就成為
沒有靈魂的生活，只有官僚仍是其中唯一的活動因素。」她還認為：
由布爾什維克主導建立的蘇維埃政權，根本「不是無產階級專政，
而是一小撮政治家的專政，就是說，純粹資產階級意義上的專政，
雅各賓派統治意義上的專政，……這種情況一定會引起公共生活的
野蠻化：暗殺，槍決人質等等。這是一條極其強大的客觀的規律，

---

65 [法]雷蒙・阿隆，《知識分子的鴉片》，〈序言〉，頁1。

任何黨派都擺脫不了它。」[66]在盧森堡看來，無產階級取得政權之後，「它應當創造社會主義民主制去代替資產階級民主制，而不是取消一切民主制，這是無產階級的歷史使命。」[67]在此值得一提的是，在德國社會民主黨內部，盧森堡和考茨基在許多重大問題上存在深刻分歧，但他們對於俄國革命及其蘇維埃政權的認識是高度一致的，考茨基在他的《無產階級專政》（1918年）一書中非常明確地指出：「俄國無產階級的前途不寓於專政之中，而寓於民主之中。」[68]

自從馬克思於1875年在《哥達綱領批判》中提到「無產階級的革命專政」這個詞彙——這是他浩如煙海的著作中唯一一次提到這個詞彙，而且在他生前也沒有發表《哥達綱領批判》——在國際共運史上便持續地掀起了關於「無產階級專政」的詞義辨析和爭議。第二國際的所有理論家們，從「右派」伯恩斯坦到「中派」考茨基再到「左派」盧森堡，幾乎無一例外地反對用無產階級專政來取代民主制度，認為「民主共和國」才是馬克思賦予無產階級爭取實現的政權形式。考茨基在談到無產階級專政這個名詞時認為：「這個名詞絕無廢棄民主而轉到專制權力的含義，這僅僅從下面一點事實就可以完全看得清楚，即馬克思在上述同一信裡（指《哥達綱領批判》），曾把民主共和國的特徵說成是這樣一個政府形式，在這個政府形式中，『階級鬥爭將要進行到底』。」[69]為進一步證明這個

---

66 [德]羅莎·盧森堡，《盧森堡文選》（北京：人民出版社，2012），頁403。

67 同上書，頁404。

68 [德]卡爾·考茨基，《考茨基文選》（北京：人民出版社，2008），頁395。

69 同上書，頁413。

看法，考茨基還引用了恩格斯在1891年的一個論述：「如果說有什麼是無庸置疑的，那就是，我們的黨和工人階級只有在民主共和國這種形式下，才能取得統治。民主共和國甚至是無產階級專政的特殊形式。」[70]但是，在領導俄國十月革命的布爾什維克領袖們看來，第二國際關於取消暴力革命、和平奪取政權以及用民主制來取代無產階級專政的理論主張，完全是修正主義和機會主義的思想路線。布哈林在1924年批判考茨基：「在考茨基和他的集團那裡，我們看到的卻是一種可以成為民主主義和和平主義的馬克思主義。……這種變化過程的實質就是它拋棄馬克思主義的革命內容，偷換了馬克思主義的革命理論、革命辯證法、關於資本主義崩潰的革命學說、關於資本主義發展的革命學說、關於專政的革命學說等等——而代替所有這些的，卻是普通的資產階級的*民主主義進化學說*。」[71]由此可見，俄國十月革命及其蘇維埃政權的創始人始終是奉行暴力革命、階級鬥爭、恐怖鎮壓、無產階級專政，而這一切又都是在馬克思主義、社會主義和共產主義的名義下進行的，他們據此反對任何關於社會和平轉型、民主憲政的理論，不管這些理論是來自於左派、右派還是中派。

汪暉對於「無產階級專政歷史經驗」的重新闡釋，究竟在哪些方面發展、完善或超越了布爾什維克所奠基的關於革命和專政的理論？如同他自己所說：「如何理解馬克思主義關於無產階級革命和無產階級專政的學說及無產階級革命的實踐，是從書本上去解釋，還是從具體的經驗出發進行總結，這是一個歷史觀和方法論的問

---

70 同上書，頁414。

71 [蘇]尼古拉·伊·布哈林，《布哈林文選》（北京：人民出版社，2014），頁98。

題。」[72]他既然已經認識到這一點，為何在自己的著作中卻根本沒有對十月革命以來由無產階級專政所製造的一系列悲劇的經驗事實作出些許總結？歷史不是文人可以隨意編撰的故事，也不是理論家們可以肆意重新闡釋的文本，而那些在血與火中所鑄就的歷史經驗，是鐫刻在人類的共同記憶中，輕易無法改變。布哈林在即將走上絞刑架前向其夫人口述的《給未來一代黨的領導人的信》，可謂是「無產階級專政歷史經驗」最真實的寫照，他在口述時一定還記得他對無產階級專政曾經做過的辯護，但他最終卻成了無產階級專政鎮壓的對象，臨死時才痛澈地體會到這個「惡魔的機器」的巨大魔力：「能把任何中央委員、任何黨員磨成齏粉，把他們變成叛徒、恐怖分子、暗害分子、間諜。如果史達林對他自己產生懷疑的話，這個機關也會立即找到證據。」[73]

毫無疑問，布哈林在無產階級專政下的遭遇絕非是一個個案，比他遭遇更慘的案例在任何一個實行無產階級專政體制的國家都比比皆是，這是20世紀無產階級專政下最普遍的歷史經驗，也是任何一個歷史學者都必須嚴肅面對的歷史事實。但是，在汪暉關於「無產階級專政歷史經驗」的理論構想中，從蘇維埃政權以來的一系列專政版本對所在國家和人民犯下的累累罪行，幾乎都被他拖入到一個冰冷無情的理論水池中洗刷乾淨了，共產主義作為哲學的假設仍然存在著可以被啟動的豐富經驗，社會主義依然是一個實踐的課題，而無產階級專政作為中國革命成就及其政治創新則在他的「重新闡釋」中獲得了新的靈魂。

72 汪暉，《世紀的誕生》，頁396。
73 [蘇]尼古拉‧伊‧布哈林，《布哈林文選》，頁538。

四、人民戰爭賦予政權合法性？

革命和戰爭共同構成了20世紀的主題，它們的同構性既來源於一種互為因果的關係，也來源於暴力作為它們的主要呈現方式始終貫穿其中，並有了它們的共同產物——極權主義政權。在霍布斯鮑姆看來，19世紀燦爛文明的大廈焚毀於世界大戰的火焰中，不提及世界大戰對文明的摧殘就無法理解「短20世紀」，「該世紀以戰爭為標誌。即使當槍炮聲不再鳴響之時，這個世紀也是生活、思考在世界大戰之中的。」[74]問題在於，人類應該如何思考戰爭，尤其是當革命和戰爭糾纏在一起時，戰爭進程中所體現出來的大規模的有組織的國家暴力究竟是對人類文明的摧殘，還是說它開創了一個新的人類文明形態？

馬克思賦予了革命的暴力性質以及以人民群眾名義所進行的戰爭的正當性與合法性，他在《法蘭西內戰》中對巴黎公社的革命經驗——通過巷戰、武裝起義的方式來打碎資產階級舊的國家機器，予以充分肯定。他寫道：

> 革命以人民群眾的**名義**，並且是公開為著人民群眾即生產者群眾的**利益**而進行這一點，也是這次革命和以前歷次革命相同之點。這次革命的新的特點在於人民在首次起義之後沒有解除自己的武裝，沒有把他們的權力拱手交給統治階級的共和主義騙子們；這次革命的新的特點還在於人民組成了**公社**，從而把他們這次革命的真正領導權握在自己手中，同時找到了在革命勝

---

74 [英]艾瑞克・霍布斯鮑姆，《極端的年代》，頁4。

利時把這一權利保持在人民自己手中的辦法，即用他們自己的
政府機器去代替統治階級的國家機器、政府機器。[75]

　　但是，和馬克思的判斷大相徑庭的是，巴黎公社作為無產階級
武裝奪取政權的首次嘗試只存續了兩個月時間便失敗了，更重要的
是，這一被他高度推崇的革命模式在後來的國際共運史上並未產生
實際影響。第二國際的思想領袖們，包括恩格斯，都在不同程度上
對巴黎公社的革命原則作出了重大修正，總體傾向是反對暴力革
命，反對武裝奪取政權，反對通過戰爭來實現無產階級的政治主張。
考茨基的話是有代表性：「戰爭的恐怖是如此令人毛骨悚然，以致
今日也許只有軍事狂熱分子還執迷不悟地有勇氣去冷酷無情地要求
戰爭。但是，即使革命不是手段，而是最終目的，為了達到這個目
的，任何代價，哪怕是最血腥的代價都不算太昂貴的話，也仍然不
應該希望利用戰爭來作為發動革命的手段，因為它是達到這個目
的最缺乏理性的手段。」[76]
　　從自由主義到馬克思主義，從右翼到左翼，世界範圍內不同思
想派別對於20世紀的革命和戰爭主題的批判性反思，形成了不同的
結論。但鑒於暴力革命和戰爭對於人類文明所造成的有目共睹的巨
大破壞，新世紀以來幾乎沒有哪位學者會公開出來為暴力革命和戰
爭做辯護，尤其是把暴力革命和戰爭視為是一個政權的合法性來
源，汪暉可能是少有的例外。
　　汪暉在他的世紀敘事中，明確地把「政治整合」、「文化政治」、

75　《馬克思恩格斯選集》，第三卷（北京：人民出版社，1995），頁
　　106-107。
76　[德]卡爾‧考茨基，《考茨基文選》，頁146。

「人民戰爭」、「政黨與階級」作為他展開論述「中國革命和政治
的邏輯」的四個重要方面，而「人民戰爭」之所以會被置於其中作
為他世紀重構的一個理論部分，就在於他認為，中國革命形成了漫
長的政權建設過程，即從紅色蘇區的工人和農民的民主專政國家向
全國範圍的無產階級專政過渡的過程，「這一政權建設過程與人民
戰爭相始終。人民戰爭不是一個純粹的軍事概念，而是一個政治概
念，是創造新的政治主體的過程，也是創造與這一政治主體相適應
的政治結構和它的自我表達形式的過程。」[77]質言之，汪暉是要為
「槍桿子裡出政權」這一中國革命定律提供新的理論證據。

　　中國革命和十月革命具有相同性質，或者說中國革命是來源於
十月革命的啟示：武裝奪取政權。在俄國二月革命前後，列寧領導
的布爾什維克黨原來是期望和孟什維克、社會革命黨等左翼政黨一
起，通過議會選舉的方式建立新的國家政權，但隨著布爾什維克黨
發現自己無法在議會選舉中占據多數黨地位時，它就發動了十月革
命，通過暴力和國內戰爭來推翻在議會選舉中合法產生的「臨時政
府」。盧森堡曾高度評價十月革命的這個歷史性創舉：「不是通過
多數實行革命策略，而是通過革命策略達到多數。」「列寧和同志
們在決定性時刻提出了唯一能向前推進的口號即全部權力歸無產階
級和農民！他們的堅決態度使他們幾乎在一夜之間就從受迫害、受
誣謗的『非法的』少數（其領袖不得不像馬拉那樣藏在地窖裡）成
為形勢的絕對主宰。」[78]但盧森堡很快就大惑不解：「列寧在十月
革命後的第一個行動就是解散這個立憲會議，而十月革命本來是應
當成為通向這一會議的入口的。有什麼理由能使他們決定採取這樣

77　汪暉，《世紀的誕生》，頁403。
78　[德]羅莎・盧森堡，《盧森堡文選》，頁384。

令人迷惑不解的轉變呢？」[79]盧森堡正是從這個轉變認識到，布爾什維克黨通過暴力和戰爭建立起來的蘇維埃紅色政權並不是無產階級專政，而是一小撮政治家的專政。

就通過暴力和戰爭奪取政權而言，中國革命遠比俄國十月革命花費了更長的時間，汪暉說這是一次「漫長的革命」，不是像十月革命那樣，僅僅通過「震驚世界的十天」就奪取了政權。正是從這樣一個差異出發，汪暉試圖為中國革命所進行的「人民戰爭」塑造出比十月革命更輝煌的色彩和更具普遍性的政治意義。他明確認為：

> 相對於政黨、政黨政治、蘇維埃政府等源自19世紀歐洲和20世紀俄國的政治現象，人民戰爭是中國革命中更具原創性的發明。在這個意義上，不理解人民戰爭，就不能理解中國革命的獨特性，就無法理解這場革命中「黨的建設」與此前的政黨政治的深刻區別，就不能理解群眾路線、統一戰線等在20世紀中國產生的獨特政治範疇的歷史內涵。[80]

汪暉這段話該做如何理解？我試做如下辨析。

首先，汪暉把中國革命戰爭定義為「人民戰爭」，是試圖以人民的名義為黨派主導的戰爭確立正當性和合法性。他認為，「人民」這一政治概念以前被分解為工人階級、農民階級、小資產階級和民族資產階級，這些概念顯然還不具有「人民」概念所具有的廣泛性，只有把「人民」和人民戰爭聯繫起來理解時，「人民」才能被理解為一個政治形成過程，這一過程將不同階層的成員共同置於「人民」

---

79 同上書，頁394。
80 汪暉，《世紀的誕生》，頁405。

的名義之下，或至少成為「人民」的同盟者。比如，統一戰線就是
「人民」的內涵和外延擴大，將原來作為革命對象的地主階級納為
「統戰」對象，通過這種政治整合方式，汪暉認為可以實現「人民」
在最大範圍的統一，他以反問的形式問道：「在中國社會，除了極
少數統治者，有哪些成員沒有可能被納入『人民』的範疇？」[81]汪
暉正是通過論證中國革命進程中黨派戰爭（國共戰爭）的「人民戰
爭」性質，不僅賦予這種戰爭的正義性質，更主要的是，進一步證
明由「人民戰爭」所建立起來的政權自然就是「人民政權」，所謂
「歷史的選擇」和「人民的選擇」，實質就是戰爭的選擇——槍桿
子裡面出政權。

其次，汪暉把「人民戰爭」不僅僅視為單純的軍事行動，而是
同時視為政治行動，是在戰爭中進行革命，在戰爭中建設革命國家，
在戰爭中創造新的人民主體，以及在戰爭中形成國際聯盟，更主要
的是，在戰爭中建立了武裝割據——紅色根據地。汪暉特別強調，
中國革命不是發端於歐洲資本主義體系的中心部分，也不同於俄國
首先是從中心城市發動革命，中國革命及其紅色根據地是在國內反
革命統治的「薄弱環節」中打開缺口。他在回答毛提出的「中國的
紅色政權為什麼能夠存在」的問題時，從帝國主義統治中國的間接
性、國內統治的分裂、革命形勢的演變和「相當力量的正式紅軍的
存在」這四個方面展開分析，最終是為了證明「工農武裝割據」的
合法性以及奪取政權和鞏固政權對於中國革命的重要性：「20世紀
中國革命始終圍繞著政權問題而展開，即便在革命成功之後，社會
主義體制內部的矛盾和鬥爭也經常與奪權問題相伴隨。」[82]在汪暉

---

81 同上書，頁408。
82 同上書，頁409-410。

的眼裡，革命的首要問題就是奪權，奪權的唯一途徑就是「人民戰爭」──從武裝割據到大規模的內戰直至奪取全國政權。除此之外，憲政格局下由黨派政治主導的政權更替與「中國革命和政治邏輯」則是格格不入。

第三，汪暉之所以認為中國革命必須通過「人民戰爭」來奪取國家政權並在革命成功之後繼續以「人民戰爭」的方式來維持政權，就在於他認為，「人民戰爭」不僅具有軍事鬥爭的功能，而且還有重新改造一系列政治範疇的功能，並通過這種改造，重塑政治合法性的尺度。他的原話是：「人民戰爭不但是從根本上改變現代中國城鄉關係和民族認同的政治動員過程，而且也對我們熟悉的政治範疇如階級、政黨、國家、人民等進行了改造與重構。」[83]在他看來，人民戰爭對19世紀以降的各種政治範疇的轉化，保持了通過大眾運動來改造政黨，又通過政黨政治重塑大眾運動的張力，最終在人民戰爭中形成了「具有超級政黨要素的超級政黨」：

> 所謂超級政黨要素，是指共產黨與大眾運動、建國運動、軍事鬥爭和生產鬥爭相互結合，「從群眾中來到群眾中去」的群眾路線，也使得它不只是一個先鋒黨，而且也是一個大眾運動。所謂超級政黨，是指這個黨並不準備分享權力，而是通過自身的大眾性和有機性形成其「民主專政」。[84]

這意味著，不能以政黨政治的一般邏輯來理解共產黨及其政權。共產黨因為天然地壟斷著對「人民」的代表權，以及它天然地

83　同上書，頁80。
84　同上書，頁408。

享有著與「大眾運動」的統一性,所以,由「人民戰爭」所打造出
來的國家政權也就不再需要人民的多重授權,所謂的「人民的選擇」
和「歷史的選擇」已被「人民戰爭」的邏輯所規定,因此也就有了
這個「超級政黨」對人民實行永久統治的政治合法性。

        第四,在「人民戰爭」條件下對一系列政治範疇的重構,最終
是為了導向對作為無產階級專政的國家政權的性質、構成、運行以
及內外關係的重新認識和界定,也就是說:「政權不再等同於傳統
的國家機器,而成為一種植根於政黨和大眾運動的政治結構。」[85]汪
暉顯然是把歐美憲政民主政體視為是傳統的國家機器,政黨政治在
其中所發揮的作用不過就是定期贏得人民的授權而使政治統治具有
合法性,這對汪暉所構想的「超級政黨」來說,豈不就是「領導權」
的喪失和政治混亂的開始?對於汪暉來說,中國革命的政治創新在
於「產生了一種新的國家類型,即區別於議會多黨制+官僚行政體
制的黨─國體制。我們也許可以說由這一政黨體制主導的國家即兼
有政治整合與公共行政兩重職能的『作為政治整合機制的公共行政
體系』。」[86]這些繞口的說辭,包含的意思其實非常簡單,那就是
一個由「超級政黨」主導的、絕不容許分權的、永遠執政的黨國統
治模式,作為「人民戰爭」的政治成果,具有永遠不可更替和改變
的性質。汪暉龐大的理論敘事所要表達的主題,其實就是這幾個意
思:「打江山,坐江山」,「紅色江山要代代相傳」,「紅色江山
要永不變色」。

        汪暉圍繞著中國革命和政治邏輯所展開的世紀敘事,借助於不
同的思想資源、敘述策略以及他個人特有的貌似深邃的修辭風格,

---

85 同上書,頁79。
86 同上書,頁195。

似乎建構了一個宏大的精緻的理論體系，但他所呈現出來的思想內容還停留在19世紀「無套褲黨人」的認識水準上，以「雅各賓專政」為母本來構想無產階級專政的新形態；他也沒有認真總結和接受20世紀十月革命以來武裝奪取政權所鑄造的血的教訓，依然還停留在第二國際時期那些早已被工人運動普遍廢棄了的陳舊教條和觀念；他確立「人民」為歷史的主體，以「人民」的名義來定義戰爭的正當性，進而以「人民戰爭」為一黨執政體制謀取合法性，根本沒有反映出而是完全歪曲了人民在戰爭和專政的歷史條件下的真實地位與狀況。事實上，不管是十月革命還是中國革命，並不存在著一個「人民戰爭」，而只存在著一個人民內部的戰爭，即「內戰」。考茨基在揭露布爾什維克黨利用「內戰」來建立恐怖統治時曾指出：「使布爾什維克上臺的，不是工人階級多數的信賴，而是由戰爭所引起的革命的複雜情況。布爾什維克沒有得到這種信賴，所以在一旦掌權以後，就不得不採用恐怖主義來維持自己；而時至今日，這種恐怖還沒有絲毫減弱的跡象。」他還進一步指出：「布爾什維克不但在內戰期中，而且在內戰結束以後的年代內都離不開恐怖。他們採用恐怖，不僅是作為一個反擊反革命的手段，而且是作為鎮壓和消滅工人、農民中一切革命者的手段，因為這些革命者拒絕對新的『紅色』沙皇及其共產黨哥薩克的鞭子無抗議地屈服。」[87]這是考茨基在1932年至1937年以「社會民主主義對抗共產主義」為題，展開的對社會主義運動、馬克思主義與無產階級專政、布爾什維克主義的起源、列寧與俄國十月革命、共產國際等一系列重大問題的思考，深刻地認識到了蘇俄絕不是一個社會主義國家，而是一個新的階級社會和專制政權，明確認為社會主義共和國只能通過民主的

---

87 [德]卡爾‧考茨基，《考茨基文選》，頁430-431。

方式才能建立起來，「這個共和國必須體現法國大革命的口號，即
『自由、平等、博愛』。」[88]

馬克思與恩格斯在1848年代表共產主義同盟發表的《共產黨宣
言》，也是一份暴力革命的宣言，《宣言》明確宣布：「共產黨人
不屑於隱瞞自己的觀點和意圖。他們公開宣稱：他們的目的只有用
暴力推翻全部現存的社會制度才能達到。」[89]正是在《共產黨宣言》
的巨大鼓舞下，歐洲工人運動開始嘗試以暴力革命的方式來打碎舊
的資產階級國家機器，建立新的無產階級政權。從1848革命到1871
年的巴黎公社，工人運動普遍地採取武裝起義、街壘戰、巷戰的方
式，將19世紀以來歐洲範圍內的社會變革推進到一個前所未有的暴
力革命階段，而一切主張以改良的、和平的、議會的方式來完成歐
洲社會轉型的思想派別，均被以馬克思主義為主導的「第一國際」
排除在共產主義運動之外。但是，隨著巴黎公社的失敗，「第一國
際」陷於內部的巨大分歧和鬥爭不得不在1876年宣布解散，這標誌
歐洲範圍內暴力革命時代的終結。1889年，第二國際（社會主義國
際）誕生，歐洲範圍內社會主義運動隨之發生根本性轉折，其最主
要的標誌是從暴力革命轉向和平鬥爭，從武裝起義轉向議會選舉。
第二國際的思想領袖們，從李卜克內西、倍倍爾到考茨基、伯恩斯
坦、盧森堡，不管他們對於工人運動的具體戰略和策略存在著多大
分歧，他們都毫無例外地選擇了告別暴力革命這條由馬克思所奠定
的激進主義思想路線。特別值得注意的是，恩格斯在其晚年也開始
重新反思暴力革命在新的歷史條件下無法再繼續下去的問題。他基
於資本主義生產力的發展和社會關係的重大變化，認識到將最終目

---

88 同上書，頁481。
89 《馬克思恩格斯選集》第一卷（北京：人民出版社，1995），頁307。

的放在「把連同資本家在內的整個社會從現存關係的狹小範圍中解放出來的」共產主義理論，「在抽象的意義上是正確的，然而在實踐中在大多數情況下不僅是無益的，甚至還要更壞。」[90]他從英國議會的選舉中看到了工人階級爭取和實現自己權利以及結束資產階級政黨「輪班執政」的新的可能性：「工人們從令人信服的實例中看到：當他們提出要求而且瞭解到他們要求的是什麼的時候，他們在英國就成為一種決定性的力量；1892年的選舉已經在這方面開了一個頭。」[91]因此，恩格斯在1891年為德國社會民主黨綱領草案提供修改意見時，明確認為：「我們的黨和工人階級只有在民主共和國這種形式下，才能取得統治。」[92]

第二國際以來國際共產主義運動在理論和實踐上從暴力革命向和平鬥爭的重大轉折，對汪暉來說意味著什麼？難道還是像以前國際共運史教科書所認定的那樣，這個重大轉折是對馬克思主義的背叛？是徹頭徹尾的修正主義路線？伯恩斯坦在回應那些「正統馬克思主義」對他發出的「修正主義」指控時曾認為：他樂於承認修正主義也許比馬克思本人更加重視馬克思關於社會發展和社會結構理論的「意義和效力」，也就是特別強調馬克思所說的「一個社會即使探索到了本身運動的自然規律，……它還是*既不能跳過也不能用法令取消自然的發展階段*」；以及「現在的社會不是堅實的結晶體，而是一個能夠變化並且經常處在變化過程中的有機體。」[93]正是基

90　《馬克思恩格斯選集》第四卷（北京：人民出版社，1995），頁423。

91　同上書，頁433。

92　同上書，頁412。

93　[德]卡爾·馬克思，《資本論》第一卷（北京：人民出版社，2004），頁9-10，轉引自[德]愛德華·伯恩斯坦，《伯恩斯坦文選》（北京：人民出版社，2008），頁420-421，標楷體字為伯恩斯坦所注。

於對馬克思原理的歷史把握和現實思考，伯恩斯坦認為德國社會民主黨必須徹底放棄暴力革命的道路，堅定地選擇「和平長入社會主義」的路線，以民主的方式爭取無產階級的政治統治地位。「民主是手段，同時又是目的。它是爭取社會主義的手段，它又是實現社會主義的形式。」[94]事實證明，伯恩斯坦對馬克思暴力革命理論的重大修正，以及在德國社會民主黨內部左中右三派所形成的走和平鬥爭道路的共識，從根本上挽救了歐洲的工人運動，為時至今日的歐洲社會民主主義運動和左翼思想奠定了最重要的基礎。與此形成鮮明對照的是，一直和「第二國際」唱對臺戲的俄國布爾什維克黨人，號稱忠實地執行馬克思暴力革命的原則，武裝奪取政權，用內戰的方式消滅一切反對派，建立壟斷一切權力的蘇維埃政權，但他們最終還是如第二國際的思想領袖們所共同預見到的那樣，沒有逃脫必然失敗的命運。

　　從這些無可辯駁的歷史經驗來看汪暉關於「人民戰爭」的理論建構，彷彿又像是看到了一百多年前遊蕩在彼得格勒街頭夜色中那十幾個職業革命家對暴力所懷揣的希望——以人民或階級的名義並通過暴力建立他們夢寐以求的少數人統治。這十幾個人的確改變了歷史，並迫使歷史的糾錯延遲了70年。現在，汪暉還想扮演這種革命者的角色嗎？他在革命的廢墟上為革命招魂，在世人普遍詛咒戰爭中來讚美戰爭，在世界民主大潮中為無產階級專政重塑合法性，他是想做一個革命的堂吉訶德嗎？

94　[德]愛德華・伯恩斯坦，《伯恩斯坦文選》，頁269。

五、能否走出革命和專制輪迴的怪圈？

　　汪暉的世紀敘事，將20世紀中國作為其思想對象，將中國革命和政治的邏輯作為其敘事的中心線索，將如何估價中國革命的成敗得失作為其主要問題意識，其實都是圍繞著重新確證或重新構造革命、暴力、戰爭、專政的歷史正當性與現實合法性。的確，20世紀的中國，如果離開了革命、暴力、戰爭和專政，歷史如何書寫就會成為一個重大問題。在19世紀革命傳統的深遠影響下，20世紀盛行的革命史觀和革命氛圍，使革命享有了不受道德譴責的歷史豁免權，甚至由革命引發的暴力和戰爭也被賦予了歷史正當性。索布爾在為法國大革命的暴力性和恐怖性辯護時曾義正辭嚴地說道：「假如沒有人民大眾的革命暴力，資產階級革命怎麼能勝利？不管群眾對此懷有怎樣特殊的目的，暴力和恐怖還是為資產階級廣泛清除了封建制和君主專制的殘餘。我們也不能忘記，資產階級本身在同貴族鬥爭的危急時刻總是毫不猶豫地使用暴力的。『難道這些血就那麼純潔嗎？』1789年7月巴納夫就曾這樣說過。」[95]同樣，20世紀的革命進程中也少不了會有巴納夫這樣的看法，在革命實際造成的對世紀、世界、國家、民族的重大影響面前，暴力以及由暴力所帶來的破壞，在許多歷史學家眼裡是可以被忽略不計的。但是，儘管如此，革命應該為其後果承擔責任的看法卻始終沒有從歷史學領域中退出去，對革命「原罪」的審判和對革命後果的追責是批判性反思革命的最重要的價值訴求，它指向的是對革命成果的終極追問——革命創造的是民主制度還是專制制度？

95　[法]阿爾貝‧索布爾，《法國大革命史》，頁455。

　　汪暉在他的著作中提到了霍布斯鮑姆關於歐洲「雙元革命」的
觀點,即歐洲是在英國革命和法國革命的共同推動下,才在歐洲範
圍內完成了民族國家的現代轉型,但他對歐洲「雙元革命」的意義
遠沒有清醒的認識,不懂得歐洲正是通過「雙元革命」才從革命和
專制的輪迴中走了出來。事實上,法國大革命爆發之後,具有前瞻
性的歷史學家就開始將法國革命和英國革命置於政治比較的視野
中。不僅是米涅認為法國革命具有和英國革命那樣開創歷史新紀元
的性質,而且托克維爾在評價法國大革命時,也是把英國作為一個
主要參照。在他看來,英國在17世紀已經完全是一個現代國家:「封
建制度已基本被廢除」,他引用了柏克對法國革命的主要批評:背
離了古老的傳統,沒有將目光移向英國,沒有在英國歷史中找到歐
洲共同的古老法律。[96]柏克的「理論自信」和「制度自信」在於,
他認為英國通過「光榮革命」已經實現了英國人民的「三項基本權
利」:「(1)選擇我們自己的統治者的權利;(2)因國王行為不
端而廢黜之的權利;(3)組建自己政府的權利。」[97]而法國革命只
具破壞性而沒有建設性,「從拒絕承認應當受制於最溫和的限制開
始,而以建立一種聞所未聞的專制結束,」[98]最後導向對自由、財
產和人身安全的全面侵犯。因此,柏克希望他的國人能將英國憲法
作為榜樣推薦給鄰邦,而不是學習別國的模式以改善英國的制度。
英國歷史學家喬治·屈威廉後來在他的《英國革命》一書中對英國
的「光榮革命」的偉大意義做了精闢總結:「這次革命的真正『光
榮』之所在,並不是為了保證它的成功只使用了最低限度的暴力,

96　參見[法]托克維爾,《舊制度與大革命》,頁60。
97　[英]艾德蒙·柏克,《法國大革命反思錄》,頁37。
98　同上書,頁213。

而是在於，這次革命的解決方法為後世的英格蘭人民找到了一個避免使用暴力的辦法。」[99]他還特別強調，英國革命既是自由的又是保守的，既是一次貴族性革命，又是所有階級聯合起來促成的革命，他由此認為：「『光榮革命』不僅是英國歷史的一個轉捩點，也是世界歷史的一個轉捩點。」[100]

如果說柏克、屈威廉對法國大革命的反思是基於「光榮革命」對暴力的控制與和平轉型的經驗，以及基於對於傳統的宗教、制度和法律的基本信念，那麼。托克維爾則是更關注於對法國大革命和專制的輪迴關係的批判性審視：為何大革命在摧毀了舊的中央集權專制之後會以新的中央集權專制取而代之？他在引述柏克的言論時其實並不認可法國可以參照英國的傳統來同樣完成一次「光榮革命」，事實也的確如此。因為路易王朝的中央集權體制並不具備英國查理二世時代業已實現的王權與議會之間的一種政治平衡，這種平衡曾被屈威廉認為是有效地避免了君權原則和代議制原則的最終較量，從而實現了英國憲政體制真正的和最終的和平。但是，法國在革命前並沒有建立起王權和「三級會議」的平衡關係，路易十六作為國家專制統治的象徵最後必然成為革命的主要對象。托克維爾實際認為，法國大革命的主要問題還不是暴力的大規模氾濫以及在暴力中將國王推上斷頭臺，而是在於革命之後建立了比革命之前更專制的政權。「民主革命掃蕩了舊制度的眾多體制，卻鞏固了中央集權制。中央集權制在這場革命所形成的社會中，自然而然地找到了它的位置，以至人們心安理得地將中央集權制列為大革命的功績

---

99 [英]喬治·屈威廉，《英國革命》（北京：商務印書館，2020），頁2。
100 同上書，頁10。

之一。」[101]托克維爾的這個核心觀點，深刻地揭示了革命和專制的
互為因果的關係——這才是革命的原罪，也是批判性反思革命所應
當重點思考的問題。

汪暉的革命敘事認同霍布斯鮑姆關於「雙元革命」的說法，就
如同他認同「短20世紀」的概念，其實只是作為展開他自己論述的
一個引子。當他把俄國十月革命和中國革命作為20世紀最重要的歷
史事件時，他當然不會從英國和法國的「雙元革命」中去探尋革命
的經驗與教訓，尤其是正視革命和專政的內在關係在歷史進程所呈
現出來的問題。汪暉致力於為俄國十月革命和中國革命塑造出比歷
史上一切革命更正當的道德面貌，賦予這兩個革命以更大的世界歷
史使命——從對抗海洋資本主義的陸地革命，到殖民主義和帝國主
義時代尋求國家獨立和民族解放，以及對於20世紀世界秩序的重構
與歷史重寫。而且，汪暉更重視對中國革命的重新界定，在他看來，
中國作為現代政治主體的誕生，乃是20世紀革命時代最為重要的政
治成果。這既是重述中國革命的需要，以便在20世紀的革命紅旗接
二連三地倒下時，以及在革命這一被他稱之為吸引了幾代人的命題
「最終失去了其政治和文化的魅力」時，依然能夠在「歷史終結」
或「歷史失敗」的時代氛圍中為世界人民開拓出新的希望。另一方
面，作為20世紀十月革命失敗之後碩果僅存的中國革命，為繼續維
持一種歷史正當性和現實合法性，也不得不和蘇維埃時代遺留下來
的政治遺產做一定的切割。汪暉在他的著作中罕見地承認：

> 在十月革命後的俄國，無產階級專政經歷了了兩個重要轉變：
> 第一個轉變是從允許多黨合作，實行聯合執政，轉變為以不同

---

101 [法]托克維爾，《舊制度與大革命》，頁100。

的方式確立「共產黨是國內惟一合法的政黨」——一黨專政——
的政治格局；第二個轉變是從以革命政黨為領導、以工農聯盟
為基礎的政治形式，轉變為以黨—國體制為框架、行使一切國
家事務的權力體制，即無產階級專政從一種與一切「原來意義
上的國家」不同的政治形式、一種真正的社會自治和參與性民
主轉化為合法壟斷暴力的、權力高度集中的國家結構。[102]

　　汪暉在寫出這段話時，似乎表明他至少能夠意識到蘇維埃政權
的性質並不是像它的理論家們所宣稱的那樣，作為比資產階級國家
更民主更先進的政權，可以更廣泛地實現人民群眾的各項權利。這
個在蘇維埃政權下維持了70年的政治謊言，在它最終破產時，讓每
一個試圖為它辯護的人，都不得不考慮在道德上需要付出的代價。
所以，汪暉有時也需要「客觀」地指出，蘇維埃時代無產階級專政
墮落為「一小撮政治家」的專政這個基本事實，或者是以一種曖昧
的態度，通過引用考茨基、盧森堡、伯恩斯坦甚至恩格斯對於無產
階級專政概念的重新「修正」，向他的讀者承認一個事實：「重新
復活了『無產階級專政』概念的是列寧和他的中國追隨者。」[103] 但
是，汪暉並沒有從這樣一個反思出發，繼續深入挖掘革命和專政的
同構關係，他在批評蘇聯無產階級專政歷史經驗的局限性時，並不
是為了進一步揭露這種政治制度普遍具有的專制性質，而毋寧是為
了證明中國的無產階級專政已經有效地解決了蘇維埃政權的那些政
治弊端，也就是有效地擺脫了專制魔咒對於中國革命的致命影響。
汪暉特別提醒讀者注意：「毛澤東及其同事們在反思史達林的錯誤

102 汪暉，《世紀的誕生》，頁398。
103 同上書，頁398。

和中國革命中的教訓時，並沒有像考茨基、盧森堡那樣訴諸選舉制、議會民主制等源自歐洲資產階級革命的形式民主經驗，而是重新回到在人民戰爭中形成的『群眾路線』，探索在無產階級專政條件下的民主問題。」[104]毛澤東主張的「群眾路線」——從群眾中來，到群眾中去，以及黨的「統一戰線」政策，包括文革時期的「工代會」、「農代會」、「紅代會」等群眾組織，都被汪暉視為是中國革命的政治創新，從而使中國的政治制度較之蘇共的官僚制具有更大的彈性和回應社會需求的能力。

　　實在難以想像，在汪暉的歷史重構中，20世紀的中國革命及其政治實踐所發生的和蘇維埃時期幾乎一模一樣的歷史進程，怎麼會如此輕易地被他一筆勾銷了？「文革」造成的對國家和社會的災難性後果已被執政黨的歷史決議所認可，難道它不就是蘇聯「古拉格經驗」的中國版本嗎？他所列舉的黨國一體、人民和政黨高度統一的政治制度安排，以及諸如群眾路線、統一戰線、黨的建設和「三代會」式群眾自治實驗，在任何時期何曾解決過權力高度壟斷所帶來的腐敗、墮落、低效等一系列制度弊端？汪暉以為用一句「資產階級革命的形式民主經驗」就能把西方國家演繹了數百年的民主憲政制度打入冷宮，然後就可以理直氣壯地書寫「無產階級專政的歷史經驗」？汪暉對革命的虔誠態度和對無產階級專政的堅定立場，誠如雷蒙‧阿隆曾經指出的那樣，只不過是把自己視為是「歷史真理的代言人和工具」，而又把黨的歷史視為是「通向人類救贖的神聖歷史」。這類人不管是如何地書寫歷史或重構歷史以及如何持續地對「公開性」進行壟斷，都無法真正掩蓋他們編織的神話與現實之間的巨大反差。他們根本無法真正面對雷蒙‧阿隆這樣的質疑：

---

104 同上書，頁411。

「無論是在理論上還是實踐中，議會制國家均與資產階級社會協調。而一個實現計劃經濟的社會除了允許專制國家之外，還能允許其他類型的國家嗎？」[105]

歷史學家們之所以能普遍從革命的神話中走出來，就是因為革命和專制的輪迴體現了革命進程中最血腥的一幕，革命的專制後果不能不讓他們有所警醒。從法國大革命到十月革命以及後來的中國革命，不管它們是否基於歷史正當性的名義，它們都無一例外地用暴力和專政的手段不僅對付革命的「敵人」，而且也對革命的「同志們」大開殺戒。丹東在被他自己建立的革命法庭判處死刑前，曾反覆思索和後悔，他痛苦地說：「原來我是在這樣的時代建議成立革命法庭的，我請求上帝和人類的原諒，我建議成立革命法庭可不是為了使它成為人類的禍害呀。」[106]聖茹斯特的反思是：「革命已經冰冷了，一切原則都衰弱了，只看見戴紅帽子的陰謀家。恐怖政策的執行麻痺了罪惡，正如烈性酒之麻痺口腔。」[107]在革命的瘋狂中，專政機器就猶如革命放出來的一頭怪獸，它在吞噬了敵人之後，很快就開始反噬革命者。米涅對此作了深刻的總結：

> 這些在鬥爭中產生的極端的和頑強不屈的改革家主張依靠鬥爭來鞏固自己；他們一面為維護自己的統治而戰鬥，一面又為鞏固這個統治而建立自己的理論。他們為了自己的生存而殺人，也為了自己的理論而殺人；道德、人道、人民福利，世上一切神聖的東西都被他們用作進行屠殺的理由，用來保護自己的獨

---

105 [法]雷蒙・阿隆，《知識分子的鴉片》，頁15。
106 [法]米涅，《法國革命史》，頁225。
107 [法]馬迪厄，《法國革命史》（北京：商務印書館，2011），頁539。

　　裁統治。直至他們精疲力竭而倒下，於是，不論反對改革或擁
　　護改革的人，都要在混亂中死去；一場風暴將席捲全國，消滅
　　反對革命的勢力。[108]

　　法國大革命的實際進程確如米涅所描述的那樣，輪番出場的各
個黨派，從立憲派到吉倫特派再到山嶽黨人和「十頭政治」，一個
比一個激進，一個比一個殘暴，每次黨派鬥爭都是以流血和屠殺為
結局，最後是在「十頭政治」中將恐怖統治推向了登峰造極的地步。
革命中的暴力行為之所以不斷升級至不可控制，是因為許多革命者
認為：「只有死了的人才不會捲土重來」。從肉體上消滅對手看起
來是對自己的最好保護，但那些殺人的人最後也難以避免被別人所
殺的命運，最終的結局必然是：一個擁有最大暴力和統治工具的獨
裁者或政治強人控制住革命的混亂局面時，他就是革命的最後勝利
者。拿破崙就是法國大革命的最後勝利者，「他遇到的是一場接近
尾聲的暴亂，是已經疲憊不堪、任他擺布的人民和一頂放在地上、
唾手可得的皇冠。」[109]1802年8月2日，拿破崙經立法院決議和人民
同意，被任命為法國終身第一執政；1804年5月4日，拿破崙稱帝，
法蘭西第一帝國誕生了，整個法國都由衷地匍匐在皇帝的權杖之下。
　　從法國大革命到俄國十月革命再到中國革命，不管革命的實際
進程如何呈現，是城市革命還是農村革命抑或是「漫長的革命」，
革命的國家都沒有走出革命和專制輪迴的怪圈。儘管汪暉賦予十月
革命和中國革命比法國革命更大的世界歷史意義，但他對革命史的
重構根本無法掩蓋在共產主義旗幟下所發生的遠比法國革命更為慘

---

108 [法]米涅，《法國革命史》，頁220。
109 同上書，頁355。

烈的人間悲劇。布爾什維克黨的第一代領導人，在十月革命勝利之
後，只有史達林一個人成為革命的象徵和統治者，而其他諸如托洛
茨基、布哈林、季洛維也夫、加米涅夫這樣的革命領袖，都成了革
命的敵人，死於革命的斧鉞之下。美國歷史學家麥克法夸爾和費正
清將1949年之後的中國革命稱為「中國革命內部的革命」，[110]可謂
高度概括了中國革命的性質——革命內部的一系列鬥爭，從高饒反
黨集團、彭德懷反黨集團、劉少奇反黨集團到林彪反黨集團和「四
人幫」反黨集團，包括在文革之後黨內發生的一系列權力鬥爭。汪
暉重新界定的中國革命，根本沒有通過他所想像的「政治創新」——
群眾路線、統一戰線、黨的建設、人民戰爭以及黨—國體制，得以
避免「雅各賓專政」、蘇維埃專政和一切形式的無產階級專政的共
同結局：革命創造了輝煌，又在輝煌中毀滅。

　　回到「雙元革命」的主題，法國革命和專制輪迴的命運可否在
英國革命中得到救贖？或者說，法國革命是否應當借鑒英國革命的
歷史經驗來建構國家制度？這在托克維爾時代就是一個問題。許多
法國人滿足於民族自尊而拒絕向英國學習，但在托克維爾看來，法
國因為已經徹底摧毀了傳統和法律而難以在自己的土壤上複製英國
模式，他實際上是主張法國向美國學習。用傅勒評價托克維爾《大
革命與舊制度》一書的話來說：「他的書徹底扭轉了這幅圖景。他
對歐洲人說，美國並不是你們的童年，而是你們的未來。」[111]托克
維爾之前寫的《論美國的民主》就是為法國的未來制度量身打造的，
他期待以美國的民主模式來重塑法國。因此，「雙元革命」的主題，

---

110 參見[美]麥克法夸爾、費正清編，《中國革命內部的革命（1966-
　　1982）》（北京：中國社會科學出版社，1992）。
111 [法]弗朗索瓦·傅勒，《思考法國大革命》，頁65。

在美國憲政學家布魯斯・阿克曼的著作中就轉化為一種「二元憲政
構造」，即來自於底層的「人民主權革命」和來自於上層的憲法設
計。前者可以被視為「低級立法軌道」，其職責在於「記錄並反映
多元民主政治成功取得的結論」，「這種多元民主政治包括了各種
利益集團的壓力、日常的選舉操作和現實的政策制定」；而後者可
以被視為「高級立法軌道」，其目的在於通過一系列嚴格的組織化
的測試，「檢驗一個革命主張是否已經獲得了具有自我意識和議政
能力的多數民眾深思熟慮後表達的支持」。[112]看得出來，阿克曼這
個關於「雙軌制」的憲制設計實際上正是將英法「雙元革命」的內
在精髓——英國革命基於自由的保守主義和法國革命基於平等的民
主主義，綜合在同一個憲政框架中，把精英主義的專業精神和平民
主義的權利訴求有機結合在一起，將美國革命納入到一個自由的憲
政的軌道中，從而實現了「美國憲法兩個世紀以來驚人的穩定性」，
使得那些政治領袖們在獲得憲法賦予的權威時，必須擁有被動員起
來的並且具有自我意識的人民的支持。因此，美國革命及其憲政模
式足以具備一種普世性的價值，向世界上所有轉型國家昭示一種榜
樣：用「憲法」來馴服「革命」，也就是阿克曼的精闢結論：

> 成功自由主義革命的高潮，應當是用民主方式去確立經過深思
> 熟慮制定出的憲法。「革命」與「憲法」，並非是兩個相互獨
> 立的過程，而是描述了自由主義政治變革的兩面。如果革命者
> 從負面的批評轉向正面的構建——當他們確實這麼做的時候，
> 那麼從中浮現的憲法文本，將可以在未來發揮作用，塑造以後

---

112 [美]布魯斯・阿克曼，《自由革命的未來》，頁18。

數代人的政治生活演進。[113]

在汪暉從歷史到現實、從理論到實踐、從批判到重構，全面論述「無產階級專政的歷史經驗」時，他是不是也應該對「資產階級憲政的歷史經驗」做一些最基本的研究呢？在對英國革命、法國革命、美國革命和俄國十月革命進行比較研究時，是可以做這樣的歷史假設：如果布爾什維克黨的領袖們在取得十月革命勝利之後，按照他們曾經做出的承諾，以議會選舉的方式實現民主轉型，他們創建的政權不可能僅僅維持七十年而走向崩潰，其間發生的那些前所未有的悲劇性事件也完全有可能被提前終止。至於中國革命在「無產階級專政」下所發生的持續不斷的階級鬥爭、路線鬥爭、黨內鬥爭和國際鬥爭，又有哪個鬥爭不是以「革命者反噬」的方式而終結的？從專政到憲政，究竟何種歷史經驗更值得記取，應該是一目了然的，除非你甘願沉淪於意識形態的泥坑而不願自拔。從革命和專制輪迴的怪圈中走出來，關乎的不是一個政黨和政權的命運，而是關乎人民能不能從專制統治下真正解放出來。

六、主體性建構：人民的神話？

在汪暉的概念系統中，除了革命、專政、鬥爭、人民戰爭、民族自決這些傳統的馬克思主義政治詞彙之外，他使用最廣泛的可能就是「主體」這一長期被馬克思主義拒之門外的現代性詞彙。馬克思主義崇尚對客觀規律的發現與服從，將社會演變視為經濟過程演化的結果，從而將人的主體性作用淹沒在「自然歷史」進程中，成

---

113 同上書，頁75。

為經濟決定論的一個附庸。從這個角度來看，任何致力於抵抗客觀主義規律論或決定論的理論行動都是值得嘗試的。當汪暉試圖「將20世紀中國從對象的位置上解放出來，即不再只是將這一時代作為當代價值觀和意識形態的注釋和附庸，而是通過對象的解放，重建我們與20世紀中國的對話關係」，進而通過這種對話關係來「重建自我認知的主體」，[114]其意圖是明確的。他不是要重塑被馬克思主義經濟決定論所塑造的中國形象，而是要把中國從西方「當代價值觀和意識形態」中長期被置於「對象」的位置上重新「解放」出來。他所謂的中國革命的主體性，既區別於19世紀資產階級革命，又和俄國十月革命存在著重大差異：「中國革命無法像法國革命和俄國革命那樣用一兩個事件作為標誌，對於革命的抵抗和反動也不是由一兩個事件所界定的。短20世紀是漫長的革命進程。」「這一進程實際上正是重建自我或主體的過程。」[115]因此，在汪暉看來，在後革命的氛圍中任何關於革命失敗的自我宣稱都是無效的，因為這些政治結論根本沒有充分估計到中國革命的主體性和漫長性，沒有充分估計到中國革命對於革命和斷裂的解釋所應包含的「連續與斷裂、重複與創新的辯證關係」。

    汪暉關於中國革命的主體性建構，既是指向重構中國在20世紀的中心位置，賦予中國革命比俄國十月革命更深遠的意義和更長久的價值，更是要突出中國革命的主體性創新——圍繞著階級、政黨、民族、國家、群眾和群眾路線、人民和人民戰爭等概念所展開的新的理論敘事。這看起來像是要對馬克思主義（實質是列寧主義）這些傳統概念進行創新性改造，但實際上汪暉僅僅是在敘事策略上作

---

114 汪暉，《世紀的誕生》，頁4。
115 同上書，頁75-76。

出了調整，他並沒有從根本上改變列寧關於階級、政黨、群眾和領袖關係的相關論述。汪暉意識到了，中國革命並非是像俄國革命那樣首先是發生於中心城市，並由城市工人階級擔任起革命主力軍的使命；中國革命是在一個工人階級和資產階級均未成熟的社會裡展開，並且是在遠離城市的邊緣地帶也就是汪暉所說的反革命統治的「薄弱環節」找到生存和發展的空間。這個情況表明，以農民為主體的中國革命在馬克思主義的意義上很難被冠之以「無產階級革命」的名號，其建立的政權能否被冠之以「無產階級專政」的名號則更是值得質疑。汪暉的「主體性建構」顯然是要回應這個質疑，他的做法是，把「階級」概念重新理解為20世紀兩種性質不同的政治動員：「第一種動員促成在身分、財產權甚至生產資料的掌握上並不隸屬於無產階級的成員成為該階級的馬前卒或戰士，如農民或出身統治階級的知識分子成為『無產階級』的主體或領袖；第二種動員將階級出身設定為僵固不變的制度標記和衡量敵我的基準。」[116]中國革命進程的確如汪暉所概括的那樣，以無產階級名義所進行的政治動員，只動員起極少數工人參加了革命；而以無產階級為政治正確的一方所展開的階級鬥爭，根本就看不到工人的主體性存在。所謂的無產階級革命和無產階級專政究竟包含著多少「無產階級」因素，這是汪暉始終無法回答的問題，

　　正是因為汪暉的主體性建構面臨著中國革命進程中無產階級「先天不足」的雙重困境——理論困境和實踐困境，從理論上，他無法從馬克思主義關於無產階級革命的學說中推導出中國革命的無產階級性質，從實踐上，他也無法證明一個缺少了廣大工人參加的革命何以能被認定為是無產階級革命；所以，他不得不花費篇幅在

---

116 同上書，頁80-81。

農民身上發掘出「無產階級」因素，將蘇維埃政權下的農民土地革命視為是「無產階級領導下」的革命，將農民為主體的「人民戰爭」視為是農民階級承擔起無產階級革命的使命，甚至將「耕者有其田」而使農民成為土地所有者也視為是在政治上實現了「無產階級化」。如此一來，階級不是一個經濟概念，而是成了一個政治概念，所有階級在「人民戰爭」中都被融化為一個階級——無產階級，也就是「政治性無產階級」，並以此來回應歷史上有過的對農民階級的質疑。用汪暉自己的話來說：「農民階級的經濟地位與革命的政治意識之間的張力產生了政治性無產階級形成的獨特景觀：被盧森堡所詬病的土地改革恰恰成為農民階級形成政治動員、參與蘇維埃政權建設、學會自我管理並在黨的領導下形成組織的政治契機。」[117]

馬克思在《共產黨宣言》中賦予無產階級的政治使命是：「使無產階級形成為階級，推翻資產階級的統治，由無產階級奪取政權。」[118]從這一政治使命出發，馬克思反對任何不以無產階級為主體的社會主義運動。他在《宣言》中批判了「封建的社會主義」、「小資產階級的社會主義」、「德國的或『真正的』社會主義」、「保守的資產階級的社會主義」以及「批判的空想的社會主義和共產主義」，在馬克思看來，這些離開了無產階級參與和鬥爭的社會主義運動都不具備實現無產階級政治使命的現實性。從馬克思的觀點出發，汪暉將無產階級的歷史使命賦予農民階級並不意味著就能夠證明中國革命的無產階級性質。毋寧說，汪暉基於農民的主體性來闡釋中國革命有別於法國革命和俄國革命的獨特性，僅僅是符合了馬克思所批判的「封建的」、「小資產階級的」或「空想的」社會主

117 同上書，頁407。
118 《馬克思恩格斯選集》第一卷，頁285。

義的標準。以農民階級為主體的革命及其政權，不僅在理論上和馬克思的基本教義相去甚遠，而且在實踐上也和國際社會主義運動相去甚遠。

雷蒙‧阿隆在他的《知識分子的鴉片》一書中對彌漫於法國左派的三個神話做了深刻的批判。在他看來，左派的一系列話語，以薩特提出的問題為導向：為什麼無產階級在歷史中負有一種獨特的使命？均是建基於「懷舊的神話」、「革命的神話」和「無產階級的神話」。就「無產階級的神話」而言，阿隆認為：「馬克思主義的『末世學』賦予無產階級一種集體救世主的角色。青年馬克思所使用的表達方式清楚地表現出了『無產階級』神話的『猶太─基督教』根源。這一階級之所以被選中，主要是因為它為拯救人類遭受了苦難。無產階級的使命，革命導致了史前時代的終結，自由的統治，在這些表述中，人們不難發現至福千年說的思想結構：救世主，決裂，上帝的王國。」[119]用阿隆的話來對照汪暉的話，是不是可以這樣說：「無產階級的神話」在汪暉的著作中被延續下來了，有所不同的是，中國無產階級的歷史使命由它的同盟者──農民來承擔，而千年王國的夢想則被轉化為農民對美好未來的一種烏托邦想像。事實上，不僅是法國右派在質疑無產階級歷史使命的真實性和可行性，而且法國左派，以巴迪歐為例，也對馬克思的階級政治理論表示懷疑。他認為，那種與「無產者」一詞相關的政治解放，在史達林的國家，「被置於法西斯主義的視野中，因為支撐這個國家的是假定了一種宏大的封閉整體的存在，在列寧主義的歷史上，以及後來的毛主義那裡，這個宏大的封閉整體都是一種野蠻的有限性

---

119 [法]雷蒙‧阿隆，《知識分子的鴉片》，頁62。

操作阻礙無限政治運動的屏障。」[120]由此可見,作為一個毛主義者
的巴迪歐,曾鍾情於毛的許多理論,但他至少對無產階級的歷史使
命保持了一份清醒,無產者這個「巨大的能指」並非能夠指向一切。

　　汪暉關於中國革命的主體性建構,試圖完成從「無產階級的神
話」向「農民的神話」的話語轉換,以彌補中國革命缺少來自城市
工人支持和參與的經典事件或案例,把農民階級塑造成中國特有的
「無產階級」,最終是為了證明通過農民革命、農民土地改革以及
由農民為主體的戰爭所建立起來的政權是「無產階級專政」。這套
敘事邏輯顯然還不足以證明「農民政權」的普遍性,因為在馬克思
主義的話語中,唯有無產階級作為先進生產力的代表才負有解放全
人類的普遍使命,而農民作為落後生產力的代表,其狹隘的和有限
的階級利益與政治訴求決定了這個階級自身無法克服的歷史局限
性。汪暉應該意識到了這一點,所以,在中國「無產階級的神話」
向「農民的神話」轉換過程中,他又進一步提出了「人民」的概念
以及和這個概念相匹配的「群眾」概念,從而建構起一個更具普遍
性和廣泛性的主體概念。他在分析毛寫於1926年那篇題為〈中國社
會各階級的分析〉的文章時,高度評價了毛的階級劃分,即以區分
敵人與朋友的方式,將中國社會區分為附屬於帝國主義的地主階級
和買辦階級,代表城鄉資本主義的生產關係的中產階級(民族資產
階級),以自耕農、手工業者、小知識階層為主體的小資產階級和
以半自耕農、貧農、小手工業者、店員、小販為主體的半無產階級,
以及現代工業無產階級和遊民無產者。按照毛的分析,地主階級和
買辦階級是「我們的敵人」,工業無產階級是革命的領導力量,而
半無產階級和小資產階級是「我們最親近的朋友」。汪暉認為,「我

---

120 [法]阿蘭・巴迪歐,《世紀》,頁147。

們」就是革命政黨，在革命政黨的整合下，誕生了一個超越各階級
利益或者是代表各階級利益的一個普遍性的主體概念——人民：

> 中國革命中的「人民」的概念就建立在這些政治範疇之上，或
> 者說，是通過對這些政治範疇的整合而產生的。革命政黨及其
> 領導下的各級政府奉行從群眾中來到群眾中去的組織路線，一
> 面擴大統一戰線（政治整合），一面鞏固政黨及革命政府的領
> 導權。通過武裝鬥爭和土地改革，落實早期革命提出的「平均
> 地權」的要求——所有這些都可以視為這一政治組織進行「政
> 治整合」的方法和策略。革命政黨的主要功能是通過不同形式
> 的動員和鬥爭，創造「人民」及其革命和戰爭（「人民戰爭」）——
> 「人民」不是普通的工人、農民或其他勞動者的簡單集合，而
> 是一個包含了敵—友關係的政治範疇；政黨建設、工人組織、
> 農民動員、土地改革、軍事鬥爭、創建根據地等實踐，就是在
> 這一敵—友的運動中將工人、農民、學生、青年、婦女等重構
> 為人民的過程。[121]

　　從汪暉的這段表述中可以看出，他所塑造的「人民」不是一個
階級的概念，也不是一個自然的概念，而是在革命政黨的「政治整
合」下所形成的一個足以涵蓋所有階級的「巨大能指」。「人民」
的形成過程，不是因為各個階級、階層或群體有著共同的利益和政
治訴求，而是因為在革命政黨的政治整合下，尤其是通過人民戰爭、
土地改革這類暴力方式，輔助於統一戰線這些懷柔手段，才將四分
五裂的階級統一整合到「人民」的名下，實際上，是統一整合到革

---

121 汪暉，《世紀的誕生》，頁194-195。

命政黨的統治之下。革命政黨通過占有「人民」的名義，使戰爭具
有了「人民戰爭」的歷史正當性，也使人民戰爭所建立的政權具有
了「人民政權」的政治合法性，革命政黨和「人民」具有天然的統
一性。所以，汪暉的主體性建構，從「無產階級的神話」到「農民
的神話」最後走向了「人民的神話」。他用「人民」這個概念，徹
底抹去了「階級」概念的局限性，把中國革命從缺少城市工人的參
與以及以農民為主體的歷史窘境中解救出來，從而賦予中國革命及
其政權的普遍歷史意義。

　　汪暉關於「人民的神話」的敘事在革命史上當然不乏其例。米
涅在其著作中也曾經把「人民」作為革命的重要主體來加以書寫，
而不僅僅是基於教士、貴族和第三等級的階級關係來進行階級分
析，在許多場合，他是把「人民」看作是統治者的唯一對立面，並
以人民權利的實現視為革命勝利的唯一標誌。他寫道：「革命使人
民成了社會的主人，正像起義使人民成了政府的主人一樣；它使人
民有可能廢除舊憲法和準備制定新憲法。」[122]但是，米涅同時也看
到，人民並不執行任何權力，憲法賦予人民的各項權利如同一紙空
文，人民還沒有進步到參加政權的程度。他意識到「社會的真正目
的不是把社會的利益作為遺產授予一個階級，而是使各個階級在能
夠取得這些利益的時候，共用這些利益。」[123]然而，在現實中沒有
任何「人民的代表」——儘管革命中的任何一個黨派都宣稱可以代
表人民，能夠保證讓社會中各個階級共用利益。這就是革命的悖論：
革命以人民的名義獲得正當性理由，最後的結局依舊是導向對人民
權利的侵犯與剝奪，而代表人民進行革命的那些革命者，要不就是

---

122 [法]米涅，《法國革命史》，頁50。
123 同上書，頁102。

死於革命者內部的自相殘殺，要不就是在革命勝利之後成為人民新的統治者。在革命進程中，根本就不存在著一個「鐵板一塊」的人民陣營，用考茨基的話來說，只存在著「一部分人民反對另一部分人民的鬥爭」。[124]

　　人民不是作為一個抽象的統一體而成為歷史的主體，共同組成為人民的階級、階層、群眾、群體也不是抽象的存在，而是最終歸結為一個個鮮活的生命和具體的肉身。人民的權利就是每一個人的權利，儘管個人的權利只能以階級、階層、群眾、群體甚至人民的名義去主張，但正如馬克思所說的，每個人的自由發展是一切人的自由發展的條件，每一個個人的權利的實現才是人民主體性的體現。在汪暉的著述中，人民中的每一個個體包括階級都是不存在的，「人民」是作為一個抽象的整體和革命政黨具有天然的統一性，革命政黨通過「人民戰爭」、土地改革、從群眾中來到群眾中去、統一戰線等中國革命的特有方式，將所有階級的利益和意志統一整合在「人民」的名下，然後由「人民」統一授權給革命政黨，從而賦予中國革命及其政權以當然的合法性。汪暉自我設置的這個問題：「在『短20世紀』的『漫長的革命』中，新的鬥爭是圍繞誰是『人民』、如何界定『人民』、誰代表『人民』這一現代革命的中心問題而展開，」[125]而他的回答是：只有革命政黨才能界定「人民」並代表「人民」，「人民」的歷史主體性實際上是由革命政黨創制出來的。因此，在中國革命及其政權建設中，根本不需要通過建立憲政民主制度以實現人民主權，也根本不需要通過人民選舉的方式以決定哪個政黨來代表人民執掌國家權力。革命政黨才是汪暉想像出

---

124 參見[德]卡爾・考茨基，《考茨基文選》，頁142。
125 汪暉，《世紀的誕生》，頁174。

來的「超級能指」，它不僅創制了階級和人民，而且也創制了國家
政權——一個由革命政黨控制了所有國家政府部門的黨國制度。

人民的革命，人民的戰爭，人民的軍隊，人民的政權，一切以
人民的名義而名垂史冊，但它們究竟和人民有什麼關係？在汪暉賦
予人民以崇高的主體性地位時，建議他讀一讀他的理論前驅巴迪歐
提出的下述問題：

> 我們必須毫不遲疑地提出這個構成了巨大的世紀謎團的問題：
> 為什麼政治的包含物無論是以直接關聯（人民群眾）的形式，
> 還是以間接關聯（黨）的形式，最終都導致了官僚式的屈從和
> 國家崇拜？為什麼英雄史詩般的人民起義，最持久的解放戰
> 爭，在正義和自由的名義下最無可置疑的運動——即便存在某
> 種超越了其內在化序列的界限的東西——最終都會陷於晦暗的
> 國家結構中，在這種結構中，無法辨識出任何可以解讀那些賦
> 予其歷史上發生的事件以意義和可能性的因素？[126]

七、左右之爭還是文野之爭？

有個諺語流傳甚廣：年輕時候不是左派是沒有良心，年老時候
不是右派是沒有腦子。這個諺語不是絕對真理，但至少揭示出部分
歷史真實——革命是年輕人的理想和事業。在革命的旗幟下，鑴刻
著一大批年輕人的名字，從羅伯斯庇爾、聖茹斯特、丹東到布爾什

---

126 [法]阿蘭·巴迪歐，《元政治學概述》，藍江譯（上海：復旦大學
出版社，2015），頁61。

維克革命家再到青年毛澤東、周恩來等，是他們導演了轟轟烈烈的
革命大劇。革命不管基於何種動機，是源於上帝的召喚還是來自階
級的責任，總是離不開年輕革命家的澎湃激情和高昂鬥志，以及他
們決心開創一個新世界的偉大使命。正是他們為後來連綿不斷的左
翼運動注入了巨大的精神動力。阿爾貝・索布爾在撰寫他的《法國
大革命史》時，毫不掩飾對羅伯斯庇爾的崇敬，他把這位革命家說
成是歷史上僅有的「不可腐蝕者」，「富有遠見而勇敢無畏」，「能
言善辯，大公無私」，「把整個革命的權威都賦予了代表國家主權
的國民公會。」[127]薩特在1973年法國「無產階級左翼」活動的高峰
期，同樣對雅各賓專政的血腥遺產提出了「毫無畏懼的贊同之詞」，
他甚至認為「1793年的革命分子可能殺得不夠多」，由此才導致了
王政復辟時代。[128]而對於霍布斯鮑姆來說，他對十月革命的批判性
反思並不表明他和十月革命的決裂，在他人生的第九個十年的途
中，他還特別強調：「十月革命的夢想仍然在我心裡。」[129]類似的
例子還可以舉出很多，在世界左翼思想譜系中，那些真誠的左派終
身都在堅守左翼傳統並發揚光大左翼思想，並不會因為進入老年而
改變立場。

　　雷蒙・阿隆在分析「左派的神話」時認為，在政治力量的分布
中劃分為「左派」和「右派」這兩個陣營，以及它們彼此的鬥爭充
斥於數百年來的編年史中，是基於它們各自不同的立場和概念，但
是，「這兩套概念之間的對話通過詞彙翻新和制度的變化始終進行

---

127 [法] 阿爾貝・索布爾，《法國大革命史》，頁221。
128 參見[美]理查・沃林，《東風：法國知識分子與20世紀60年代的遺
　　產》，頁239。
129 [美]托尼・朱特，《重估價值：反思被遺忘的20世紀》，林驤華譯
　　（北京：商務印書館，2013），頁130。

著」。[130]尤其是在法國這個「左右對立的故鄉」，左右之間的對話並未因為左派長時期地占據著學術和道德的制高點而讓右派變得相形見絀。相反，因應於十月革命之後蘇維埃政權的演變、毛的文革、越戰的結束、赤棉運動直至蘇東體制的徹底崩潰等一系列歷史性事件，左派不得不開始思考和反省他們長期堅持的左翼思想，並開始回應右派對他們所提出的一系列挑戰。

在這樣一個持續展開的左右對話中，薩特的思想轉變是有象徵意義的，他在晚年並沒有改變左翼立場，但他至少從蘇聯的社會主義幻覺中清醒過來並對中國革命神話產生了警覺。按照理查·沃林的描述：「隨著蘇聯共產主義的失敗，薩特清楚地認識到列寧主義的『先鋒』模式過時了。」[131]1968年由法國學生發起的「五月風暴」被一位元結構主義學者稱之為「薩特的報復」，以表明薩特在這場完全是複製中國文革的學生運動中的精神領袖地位。但事實上，在1967年薩特和波伏娃去中國實地考察「無產階級文化大革命」時，他們並沒有看到他們期待看到的理想圖景，波伏娃坦率地指出：「防止出現一個新的特權階級，賦予人民群眾真正的權力，使每個人脫胎換骨，成為一個完人，我只能支持這些表達形式所描述的計畫。儘管如此，我仍然不能給予中國像蘇聯在許多人心中所激起的盲目信任。」[132]蘇聯的前車之鑒，讓他們不得不對中國革命前景持謹慎態度。薩特曾經表示，他被毛主義吸引的重要原因之一與毛的「直接民主」的設想有關，但就是在1968年的「五月風暴」中，他在回答學生提出的「無產階級專政是必要的嗎」這個問題時，明確認為：

---

130 [法]雷蒙·阿隆，《知識分子的鴉片》，頁3。

131 [美]理查·沃林，《東風：法國知識分子與20世紀60年代的遺產》，頁212。

132 參見同上書，頁228。

「直到現在，無產階級專政通常是指對無產階級的專政。」[133]這個回答可謂是迄今為止對「無產階級專政」性質最精準的概括。到了1970年代晚期，也就是薩特生命的最後幾年，赤棉運動的恐怖真相被揭露出來之後，薩特以往的革命信仰和暴力崇拜遭到了致命一擊，以波爾布特、喬森潘等為首的柬埔寨共產黨精英大多有留學法國的經歷，他們自認為深受法國思想精神的影響——從啟蒙時代、盧梭、孟德斯鳩到羅伯斯庇爾，他們是法國革命文化孕育出來的一代革命戰士，卻以屠殺了170萬同胞的生命來進行他們的共產主義實驗。正是赤棉運動的殘酷本質，讓薩特最終認識到他以前賦予革命暴力的救贖角色是一個歷史性的錯誤，他承認「我不再有那種觀點了。」[134]他解釋說：「暴力的行為或許破壞奴役的狀態，而它們缺乏再生性的特性或能力。」[135]這個遲來的解釋是表明作為法國左翼思想領袖的薩特，終於在其晚年向右邊邁出了一步？

薩特的思想轉變表明左翼最重要的精神傳統——崇拜革命、迷戀暴力、追求紅色政權和嚮往共產主義，在十月革命以來遍布於第三世界國家的各種革命運動的一系列失敗與挫折中，終於獲得了一個自我反省和糾錯的機會。儘管在傅勒看來，在面對20世紀共產主義經驗構成的災難時，「左派還寧可修修補補它的信念大廈，而不願去追問它的悲劇歷史。」[136]但和以前他們所表現出來的對革命的狂熱性相比，已經是一個重大進步，原來長期彌漫於法國歷史學、哲學、文學領域的革命意識形態已不再有統攝一切思想創作的影響力了，以傅勒、阿隆等為代表的右派為左派的自我糾錯和反省提供

---

133 參見同上書，頁218。
134 參見同上書，頁262。
135 參見同上書，頁262。
136 [法]弗朗索瓦‧傅勒，《思考法國大革命》，頁61。

了重要的理論參照。所以，許多觀察家都認為，薩特和阿隆於1975
年一起參加愛麗舍宮舉行的新聞發布會，試圖喚起人們對越南難民
乘船逃離越共統治的絕望處境的關注，是法國左右兩派就現實的共
產主義革命達成了某種共識的一個重要事件。用沃林的話來說：「薩
特—阿隆的積極行動象徵著法國政治文化發展過程中的一個轉捩
點。意識形態的訴求已經喪失了優先性。自法國大革命以來建構法
國政治的左右分裂似乎已經喪失了它的至高權威。」[137]而且，在沃
林看來，「一旦革命主義的暴行和妄想被揭露出來，法國社會就重
新評價了普遍知識分子的功績和價值。自此以後，普遍知識分子的
道德領導權具體表現為一個反極權主義鬥爭的必要組成部分。20世
紀70年代末期，法國重新改造了民主知識分子的形象。薩特雖然雙
目失明，身體贏弱，但是他勇敢地參與了重新改造的這一時刻。」[138]
這表明，在法國漫長的左右對立的政治文化中，左翼和右翼的思想
衝突並非不可能在一些重大的關鍵的歷史和現實問題上達成基本共
識，他們首先是在反對極權主義、取消暴力革命、以民主的方式來
實現社會公正與人類平等這些方面走到了一起。

　　歐洲範圍內的「雙元革命」——以實現自由為主要目標的英國
革命和以實現平等為主要目標的法國革命，在一個憲政框架內匯合
成迄今為止構造世界政治秩序和政治制度的共同價值觀，已被歷史
反覆證明是人類走向自由和平等的唯一可能的精神基礎。在此基礎
上演化出來的左右對立和左右之爭，看上去就像是柏克和盧梭之
爭，或阿隆和薩特之爭，都沒有從根本上摧毀反而是日益鞏固了人

---

137 [美]理查·沃林，《東風：法國知識分子與20世紀60年代的遺產》，
　　頁259。
138 同上書，頁260。

們對自由、民主、人權、法治的基本信念。這些英國革命和法國革命的共同政治遺產即使在某個時期會遭遇意外衝擊，但它們最終還是會決定基於不同政治立場的階級、黨派、社會團體、群眾組織以及個人，選擇以和平的方式，通過議會選舉、充分自由的思想市場和公開的學術論辯，達成左右之間的思想平衡。

　　法國作為左翼思想的發源地，其光譜廣泛的思想譜系，從馬克思主義、社會民主主義、毛主義到結構主義和後現代主義，都湧現出它們各自的代表性人物，他們的言論幾乎就構成了世界左翼指南。根據這個指南，對於發生在美國、德國、英國等西方國家的左翼運動，可以找出它們共同的思想與價值觀基礎。但是，唯獨對於俄國十月革命所開創的蘇維埃政權及其不同歷史版本，則很難找到它們可以共用的思想資源，儘管它們各自標榜都是從馬克思主義那裡獲得靈感並從雅各賓專政中看到了無產階級專政的「正面或負面喜訊」（傅勒語）。所以，雷蒙・阿隆把蘇聯政權看作是「偽左派」，而把德國法西斯政權視為是「偽右派」，把這兩個極權主義政權分別從左翼和右翼思想譜系中剔除出去是重要的。這兩個政權都訴諸大規模的國家暴力並賦予員警無限的權力，它們絲毫都體現不出左翼或右翼的應有價值觀——對平等和自由的實現與保護。傅勒曾經主張：「有必要寫一部法國左翼知識界與蘇維埃革命關係的歷史，以便揭示史達林現象是怎樣通過單純搬移雅各賓傳統而在這裡扎下根來的。」[139]這一主張儘管沒有被付諸實踐，但以薩特為代表的左翼知識分子，包括像巴迪歐這樣激進的毛主義者，都先後從蘇聯「社會主義」的幻覺中走了出來，他們共同認識到了，把史達林分子視為左翼的精神同路人，是對法國持續了兩百多年的左翼運動的極大

---

139 [法]弗朗索瓦・傅勒，《思考法國大革命》，頁61-62。

羞辱。蘇東體制的終結，對於法國乃至整個歐洲的左翼運動來說，無異於是一次巨大的精神解脫，如同齊澤克在描述齊奧塞斯庫政權的突然崩潰時所說的那樣：「所有大他者崩塌之時所共有的一個特徵就是它們完全的不可預期性：沒有什麼發生，突然之間崩塌的時刻就到來了。『沒有什麼與之前相同』，那個時刻之前的所有用以（服從權力）的理由，現在都成了反對的理由。那個時刻之前，我們所體驗的恐懼和尊重現在都成了一種可笑的強制與野蠻的非法力量的顯現。」[140]這樣的認識幾乎是觸及靈魂的，由此給人們的啟示是，冷戰以來所謂社會主義和資本主義在世界範圍內的對立、鬥爭乃至最終決戰，絕不是什麼左右之爭，而是文野之爭——文明和野蠻之爭。

　　基於上述思考，汪暉作為世界左翼譜系的中國代言人的身分就變得十分可疑。他關於中國革命和政治邏輯的宏大敘事，一方面試圖重新梳理和總結第二國際時期以考茨基、盧森堡為代表的社會民主黨人所犯下的歷史性錯誤——指出這些錯誤是為了從反面證明列寧領導的布爾什維克黨在十月革命的戰略和策略上的正確性；另一方面，他試圖表明一種比霍布斯鮑姆和巴迪歐這類虔誠的馬克思主義者或激進的毛主義者更堅定的革命立場——絕不承認十月革命及其政權的「歷史終結」或「歷史失敗」，而是通過重塑中國「漫長的革命」在20世紀的中心位置以重新召喚新的革命者的到來。因此，汪暉的理論是對西方左翼和右翼思想的雙重對抗與否定，他所謂的「有關中國革命及其意識形態的歷史分析」，不是作為「當代價值觀和意識形態的注釋和附庸」而是對它們的挑戰，他旨在通過對中

---

140 [斯洛維尼亞]斯拉沃熱·齊澤克，《延遲的否定：康德、黑格爾與意識形態批判》，夏瑩譯（南京：南京大學出版社，2016），頁342。

國革命的獨特性探索以完成對「普遍性」的重構。由此可見,這項
非常宏大的理論計畫,是要為傷痕累累幾近垂死的革命軀體重新注
入新的靈魂,是要把西方左翼已經完全拋棄和否定了的革命遺產重
新包裝變現。

　　縱觀汪暉龐大的理論建構,他看似個性化的表述其實並沒有多
少自己個人的獨創性見解,他刻意製造出來的曲折複雜的理論陳述
貫穿著一條從馬克思主義到列寧主義再到毛主義的邏輯線索,也就
是把馬克思主義關於暴力革命和無產階級專政的學說、列寧主義關
於先鋒黨及其蘇維埃政權的思想,以及毛主義關於人民戰爭和武裝
奪取政權的理論,作為他重構中國革命理論的核心思想資源。除此
之外,任何左翼思想,不管是來自第二國際思想領袖們的批判性思
考,還是來自於當代社會民主主義運動與左翼知識分子的積極性反
思,均被汪暉斥之為「後悔史學」而置於必須被否定的意識形態之
列。這表明,在蘇東體制徹底崩潰導致史達林主義和毛主義遭遇前
所未有的合法性危機之際,汪暉願意出來在革命的廢墟之上重建一
座新的革命大廈,並在其中設想作為運動的共產主義的可能的未來。

　　在法國大革命二百周年時歷史學家們提出「革命結束了」,在
中國後八九時代知識人呼籲「告別革命」,以及在蘇東體制徹底崩
潰之後有人展望「歷史終結」,不管這些主張是基於何種理論動機,
它們至少表達了在20世紀結束的前夜左翼和右翼的一個共識:必須
徹底清算革命史觀,即將到來的新世紀不應該繼續被籠罩在革命陰
影之下。得出這個共識是時間積累的結果,時間能夠改變人們的觀
念並讓他們重審過去曾經發生過的那些災難性事件。正如傅勒精闢
地指出:

　　1920年,馬迪厄曾以境況相似的名義,援引法國的先例來替布

爾什維克的暴力辯護。今天，觀照計畫的某種相同性質，古拉
格促使人們重新思考（法國大革命）「恐怖時期」。這兩次革
命是有聯繫的；但在半個世紀前，由於有「時勢」那類辯白（即
從與它們性質無關的外部現象得出的托詞）為之開脫，兩次革
命基本上都被赦罪了。今天，它們卻都被指控為性質相同地過
分壓制肉體和精神的制度。[141]

　　而對於一個追求民主和平等的左派來說，如果不能忠實於歷史
的事實判斷而完全無視革命和專制的輪迴關係，那就不是知識局限
的問題，而是人的良知問題。霍布斯鮑姆之所以一直堅持對十月革
命及其蘇維埃政權的批判性立場，就在於他認為，史達林把共產主
義的政治制度轉變為世襲的君主制，他強調：

　　獨裁的可能性內在於任何一個基於唯一的、不可能下臺的政黨
　　的執政。在基於列寧布爾什維克黨的中央集權等級而組織起來
　　的政黨中，它成了最可能發生的事情。而不能下臺則只是布爾
　　什維克黨人整個信念的另一個代名詞：革命不能被推翻，其命
　　運掌握在他們而不是別人的手中。[142]

　　霍布斯鮑姆的這個判斷可以說是左翼的思想共識，歷史上沒有
任何一個一黨專政的國家能夠按其所標榜的那樣實現人民的民主權
利，只要是做一個真誠的左派，就不能無視一黨專政最後必然走向
君主制或個人獨裁的歷史結局。而汪暉居然可以置歷史事實於不

---

141 [法]弗朗索瓦‧傅勒，《思考法國大革命》，頁62。
142 [英]艾瑞克‧霍布斯鮑姆，《極端的年代》，頁409。

顧，也公然挑戰世界左翼陣營對於極權主義的共同立場，通過一系
列語言幻術將一黨專政的黨國體制美化為一種超政黨和超國家的政
治制度安排，即區別於議會多黨制的黨一國體制。由此可見，汪暉
的政治立場不僅遠離右翼一貫宣導的自由憲政理念，而且也和左翼
始終堅守的政治民主立場相去甚遠。因此，完全可以這麼說，基於
左翼或右翼的立場與汪暉的理論之爭，絕不可能是左右之爭，而只
能是文野之爭。

　　革命在20世紀究竟產生了多大的正面價值，是一個可以持續研
究的課題，在革命以不以人的意志為轉移而降臨人世時，它的客觀
性和必然性的歷史進程的確在很大程度上超乎了人們價值選擇的界
限，它不是以人們的主觀偏好而是依據時代的各種客觀條件與形勢
變化決定著社會的發展。但是，在革命大致落下帷幕時，面對革命
製造的各種神話的破滅以及革命風暴席捲之下所形成的一系列思想
廢墟，任何一個嚴肅的歷史學家和思想史家，都必須在直面歷史和
現實的同時，對革命在社會政治、經濟、文化、心理包括生態領域
所造成災難性後果，作出價值評價和價值批判：革命是有助於人類
文明的進步還是後退到人類的野蠻狀態？20世紀革命史研究所確立
的基本共識應該是：革命最大的負面資產就是暴力，以及由國家有
組織的暴力所主導的國家之間的戰爭和國內戰爭，經由暴力和戰爭
所產生的一黨制政權，不管其是否享有人民、神或無產階級的名義，
最後都無一例外地重現了古代或中世紀的政治黑暗局面。所以，從
蘇東社會主義陣營解體以來直至今天，西方左翼思想陣營中沒有任
何一位學者會像汪暉那樣，通過重構歷史的方式再次出來宣布：革
命是歷史的火車頭，暴力是新社會的助產婆，人民戰爭是人民奪取
政權的唯一路徑，無產階級專政及其黨國制度是世界上最民主的國
家制度。

　　這是汪暉獨有的理論勇氣？願意做20世紀最後一個革命的辯護士？或者就像是一個新的革命招魂人，在21世紀的夜空下搖幡呐喊，為那些逝去的革命大聲招魂？

　　榮劍，獨立學者，著有《民主論》、《馬克思晚年的創造性探索》、《社會批判的理論與方法》等專書，以及論文多篇。2019年在香港出版《山重水複的中國：榮劍演講及對話錄》。

香港政治思想激進化之路：
從七一遊行至反送中運動（2003-2020）

許偉恒

引言

2019年引起全球關注的香港反送中運動，以勇武抗爭、提出「攬炒」為號召；至2020年7月北京政府強行在香港頒行國家安全法，香港正式成為中美角力下的焦土，香港主張「攬炒」的抗爭者可謂求仁得仁。在此我們必須追問，香港為何會發展至現今這種破局？除了中共近年主動破壞一國兩制格局外，還有沒有其他原因能解釋香港破局的出現？我認為香港政治思想自2003年以來日益激進化，正是其中一條能夠解釋現今香港破局出現的重要線索。

於進入正式討論前，讓我先簡單說明本文對激進一詞的用法。激進一詞一般而言有兩種用法：一、描述義：作為一種相對的概念，並與保守、溫和等詞彙相對，用以描述人的思想取態；二、評價義：作為一種價值判斷，而在運用時往往帶有暴力、非理性等負面評價。由於本文屬思想史的分析文章，因此全文於使用「激進化」一詞時一律取其描述義，而不取其評價義。此外，礙於篇幅及學力所限，本文只會嘗試描述及勾勒香港政治思想激進化的進程，至於反思及評價部分則需交給讀者自行探索，這是必須首先向讀者交代的。

一、思想上的激進與保守

現在再進一步深入分析何謂思想激進化。余英時先生在論及中國近代思想史上「激進與保守」概念時,曾指出激進一詞的相對性:

> 我們說某某人保守,某某人激進,都是要有一個定點。如果沒有一個標準、沒有一個座標,我們很難說某人是保守的、某人是激進的。因為保守跟激進一定是相對於甚麼東西來說。相對於甚麼呢?一般說是相對於現狀,最簡單地說,保守就是要維持現狀,不要變;激進就是對現狀不滿意,要打破現狀。要打破現狀的人,我們常把他放在激進的一方面。要維持現狀的人,我們把他放在保守的一方面。可是,我們知道這樣用的時候,保守和激進都可以有不同程度的態度:可以是極端的保守,甚麼都不變;也可以是極端的激進,一切都打倒。這是「兩極化」,「兩極化」的結果會是如此的。[1]

以上文字最值得注意的一點是,激進(radical)與保守(conservative)兩種態度總是相對於某一種現狀或現存秩序;當中保守的一方傾向維持現狀,激進的一方則傾向於改變現狀。

余英時先生進一步指出,合理現狀的存在能使激進與保守兩種態度不至陷入兩極化的困局。余先生以上世紀80年代的美國為例,

1　余英時,〈中國近代思想史上的激進與保守〉,載氏著,《猶記風吹水上鱗:錢穆與現代中國學術》(台北:三民書局股份有限公司,1991),頁201-202。

指出美國社會中的保守與激進思想均相對於民主、自由主義的傳統
秩序，而這正是保守與激進兩股力量的共同基礎（common ground）。
余先生指出，conservative、liberal和radical成了一個鼎的三足，當中
激進力量雖然對現狀不滿、甚至希望大幅度地改變現存秩序，但仍
不至要從根本上推翻美國的整個現存制度。由此可見，在大致合理
的現存秩序下，所謂的激進力量往往只是希望剔除現狀或現存秩序
中的種種不合理之處，其最終目的仍是尋求現狀或現存秩序的維持
和穩定。[2]換一種說法，激進力量往往透過對現狀的再解釋，以達到
修正或改良現狀的目標。在這種比較正常的狀態下，保守和激進在
緊張之中仍能保持一種動態的平衡，二者之間的互相制約使社會發
展不至完全脫軌或失序。必須指出，這種以修正現狀為目標的激進
力量，並非真正的思想激進化表現。

　　至於真正的思想激進化，其實是指主張徹底推倒現狀、否定一
切現存秩序的想法。在這種思想激進化的思潮中，激進主義者認為
沒有一種現狀是穩定或值得保留的，因此他們不再就現存的政治秩
序進行再解釋，而改為發明一種新的現狀或秩序以取代舊有規範。
我認為，香港政治思想自2003年起正日漸步上這條激進化之路，而
這股思想激進化浪潮更一步步將香港帶進現時的破局之中。

二、九七前後的香港現狀

　　現在再嘗試分析九七前後香港的現狀。眾所周知，香港人於上
世紀80年代的香港前途問題談判中基本缺席，香港人的聲音一直被

2　余英時，〈中國近代思想史上的激進與保守〉，載氏著，《猶記風
　　吹水上鱗：錢穆與現代中國學術》，頁201-204。

排拒於談判桌外；因此香港問題的最後解決方案（即英國將香港主權移交中國、及香港於九七後實行一國兩制）並非香港人所完全認同和接受的香港未來構想。然而，其時很少香港人想過要反對或否定一國兩制的安排；羅永生的現身說法頗能印證此點：

> 社會絕大部份的人，都是恐懼，或是期望香港保持某個鬆散意義的維持現狀，而不是特別去支持港獨、買島、託管等。因為整個社會氛圍會覺得，我們能夠做的事情很少，這些事情自己管不到的，亦不會有任何公民意識或很強的主體意識。[3]

羅永生這番話有兩點值得特別注意：一、九七前香港人的公民意識薄弱，且欠缺足夠的主體意識進行關於香港未來的想像。二、九七前的香港人普遍對現實政治抱有「不變」或保持現狀的心態。關於後者，呂大樂亦曾作出描述：

> 當初遇上香港前途問題的時候，香港人的期望是：保─持─現─狀。當然，對不同界別的社會人士而言，所謂保持現狀，意思不一定一致。但是到最後，一切濃縮為生活方式和資本主義制度五十年不變。後來很多人都表示所謂五十年不變並非文字表面的意思──一個社會怎可能在五十年之內全無轉變呢？轉變也不一定是壞事呀！可是，當時香港人確實害怕改變──特別是因為回歸中國而產生的變化。而盡量想辦法減少改變，把未來的不確定性減至最低，這的確是1997年之前香港人最大期

3　羅永生，〈復合還是雙重任務？民主回歸論的香港／中國性質與想像〉，https://www.thinkinghk.org/blank-1。

望。[4]

　　這種「保持現狀」的保守取態為九七前香港人所普遍共有。

　　那九七前後香港人所欲維持的究竟是怎樣的現狀？簡言之，其時大部分香港人所追求的主要是經濟現狀的持續穩定。其時香港人普遍以經濟人自居，相信「搵食」的硬道理。他們期望主權移交後的香港能保持英殖時代的資本主義生活方式，從而得以「馬照跑、舞照跳」。於一國兩制的框架下，中共承諾在政治及經濟制度上與香港作出一定程度的區隔，以說服香港人於主權移交後能繼續享有基本的政治及經濟自由。事實上，一國兩制的設計正是以維持經濟現狀作為對香港人（特別是香港資本家及財閥）的統戰，以防止香港社會於主權移交後出現動盪；這實是中共對香港「長期打算，充分利用」政策的延續。

　　一國兩制能否成功推行，實建基於中共能否恪守高度自治、港人治港、五十年不變等對港人的種種承諾，但不少曾親睹六四屠殺的港人並不信任北京政府。據一項於1996年至2002年間進行的調查，香港人一直十分在意「極權」的中國政府和自由多元的香港社會之分別；[5]這正反映香港人對中共極權統治的抗拒。九七前香港出現的大規模移民潮正充分反映不少香港人對一國兩制缺乏信心，至

4　呂大樂，《唔該，埋單：一個社會學家的香港筆記》（香港：牛津大學出版社，2007），頁131-132。

5　Eric Ma & Anthony Fung, "Negotiating Local and National Identifications : Hong Kong Identity Surveys 1996-2006." *Asian Journal of Communication* 17:2 （2007）: p. 175；轉引自朱耀偉，〈何為香港？現狀迷思破滅之後〉，載朱耀偉主編，《香港研究作為方法》（香港：中華書局，2016），頁112。

於選擇留下的香港人則多如羅永生所言，只能無奈接受一國兩制的
政治安排。

　　然而，九七前的香港人雖不完全認同一國兩制，但同時缺乏公
民意識或很強的主體意識去為香港未來展開想像；這應部分歸因於
九七前的香港人一直缺乏透過民間力量爭取及捍衛政治、經濟權利
的經驗。香港自由市場的建立以至90年代公民權利的提升，主要出
於英殖政府自上而下的制定及賦予，而非香港人主動爭取的結果；
這同時導致香港公民社會未能成熟發展。另一方面，英殖時代建立
的優良法治傳統讓香港人普遍相信，獨立的司法系統及三權分立下
的立法會能於九七後對行政機關形成有力制衡，從而確保一國兩制
能於《基本法》框架下推行。馬嶽指出，九七前議會政治的成功強
化了香港人對立法會的信任和依賴：1995至1997年間，在私人條例
草案及民主派占約半數議席等情況下，不少民間訴求（如平等機會
條例、反對填海、限制公屋加租法例，工人集體談判權等）都成功
在議會通過成為正式政策。[6]九七前的香港人普遍相信議會及司法系
統能有效制衡特區政府，這倒過頭來強化了港人對代議士的依賴及
對一國兩制的接受程度。

　　分析至此，我們可對九七前後香港人「維持現狀」的心態作出
更細緻的描述：九七前的香港人普遍寄望政治制度（包括港英殖民
地時代建立的法治傳統、《基本法》中一國兩制、港人治港的條文、
能制衡行政機關的立法會）能保障香港維持原有的資本主義生活方
式。在這種「維持現狀」的論述中，資本主義式的生活模式及持續
的經濟發展是香港人普遍的終極追求目的，至於政治自由只是工具

6　馬嶽，〈公民社會和政治社會的關係〉，《思想香港》，第五期，
　　2014。

性手段，其作用是保障香港人能繼續保持純粹的「自由經濟人」身分。[7]抱有這種想法的香港人不自覺地擁抱著「不變」，自然不可能提出關於香港未來的政治論述；這從其時民主派的視野及政治論述中亦可得到充分體現。

九七前後香港的所謂「激進」力量以民主黨、民協為主要代表。呂大樂指出，其時民主派人士的政治視野包含改變中國政治格局，並以此將短期的（在香港內部的工作）和長期的（中國本身的改革）民主目標（例如香港社會的自我完善，長遠對中國走向開放起著積極作用）結合起來。[8]這套政治論述有以下特點：一、民主派並沒有提出完全立足於香港的本土政治論述，並選擇將香港民主化與中國的民主化兩大目標合而為一，期望九七後的香港政制民主化能帶動中國的全面民主化。二、民主派選擇於一國兩制的框架下進行有限度的和平抗爭。這種論述促使民主派接受一國兩制及《基本法》下的憲制秩序。從民主派接受一國兩制的取態可見，這套政治論述背後帶有強烈的「維持現狀」傾向。然而，民主派於九七前後已是香

---

7 必須強調，以上論述只是透過構建一種「理想型」以方便分析及敍述。九七前後不同香港人的思想必定存在差異，然大部分香港人的確將各種香港社會的生活元素化約為「資本主義制度的生活方式」，並擁抱九七前的生活經驗。關於此點，龍應台的觀察可作補充。龍應台2004年於〈香港你往哪裡去〉一文提出「中環價值」是香港人的意識形態和信仰：在資本主義的運作邏輯裡追求個人財富、講究商業競爭，以「經濟」，「致富」，「效率」，「發展」，「全球化」作為社會進步的指標。結果經濟效益是所有決策的核心考量，開發是唯一的意識型態。龍應台，《龍應台的香港筆記》（香港：天地圖書有限公司，2006），頁42-71。

8 呂大樂，〈社會運動不能轉化，其實是一個問題〉，《思想》，第40期，2020，頁139。

港社會中較為激進的力量，這倒過來說明了香港整體社會於九七前後帶著強烈的保守傾向。

香港民主派甘於在一國兩制這種不完善的框架下尋找種種空間推動政治民主化，呂大樂認為這是一種「自我克制的抵抗」。羅永生則以「虛擬自由主義」描述香港民主派的政治觀：

> （民主派）明知體制並非建基於自由主義的鞏固憲政基礎之上，但仍然以假當真的按一套有如教科書般循規蹈矩的方式，不斷操演同一套民主儀式，儼如憲政自由主義是真實存在著。虛擬自由主義也可用作描述一套香港在這三十年來的政治文化，在政治行動中，泛民所領導的運動盡量「優雅」守禮，顯露至「文明」的公民素質，嚴拒民粹主義、激進主義，堅守所謂的「和（平）理（性）非（暴力）」。[9]

羅永生於另一處形容九七前後的民主派「煞有介事對議會規則、選舉遊戲必恭必敬，彷彿那裡真有一部法典，完整地反映著香港人民意志的憲法程序，在協助形塑關於公共利益的人民共識」。[10]羅永生對九七後民主派的描述似乎過份負面，忽視了民主派（相較中共）沒有足夠政治議價能力的現實，然其認為民主派熱衷於議會政治和致力完善《基本法》及一國兩制等看法，的確能準確描述九七後香港的政治文化。這種高舉和平、理性、非暴力和守法等價值、並主動自我約束的抗爭取態，正反映九七前後普遍香港市民及民主

9　羅永生，〈被動回歸與公民社會的危機〉，《文化研究》，第18期，2014，頁214-215。

10　羅永生，〈虛擬自由主義的終結〉，載氏著，《殖民家國外》（香港：牛津大學出版社，2014），頁24。

派的保守性格。在這種政治文化下，香港人自然難以提出關於未來
政治發展的創新論述。

　　由此可見，九七前後香港社會中的所謂進步或激進力量，其實
仍然一直尋求現存秩序（包括一國兩制和議會）的維持和穩定。民
主派固然致力爭取雙普選，但其最終目標依然是於《基本法》框架
下致力完善一國兩制。這種取態正符合余英時先生對「激進」的一
般定義：激進力量往往只是希望剔除現狀或現存秩序中的種種不合
理之處，其最終目的仍是尋求現狀或現存秩序的維持和穩定。其時
幾乎沒有香港人嘗試於一國兩制框架外提出香港未來政治發展的構
想；港獨論於2003年前不成氣候正反映此點。這固然可歸因於香港
人普遍同時認同自己為中國人，因此難以想像香港需要／可能脫離
中國而獨立發展；但更重要的還是其時香港人「本土自我想像的貧
乏與局限」。[11]九七前後的香港人滿足於「維持現狀」，缺乏主體
意識去想像或構建立足本土的政治論述，思想激進化的步伐仍未正
式邁開。

三、現狀崩壞之始：2003年七一遊行及其後的保育運動

　　2003年高達五十萬人參與的七一遊行，是九七主權移交後香港
人的第一次政治覺醒。七一遊行以反對廿三條立法為最重要的政治
訴求。《基本法》第廿三條規定特區政府應自行立法禁止任何有損
國家主權、領土完整、統一及國家安全的行為。香港人普遍認為北
京及特區政府推動廿三條立法嚴重損害香港人的基本人權和自由，

11　葉蔭聰，〈香港新本土論述的自我批判意識〉，《思想》，第19期，
　　2011，頁107-108。

公然破壞香港現狀，遂身體力行參與遊行，對廿三條立法表達出強烈的抗拒。有趣的是，當特區政府正式宣布擱置廿三條立法後，社會迅速回復平靜；這是因為香港人認為基本人權和自由已成功守住了，現狀亦已得到重新維持，香港人遂滿足於在一國兩制的憲制秩序下繼續以資本主義模式生活。事實上2003年的七一遊行一直遵從固有的社運模式和平進行，關於廿三條立法的公眾討論亦完全沒有出現否定一國兩制的論述，「本土」在遊行中亦未提上議程。由此可見七一遊行並沒有從根本上改變香港人「維持現狀」的保守心態。

若轉而觀察民主派對廿三條立法的取態，亦可看到其政治論述不脫「自我克制」的色彩。其時公開反對廿三條立法的民主黨，強調特區政府於立法前應先落實雙普選，以及必須確保相關條文不至侵犯香港市民的人權和自由；這反映民主黨並未有從根本上反對廿三條立法。民主黨並沒有否定《基本法》訂明特區政府有訂立廿三條的憲制責任，他們所提出的反對理據主要圍繞立法需要、諮詢形式、條文內容和立法時間等技術問題。[12]換言之，民主黨並未對特區政府訂立國家安全法律作出根本挑戰；他們仍然選擇在一國兩制及《基本法》的框架下與特區政府周旋。值得留意的是，民間對民主派這種取態不單沒有太大反感，甚至認同民主派於反惡法的抗爭中擔當著領導角色，這反映普遍參與七一遊行的香港人與民主派一樣並沒有「否定現狀」的意圖。羅永生指出，在香港主權移交後的十年間，香港人仍「以基本法為依歸，認為基本法承諾的『一國兩制』仍然是在實踐當中，當中最為敏感的政治改革部分，也只有步

---

12 可參看民主黨於2002年12月發表關於廿三條立法意見的《民主黨關注意見書》。

伐快慢的爭論，不存在信任崩潰的狀態。」[13]這表示經歷七一後的香港人仍沒有想過要否定一國兩制的現狀。

　　然而，2003年的七一遊行畢竟啟蒙了香港人的主體性。上節曾經提及，九七前後的香港人普遍以「經濟自由人」自居，以追逐財富為主要生活目標，公民意識普遍不足。七一遊行則大大改變了香港社會不同階層的精神面貌。試看呂大樂的回憶：

> 大遊行過後，飯局上的話題已不再是齊齊盡數特區政府的不是，而是談談市民自己可以做些甚麼……有的問：能否民間自發去搞好教育，而不要讓政府與利益團體再把教育改得一塌糊塗了；有的認為要籌集基金，要辦一個肯定香港文化的價值的民間博物館；有的已開始設計新的廢物箱，要搞好衛生環境。當然，也有人想到政治。這些小圈子的動向，未必有代表性，也談不上甚麼運動。但它們背後的理念，同是要由民間主動，搞好香港……我相信，2003年後很多新的民間動員，都是由這一點出發。[14]

　　連一向重視社會穩定以追逐財富的中產階層也開始反思現狀，七一遊行對年輕一代的衝擊可想而知。事實上，七一遊行成功推倒廿三條立法的經驗，已成為2003年後一連串香港保育和本土運動的原動力。

13　羅永生，〈香港主權移交後的「戀殖」現象〉，載氏著，《殖民家國外》，頁91。

14　呂大樂，《唔該，埋單：一個社會學家的香港筆記》（香港：牛津大學出版社，2007），頁136。

　　七一遊行後香港人首先著重批判的並非一國兩制的政治現狀，
而是香港人一直最為關心的經濟現狀。七一後爆發的第一波社會運
動為2004年開始醞釀的保育利東街運動。正如陳景輝所言，是次保
育運動的方向從以往強調「合理賠償」轉向「社區保衛」的理路，
並從根本上否定市建局「用錢解決一切」的賠償邏輯，肯定社區住
民、網絡、文化及歷史的價值。[15]這表示部分香港人開始反思一直
致力維持的資本主義經濟發展模式是否合理，這正是九七後現狀崩
潰的起始。利東街最後雖敵不過被政府偷步清拆的命運，但運動高
舉的保育旗幟其後由保衛天星碼頭及保衛皇后碼頭運動所承接。兩
場運動的共同主題為反對公共空間被私有化，並著力從地產霸權手
中重奪城市的生活空間。這一連串社運更帶有「由保育至本土」的
發展跡象，「本土」遂正式成為香港社會的重要議題。

　　在此我們必須稍稍回顧此時期所謂「本土」的涵意。試看保育
運動參與者陳景輝的一段回憶：

　　零六年底我們闖進天星碼頭，之後引發了許許多多圍繞歷史、
　　空間和主體的本土論爭。但在之前，並沒有什麼人會把「本土」
　　兩字掛在心上，甚至抱持相當懷疑的態度。恰巧行動前數天，
　　我們一班朋友參與了一場討論會，講者之一是馬國明。過百人
　　擠在尖沙咀一個會議廳中，討論關於本土身分認同的問題。懷
　　疑聲音此起彼伏，但我清楚記得馬國明如何地斬釘截鐵：「本
　　土就是追認我們自己受壓迫的祖先、未完成的希望。」在闖進
　　天星、守護皇后的時間，我們幾個人——至少包括朱凱迪、周

15　陳景輝，〈0371十週年，試檢視反對運動的三條思想主軸〉，《思
　　想香港》，第一期，2013。

思中和我——惦記的就是這番說話。[16]

　　文中援引馬國明對本土的定義，反映此階段本土意識的內涵頗為模糊，仍未形成完整的香港論述。然而，馬國明對「本土」的定義成功將新生代香港人與昔日「受壓迫的祖先」作出連繫，從而帶出模糊的未來願景。羅永生便據此認為「香港的青年人中間，正冒現一種前所未有的『歷史意識』。這種歷史意識正不斷拷問香港的過去與未來，追問香港究竟是誰的香港。」[17]正因為此，葉蔭聰認為保育運動已超出了一般文化或歷史保存運動（preservation movement）的含義，而是一場關乎香港身分認同的運動。[18]一連串保育運動由反思新自由主義式的經濟發展現狀為起始點，進而擴大至追問香港人的身分認同。當中香港青年人以「受壓迫者」自居，這種認同更顛覆九七前後香港人的「自由經濟人」身分；這反映香港人所欲維持的現狀已在逐漸崩壞的過程之中。

　　然而，正如葉蔭聰所言，此階段的保育及本土運動「不是與中國的文化或政治對抗」，亦沒有預設一個香港以外的他者作出批判對象，而是對香港自身歷史及政經構成的自我批判。[19]這種本土意識與2010年後興起、以中國為主要批判對象的本土意識稍有不同。事實上，保育運動主要批判新自由主義的經濟發展模式，仍未直接

16　陳景輝，〈0371十週年，試檢視反對運動的三條思想主軸〉，《思想香港》，第一期，2013。

17　羅永生，〈「當年也曾激情過！」〉，載氏著，《殖民家國外》，頁244。

18　葉蔭聰，〈香港新本土論述的自我批判意識〉，《思想》，第19期，2011，頁113。

19　葉蔭聰，〈香港新本土論述的自我批判意識〉，《思想》，第19期，2011，頁110-111。

面向政治制度，特別是一國兩制及《基本法》的憲制秩序，可見香港的「現狀崩壞」於此時仍然處於起始階段。但無可否認的是，在2003至2008年間，一股激進力量已在香港社會不斷累積：本土意識的不斷高漲、保育運動呈現出的街頭抗爭方式在民間不斷演練，已為2008年後反高鐵、反國教以至雨傘運動的出現作好預備。

四、由解釋到偽裝：論五區公投、城邦論及本土運動

與民間於2004年起已積極發動保育及本土運動以重奪城市的生活空間相比，七一遊行後的議會政治發展步伐顯得較為緩慢。2004年後的立法會雖出現了梁國雄及公民黨成員等新面孔，使民主派的政治光譜拉闊，然議會文化並未出現明顯變化。然而，隨著2007年底全國人大否決香港於2012年普選行政長官及立法會全體議員，加上2008年黃毓民成功進入立法會，議會激進化之路終正式展開。

議會激進化的第一波為2010年由公民黨及社民連共同提出的「五區總辭，變相公投」運動。公、社兩黨計劃透過補選單一議題回應政改爭議，讓市民公開表態支持雙普選；民主黨及民協則力促與北京政府溝通以爭取通過新的政改方案。最終五區補選投票率僅17.1%，這反映激進抗爭手法仍未被泛民支持者廣泛接受。五區總辭同時導致泛民主派的政治光譜擴闊：民主黨及民協因力主與北京政府談判而被劃為中間派，黃毓民、梁國雄、陳偉業等社民連激進議員則在議會屢次發起拉布戰，議會文化亦逐漸脫離傳統民主派所強調的優雅守禮精神；凡此種種均顯示議會政治正式進入激進化階段。

五區公投運動還有一點值得我們留心：《基本法》並沒有公投法，但公、社兩黨一直聲稱辭職再參選所製造出的五區公投符合《基本法》；這明顯是以隱蔽方式將公投理念放進《基本法》之內。這

種「將發現偽裝成解釋」的特點，正符合余英時先生對思想激進化
過渡階段的描述。余英時先生指出，激進主義者發明一種新的現狀
或秩序以取代舊有規範，但在思想激進化的過渡階段中，激進主義
者雖已明顯希望擺脫舊有的現狀或傳統，但往往「將發現偽裝成解
釋」，聲稱自己只是透過對現存的政治秩序進行「重新解釋」，試
圖更準確地把握舊有現狀或傳統的真正精神。[20]公、社兩黨將公投
的激進主張偽裝成符合《基本法》，正反映香港的思想激進化已進
入新的階段。

　　「將發現偽裝成解釋」於陳雲在2011年撰寫的《香港城邦論》
中得到更明顯的體現。陳雲於書中大肆批判泛民主派「將香港政治
民主化寄託於中國民主化」的政治論述，強調中國民主化無望，因
此提出中港區隔、高舉「香港優先」。然而，陳雲雖不斷批判中國
人的劣行，勸告香港人不要插手大陸事務，但同時主張香港於中共
政權崩潰時與鄰近的獨立省市共同建立中華邦聯，可見城邦論的最
終目的仍在保華或解殖歸華。[21]城邦論強調「拒中抗共」事實上已
是對中、港關係的創新論述，但陳雲在思想激進化的過渡階段仍需
將這種「發現」偽裝成「保華歸華」。陳雲一直聲稱城邦論並非鼓
吹香港獨立，而是要透過香港來復興「華夏文化」；這種既反對大
中華思想、又要擁抱中華「道統」的弔詭主張，與其說是一種理論
上的混亂，無寧說是一種思想過渡期間的偽裝。

　　同樣的操作亦可見於陳雲對一國兩制的刻意利用。陳雲強調一
國兩制與城邦自治互相配合，並於書中公開呼籲維護一國兩制及《基

20　余英時，〈20世紀中國的激進化〉，載氏著，《人文與理性的中國》
　　（上海：上海古籍出版社，2007），頁335-339。

21　羅永生，〈香港本土意識的前世今生〉，《思想》，第26期，2014，
　　頁141。

本法》：

> 所謂政治信念，就是相信香港城邦是我們香港人的歷史，一國
> 兩制憲政制度是我們香港人的，《基本法》是我們香港人的，
> 我們香港人有能力自治。[22]

　　城邦論高舉中港區隔及排拒中國人、確認香港人的主體性，這
明顯已徹底背離過去港人對「一國兩制」的傳統理解。然而，陳雲
仍不斷強調其城邦論只是還原一國兩制的精神，並不承認其政治論
述違背《基本法》。陳雲不斷強調城邦論不是「新的發現」，並聲
稱自己只是試圖重新解釋一國兩制，這明顯就是「將發現偽裝成解
釋」的典型操作。

　　此階段的香港政壇及文化界之所以出現以上種種「將發現偽裝
成解釋」的操作，是因為其時正值香港政治思想激進化的過渡時期。
由於香港整體社會於九七前後帶有強烈的保守傾向，市民普遍傾向
完善而非破壞一國兩制現狀，因此公、社兩黨以至陳雲均不可能於
政治思想激進化的過渡階段便公然提出破壞現狀的政治理念。事實
上，五區公投以至城邦論已有偏離一國兩制及《基本法》憲政框架
的色彩，但由於政治思想激進化於此階段的香港社會中只屬暗流，
公、社兩黨及陳雲遂將其「發現」偽裝成符合香港傳統政治現狀的
「解釋」，以爭取政治取態仍然普遍保守的香港市民所支持。然而，
正因為這種偽裝的政治操作以較為隱蔽與溫和的方式宣揚否定現
狀、擺脫一國兩制的政治構想，這反而使其政治主張更容易被香港

---

22 陳雲，《香港城邦論》（香港：天窗出版社有限公司，2011），頁
　　189。

市民所接受。五區公投及城邦論實際上促進了香港政治文化由保守
走向激進的激變。

　　與五區公投及城邦論的偽裝及隱蔽方式相比，2008年以來民間
本土運動對現狀的否定顯得更為直接。社會運動的參與者直接繞過
這種「將發現偽裝成解釋」的操作，較黃毓民、梁國雄、陳雲等走
得更快更遠。此階段社會運動的重心由批判新自由主義的左翼社會
運動，逐步轉移至更激進的右傾、去中國化的本土運動；這與北京
政府於2003年後推出一連串加速中港融合的措施有關。2003年內地
與香港簽定《內地與香港關於建立更緊密經貿關係的安排》（簡稱
CEPA），2004年起即放寬自由行；此時香港經濟受惠於內地遊客
的消費而出現高速增長，中港矛盾問題仍未顯露。至2009年深圳居
民一簽多行後，邊境水貨客、雙非孕婦來港產子等問題嚴重影響香
港人的日常生活，這使本土運動於2008年後迅速轉向至以中國為主
要批判對象。

　　這種轉化最能體現於2010的反高鐵運動及2012年的反國教運
動。反高鐵運動以反對大陸新移民、抵禦中共入侵，抗拒與珠三角
融合為抗爭基調；而由黃之鋒等新生代年輕人領導的反國教運動則
以抗拒教育領域赤化為號召。兩場本土運動以包圍立法會為主要抗
爭手段，並積極與議會內的激進力量合作，抗爭手段較此前的保育
運動已遠為激進。此外，兩場本土運動反映民間對北京政府的強烈
不信任，社會中甚至逐漸出現一種否定一國兩制憲政安排的情緒，[23]
可見本土運動已對一國兩制的政治現狀作出更直接的批判。這股「拒
中抗共」的情緒於2013年起繼續蔓延，本土派首先呼籲民間杯葛悼

23　羅永生，〈香港主權移交後的「戀殖」現象〉，載氏著，《殖民家
　　國外》，頁97。

念六四晚會，至年底更力斥終審庭作出「居港一年可擁有申請綜援資格」的判決為「賣港」。至2014年香港大學學生會學苑雜誌甚至出版《香港民族論》，鼓吹香港民族命運自決。以上例子顯示民間否定「一國兩制」現狀的想法已由暗流逐漸變為顯流。

五、擺脫偽裝：雨傘運動及其後

2014年雨傘運動在香港思想激進化的歷程中發揮著推動範式轉移的作用。在此之前，部分激進者雖已開始否定一國兩制的政治現狀，但仍「將發現偽裝成解釋」，並將對香港未來的創新構想偽裝為對一國兩制的再解釋。事實上，占中行動的前期工作仍帶有這種色彩。如占中商討日以公民投票方式選出「真普選聯盟」的「三軌方案」作為占中最後方案，並要求北京政府接納；這種將公民提名植入普選方案的提法正是一種隱蔽或偽裝，但這同時表示戴耀廷等占中領導者仍對北京政府按《基本法》還香港人普選權利抱有期望。然而，當北京政府於2014年8月31日發表《「一國兩制」在香港特別行政區的實踐》白皮書，強調中央對香港擁有全面管治權、並聲稱兩制必須從屬於一國，這表示漸進抗爭之路已正式終結。由於831決定已表明中央正式破壞一國兩制及《基本法》，現狀已再沒有繼續維持的可能，抗爭者亦再無需要「把發現偽裝成解釋」，並改為對一國兩制及《基本法》作出全方位的挑戰。

劉世鼎指出，占領行動直接衝擊香港三大意識形態基礎：經濟發展、一國兩制及法治精神。[24]首先，占中三子期望藉占領中環金

---

24 劉世鼎，〈作為政治實驗室的占領中環〉，《思想》，第28期，2015，頁21。

融經濟中心以迫使北京政府落實真普選，此舉已徹底背離九七前後香港人的「維持現狀」想法。其時香港人期望「透過現存政治制度以維持資本主義式經濟發展的現狀」，現在香港人卻藉占領中環、破壞香港核心經濟區的運作以爭取雙普選的政治訴求。經濟發展由原本的終極追求目標轉變為工具性手段，至於政治制度的革新則由手段轉化成終極目標，這種目標與手段的置換已徹底背離九七前後香港人所欲維持的現狀。

占領行動亦直接表達出香港人對「一國」及中央全面管治的抗拒。根據「讓愛與和平占領中環」信念書：「假如有關方面漠視公民的民主訴求，提出不符合國際普選標準的選舉方法，我們會在適當時間進行包括『占領中環』的公民抗命。」這表示抗爭者並不服從「一國」對香港政制發展的安排，並選擇以公民抗命手段要求北京政府回應香港人的普選訴求。在運動中抗爭者提出「命運自主」、「自己香港自己救」等口號，高舉香港的自主性及獨立性；整場運動已流露出對「一國」的排斥與抗拒；香港人的主體性亦在運動中得到進一步的確立。

占領行動亦衝擊香港人一直重視的法治傳統。九七前後的香港人視法治為香港社會的基石和核心價值，然占領行動卻呼籲市民以違法方式爭取政治訴求的實現，這對一向重視守法的香港人而言實帶來嚴重衝擊。事實上，公民抗命的確違背法治中「有法必依」的原則，戴耀廷亦不能不承認占領行動與「以法限權」之間存在著一定張力。由此可見，占領行動難以避免挑戰香港人對法治的既有理解。占中三子要求香港人捨棄那種強調守法的「自我克制的抗爭」，並透過主動負上刑責以爭取真普選；這實在是九七前的香港人所難以想像的。

考察占中倡議者陳健民的思想轉變軌跡，亦能反映香港人思想

激進化步伐的急促。社會學學者陳健民於2010年曾以普選聯成員代表身分進入中聯辦與北京政府談判，最終促成2010年政改方案的落實，其時屬於香港政治陣營中的中間派。然而自2012年起，陳健民已感到政改沒有出路，因此決定放手一搏成為占中倡議者。陳健民於短短兩三年間由中間派一變而為公民抗命的倡議者，正反映激進思想於香港蔓延之快。然而，占中三子始終長期與泛民成員溝通合作，其主張並不可能完全脫離舊有政治文化的束縛。占中三子所提倡的和平占中屬非暴力抗爭，他們呼籲運動參與者在中環等候被捕，亦曾考慮列隊到警署自首。這種以和平非暴力為特徵的抗爭形式，明顯延續了九七以來強調優雅守禮、顯露文明公民素質的政治觀。正因為此，占領行動才能吸引泛民主派議員的共同參與。

　　然而，戴、陳二人的思想激進化步伐仍遠遠落後於參與占領運動的年輕人，公民抗命式的抗爭理念很快便被參與占領行動的抗爭者所唾棄。事實上，占領行動並沒有按照三子的計劃進行。學生們於占領期間多次以鐵馬衝擊立法會大樓等更激進的方式進行抗爭，這明顯已背離公民抗命的非暴力原則。其時包括梁國雄在內的多名泛民議員因反對年輕人的衝擊行為，更被抗爭者批評為保守及落伍。於2004年至2010年間，梁國雄一直是香港最激進的代議士與社會運動家，但當抗爭文化轉向暴力後，堅持非暴力抗爭的梁國雄即被斥為守舊。雨傘運動後，抗爭者紛紛將香港政制發展的停滯歸因於泛民主派的無能與保守，並認為梁國雄、戴耀廷等社運領導者的思想及取態已遠遠落後於時代；至於立場較梁國雄更為保守的民主黨、民協成員更被視為「賣港賊」。雨傘運動的年輕參與者將昔日的激進政治領袖統統視為過時的保守人物，這最能看到香港政治思想激進化正以高速發展。

　　雨傘運動雖然對香港現狀作出全方位批判，但年輕的抗爭者在

思想激進化的過渡階段仍不可能徹底反對及否定現有政治體制。舉例而言，學聯代表曾與林鄭月娥等政府官員公開談判、學生領袖周永康亦曾計劃上京陳情，可見運動中的年輕領袖仍沒有完全封堵與特區以至北京政府的對話之門。然而，後雨傘時期新崛起的本土派已較周永康等人再進一步，徹底否定「一國」及高舉香港主體性。本土派代表梁天琦於2016年初提出「光復香港，時代革命」的口號，直接指出一國兩制已徹底失效，並認為中共絕不可能生出民主，是香港民主化的最大阻礙，因此只能立足本土進行抗爭；其政綱已徹底脫離一國兩制的框架。本土派於2016年立法會選舉的總得票率達15%，這最能反映本土激進思潮已迅速在香港散播。當然，本土派的激進思想、特別是鼓吹勇武抗爭的主張仍需更長時間才能廣為香港人所接受；這從2016年魚蛋革命中抗爭者擲磚攻擊警員遭泛民政黨及主流媒體一致聲討便可得知。然而，新階段的本土激進思想已為2019反送中運動爆發作出了思想上的準備。

六、徹底拋棄現狀：反送中運動

2019年的反送中運動的其中一個最大特色為徹底告別公民抗命，並步上勇武抗爭之路。運動前期抗爭者已高呼「不被捕」的宣言，並不鼓吹抗爭者主動負上刑責。6月12日大批抗爭者包圍立法會阻止法案通過，當中勇武抗爭者嘗試衝擊立法會的警方防線時，旁觀的溫和示威者不斷鼓掌歡呼，這與三年前魚蛋革命時民間普遍譴責勇武抗爭呈現出極大反差。其後運動更迅速出現「齊上齊落」、「和勇不分」的口號，以表達抗爭者對暴力抗爭的接受。至運動中期勇武抗爭者開始向警方投擲汽油彈、破壞政府設施，甚至開始破壞藍店（裝修）和對襲擊市民的藍絲執行私刑（私了），大部份抗

爭者仍繼續呼籲「不割蓆、不分化」。8月3日市民與警員於黃大仙
警察宿舍附近爆發衝突,當中不少衝擊警方防線的只是鄰近的街
坊;至11月中旬警方包圍香港理工大學,大批市民為營救圍困者更
紛紛前赴理大外圍,身體力行地支援前線勇武抗爭者。以上例子均
反映勇武抗爭已廣為香港抗爭者所接受。

　　暴力抗爭廣為香港人所接受,亦可從香港大學政治與公共行政
學系教授陳祖為的轉變中得到反映。陳祖為為公民黨創黨成員,2014
年雨傘運動後退出公民黨,轉投湯家驊創立、鼓吹溫和中間路線的
智庫組織民主思路。陳祖為其時撰文〈為「溫和」正名〉,明確反
對暴力抗爭:

> 溫和者不相信武力,認為暴力只會帶來更多暴力,即使武力可
> 以一時嚇倒他人,令人噤聲,但這種局面是不會長久。[25]

　　陳祖為認為即使與當權者對話失敗,抗爭者亦只能透過遊行或
公民抗命等較激進手段進行抗爭;暴力抗爭是被排除在外的。但陳
祖為在2019年七一占領立法會行動後主動發文為年輕人辯護,並就
抗爭運動的暴力使用提出四大原則。陳祖為當然並非完全抱擁暴力
抗爭,但至少已認為在特定情況下以暴力抗爭具有合法性。陳祖為
於接受訪問時指出自身的「激進」源自香港的政治形勢越來越君
臨天下,因此必須奮起自衛。素以溫和派自居的陳祖為亦開始維護
暴力抗爭的合法性,正反映激進政治思想散播之廣。

　　反送中運動強調政治抗爭日常化及個人化,亦反映政治已逐漸

25　陳祖為,〈為「溫和」正名〉,https://theinitium.com/article/20160509-
　　opinion-chanchowai-moderate/。

取代經濟成為香港人的生活核心。首先,香港人延續雨傘運動對「大台」的抗拒,這從黃之鋒於6月中旬嘗試領導群眾包圍警總、但反遭抗爭者排斥一事可見。抗爭者拒絕被任何政黨或政治組織所代表,與泛民成員及社運領導者未能追上思想激進化步伐有關;但這種去中心化社運模式背後同時反映香港人對政治參與自主性的重視。此外,政治抗爭亦有日常化的趨勢,黃色經濟圈的建立表示香港人的日常生活已徹底政治化;這亦表示香港人已由昔日純粹的「經濟人」逐漸轉化為「政治人」。

反送中運動中的香港人亦徹底唾棄一國兩制、並全面與中國切割。運動前期最觸目的抗爭口號為「五大訴求,缺一不可」,當中包括呼籲特區政府全面撤回《逃犯條例》條訂草案及成立獨立調查委員會,這表示抗爭者對特區政府仍抱有最後一絲期望,認為由政府所成立的委員會能秉持公義調查警察暴力。然而,隨著警暴的加劇、七二一及八三一等事件的發生、以及陳彥霖與周梓樂二人懷疑被警察殺害,香港人已將抗爭焦點轉為反極權、抗暴政;這亦表示特區政府的管治認受性已徹底喪失。與此同時,香港人命運共同體亦逐步形成,這從抗爭者互稱為手足、《願榮光歸香港》的流行等均得到最清晰的反映。進入運動中期,梁天琦於2016年提倡的「光復香港、時代革命」成為運動的中心口號。正如張潔平所言,這句口號所要表達的是「這一代人,要將香港,成為香港人的香港」,[26]

---

26 張潔平,〈49天,香港反送中運動如何來到臨界點?〉,https://matters.news/@az/49%E5%A4%A9-%E9%A6%99%E6%B8%AF%E5%8F%8D%E9%80%81%E4%B8%AD%E9%81%8B%E5%8B%95%E5%A6%82%E4%BD%95%E4%BE%86%E5%88%B0%E8%87%A8%E7%95%8C%E9%BB%9E-zdpuB2ZHV88bmbfSc6eK8MLBppUC31RwxVLDZbLpt2QMhwZKT。

這正見香港人主體性的建構已接近完成階段。至運動後期，「香港獨立，唯一出路」的旗幟於示威人潮中到處飄揚，更表達出香港人徹底脫離中國邁向獨立的政治願景。

反送中運動另一激進化特徵為對現狀的徹底否定；攬炒論的流行最能體現此點。「我要攬炒」團隊於運動期間曾呼籲及遊說多國取消香港獨立關稅區的地位，並認為香港在喪失國際金融中心地位前應運用剩餘價值奮力一搏；這種攬炒論在香港市民中得到廣泛接受。根據香港民研於2020年7月3日進行的民意調查，57%受訪者（總受訪人數7872人）支持美國取消香港特殊待遇，當中民主派支持者有85%支持，僅4%反對，非民主派支持者也有30%支持，55%反對，可見香港人已不惜破壞香港的經濟發展以爭取民主自由；這正徹底逆轉了九七前後香港人「維持現狀」的想法。其時香港人普遍視政治為工具性手段，維持資本主義式經濟發展現狀才是最終目的；但現在破壞經濟發展已成為引發「支爆」的工具性手段，民主及政治自由則成為香港人所爭取的終極價值。這種「破壞經濟以完善政治制度」的構想實源自「占領中環」的抗爭進路，但其對經濟的破壞程度則遠遠超越昔日癱瘓中環的規模。

香港人亦開始否定議會的作用。七一占領立法會行動象徵性地表示議會已無力發揮制衡行政機關的作用。民主派及抗爭派參選者於2019年11月底的區議會選舉雖取得大勝，但未能挽回香港人對議會的信心。2020年戴耀廷提出「35+」方案，宣稱反對派陣營需取得立法會35席以上的大多數議席以否決政府《財政預算案》，迫使中央政府解散立法會，最終目的是要重燃街頭抗爭，並引發西方國家對中國及特區政府實施政治及經濟制裁；這明顯是藉爭取「35+」以加快攬炒速度。至2020年7月特區政府借防疫為由延遲立法會選舉，並決定原有議員續留議會一年，抗爭陣營普遍反對泛民議員留

任，這正正出於一種主動破壞現狀的心態。香港抗爭者已普遍認為建立新社會前必須徹底摧毀舊傳統，而舊傳統正包括香港人一直信任及依賴的議會政治，這種想法在九七前的香港是不可能出現的。

「法治已死」為反送中運動中另一爭論焦點。根據港大民研的相關調查，市民對本港法治程度的評分於 1997 年至 2019 年 5 月期間一直徘徊於 6.2 至 7.2 分的水平，然至2019年 9 月則插水式下跌至 4.4 分，創下歷史新低；可見香港人普遍對法治失去信任。香港網媒立場新聞曾邀請吳靄儀律師與數名就讀法律系的香港學生討論「法治已死」的課題，當中有青年學生指出任何不肯承認「法治已死」的人都是中共的幫兇；學生甚至認為律師應集體辭職以表達對法治崩壞的不滿。[27]這可說是另一種鼓吹主動破壞現狀的「攬炒」表現。

由此可見，反送中運動最大特色為對現狀的徹底否定：議會已死、法治已死、以至攬炒論的盛行均反映不少香港人認為昔日的現狀已沒有任何保留價值。新香港的建立只能始於摧毀現存一切傳統及舊制度（如一國兩制、議會政治及法治）；而只有完全摧毀舊價值（包括香港的經濟價值）始能帶來香港的重生。任何不完全支持或配合「破壞現狀」行動的人，均會被斥為保守和落後，甚至被視為威權政治下的幫兇；這正是政治思想急劇激進化的結果。

然而，反送中運動呈現的新抗爭模式，事實上仍未有完全脫離舊有政治文化的束縛。舉例而言，反送中運動中出現的暴力抗爭形式，特別是私了與裝修均有其底線及限度。大部分勇武抗爭者於私了時均秉持自衛的武力使用原則，而裝修亦僅限於破壞政府設施及藍店，而破壞過程中幾乎看不到有任何搶掠的痕跡。抗爭者對港鐵態度之轉變最具代表性：於運動前期，抗爭者於示威後乘搭港鐵時

---

27 有關訪問見https://www.youtube.com/watch?v=gcUEz1D7tpo。

會主動留下車資；但當港鐵開始配合警方部署而提早封站後，抗爭
者即紛紛破壞港鐵設施。這最能看到抗爭者絕非如某些觀察者所言
毫無底線、不計任何代價；抗爭者明顯仍然受到昔日強調優雅守禮
的政治文化所影響。由此可見，九七以來重視文明優雅的政治觀及
強調守法的法治傳統仍然制約著現時香港人的政治思考與行動；這
同時表示香港政治思想激進化仍有廣闊的發展空間。

總結

　　上文就香港自2003年七一遊行起展開的政治思想激進化歷程作
出了概述。政治思想激進化浪潮之所以於香港出現，主要源於「一
國兩制」的現狀已越來越難得到社會上多數香港人所認可。於九七
主權移交前後，香港人對於一國兩制能否成功推行仍採觀望態度，
然北京政府其後多次以中央權威干預香港事務，加上數度違背《基
本法》中香港將實施雙普選（即行政長官與立法會議員普選）的承
諾，使香港人普遍認為北京政府主動破壞「港人治港」、「高度自
治」的一國兩制精神。由於一國兩制的現狀已不值得維持，政治思
想激進化歷程亦正式在香港啟動，並發揮不斷破壞現狀的作用。然
而，當舊有的現狀被破壞後，新建立起來的卻是比一國兩制更為倒
退的極權式統治。對於香港的抗爭者而言，徹底打破這一新的極權
統治現狀成為當務之急，這同時使政治思想激進化歷程難以停止。
正如本文開首所言，合理現狀的存在能使社會上的保守和激進力量
保持一種動態的平衡，從而使社會發展不至完全脫軌或失序。然而，
在北京政府決心對香港作出全面管治和攬炒論的盛行下，重建合理
秩序和現狀已彷彿成為不可能的任務；這正是現今香港所面對的困
局。那香港人應如何在此困局下自處？新的合理秩序要怎樣才能重

新在香港建立？這些問題已遠超本文的研究範圍，因此只能留待讀者自行思考。

於結束本文之前，還有一點必須作出澄清。本文對香港政治思想激進化歷程的描述只是高度概括化的結果，香港政治文化發展與演變的實際過程必定遠較本文所描述的更為曲折複雜。正如王汎森所言，每一段歷史都不是簡單直接的線性發展，其中不單有各種力量同時在競合，亦有著不同思想史層次的理解，思想發展歷程甚至可能同時存在著斷裂。[28]如本文揭示民間的政治思想激進化遠較議會政治的激進化為急速，便體現了香港社會不同力量的競合如何推動政治思想激進化的進程。此外，香港政治思想激進化雖於過去十數年越演越烈，但並不表示全體香港人的思想均經歷了激進化。事實上，即使是學術界或社運界中亦有知識人及政治人物未被捲進思想激進化的浪潮，如學者呂大樂於2020年出版的新著《尷尬：香港社會還未進入一國兩制的議題》中，便繼續堅持以一國兩制作為解決香港問題的起點。這反映即使在政治文化急劇轉變的時代，香港仍有不少學者沒有被政治思想激進化的浪潮所捲去；這同時表示層次之別的確同時出現在不同的人群之中。

與呂大樂相似，民主黨創黨元老李柱銘的政治取態在過去十多年的激進化浪潮中亦始終如一。李柱銘於過去二十多年一直恪守其政治主張，拒絕從根本上反對《基本法》及一國兩制。因此李柱銘於2020年7月國安法通過前夕仍重申其2003年的立場：呼籲中央政府按照《基本法》，於不侵害人權的情況下容讓特區政府自行訂立二十三條以解決國家安全問題。李柱銘呼籲中央及特區政府重回一國

---

28 王汎森，《思想是生活的一種方式：中國近代思想史的再思考》（台北：聯經出版公司，2017），頁7-9。

兩制框架處理香港問題，背後正有著牢不可破的「保持現狀」想法。然而，2020年的香港已非2003年的香港。一國兩制於十多年前仍為社會各界所接受的現狀和共同基礎，李柱銘於其時呼籲中共按照《基本法》條文訂立二十三條的立場並無引起廣泛爭議；然一國兩制於2020年已被北京政府及香港人所共同捨棄，李柱銘於此時仍抱擁一國兩制、承認中共對香港擁有一定管治權，難怪迅即被早已激進化的香港抗爭者視為賣港。李柱銘的例子最能說明香港仍存在著不少立場始終如一的政治人物，但其被眾多抗爭者所排斥則表示香港確實出現政治思想激進化的浪潮。

過去十多年香港政治思想的激進化已帶來以下結果：政治由工具性手段轉化成終極追求目標，「尋求現狀的徹底破壞以換來重生」等論述亦已得到初步確立；而隨著和平抗爭和公民抗命的沒落，暴力抗爭亦正式登場，然當中仍有繼續激進化的廣闊空間。換言之，香港政治思想的激進化現時依然處於發展階段，遠遠未見盡頭。然而，2020年7月國安法的頒行大大提高了香港人的抗爭成本，那嚴刑峻法能否阻擋政治思想激進化的進程？未來數年香港會否再爆發新一波社會運動？若出現新一輪抗爭，下一階段的政治思想激進化又會如何呈現？就讓我們拭目以待。

許偉恒，旅台香港人。研究領域為兩漢歷史、六四歷史及香港歷史。著有《六四十問》，並曾於《思想》第40期發表論文〈陳寅恪先生晚年學術論文釋證〉。

思想訪談

魏簡教授
(Sebastian Veg)

再論民間知識分子：
對話魏簡

曾金燕

　　魏簡（Sebastian Veg）2019年出版了突破性著作——《中國民間知識分子的興起》（紐約：哥倫比亞大學出版社）。歷史學家齊慕實（Timothy Cheek）認為該書「讓讀者重新思考：誰才是中國的『知識分子』？我們應當如何理解中國的『知識分子』？」《中國民間知識分子的興起》刻畫了一群獨立作家、民間歷史學家、律師、博客作者、記者、訪民、活躍分子、獨立電影導演、NGO工作者、企業家……他們在具體的領域裡，以專業人士的身分回應弱勢群體的需要和邊緣的社會政治議題，與權力針鋒相對，尋求社會公正。他們自身也面臨失去支持者、被邊緣化甚至被孤立、入獄等風險。魏簡稱他們為民間知識分子。通過研究中國民間知識分子的文化和智識（包括觀念）生產，以及這種生產對社會功能和社會分層可能產生的影響，魏簡將長期被忽略、壓抑、在權力關係上遠離政權的草根知識分子群體——尤其女性知識分子，呈現在中國思想史和知識分子學的學術版圖中。

　　從2020年夏天到2021年2月，我和牛津大學政治與國際關係系博士候選人徐曦白，陸陸續續翻譯了《中國民間知識分子的興起》。作為譯者，我們十分感激魏簡同意了本書的翻譯提議。我們相信這會促進華語世界對中國民間知識分子議題的探討，也會推動我們與

書中的主人公們一起審視自身在中國的社會語境下的處境、思考與社會干預，重新回答何為知識分子的問題。在翻譯的過程中，魏簡為譯者提供了寶貴的協助：不厭其煩地回答了譯者的一些困惑並通讀了譯稿，提供了原始中文資料，并對中文版的內容做了少量更新。

在本篇對話中，魏簡從民間知識分子的研究出發，探討了美國大選中華語知識分子支持川普的現象、新疆內蒙古西藏等民族危機中非漢族知識分子的處境、《國家安全法》生效前後香港本土知識分子的焦慮，以及女權主義批判如何「民主化」知識分子的研究方法等問題。作者以此代為《中國民間知識分子的興起》中文版（台北：聯經學術，2021年秋發行）的序言。

曾金燕（以下簡稱曾）：您在《中國民間知識分子的興起》一書裡討論了民間知識分子創造的另類空間、半公共空間和對抗性公眾（counterpublics）。您寫作此書時，已經提到了其衰落的趨勢，現在這些空間大量地消失了。這種情況下，關於民間知識分子的研究（聚焦於20世紀90年代和21世紀的頭15年），對中國和世界的啟發，您是如何再思考的？

魏簡（以下簡稱魏）：這個問題在理論層面和實證層面都非常有意思。在理論層面，關於公共空間及其內在排斥性維度的批判性反思已經有很多。許多學者提議採用「對抗性公眾」（counterpublics），以這種不同的視角來審視群組如何在公共空間裡形成自己的勢力。卡爾霍恩（Craig Calhoun）指出了重要的一點：嚴格意義上來說，當人們致力於通過特定的用語在特定的平台上（物理空間、刊物或者溝通網絡）建立一種「對抗性公眾」時，就意味著他們不再試圖參與公眾的網絡來維繫主流的公共空間。這種「對抗性公眾」的意義，與「對抗性文化」的定義更接近。它也呼應了

斯科特於「隱藏的文本」（hidden transcripts）的觀點——在用標準溝通用語的掩蓋下，人們用自己獨特的方式進行溝通。

在實證層面，我們可以觀察大概從2008年北京奧運之後中國開始發生的變化，這種變化在2013年「9號文件」面世後變得更快了。毫無疑問，官方對民間知識分子以及幾乎所有類型的批判性論述都進行了大力打壓。我在寫《中國民間知識分子的興起》的過程中，就發生了不少事，有些則是本書完成後發生的。我一直以來認為香港是中國的一個「離岸公共空間」，現在香港卻成了中國當局最新直接打壓的一個空間。所以說，非精英、非主流的發聲空間越來越小，這是毫無疑問的。

然而，我還不至於認為現在已經完全沒有公共空間。舉個例子，還記不記得當孫春蘭前來「視察」抗疫成果時，武漢人從公寓大樓的窗戶裡大聲呼喊？另一個例子是李文亮的微博帳號，成了一座網絡紀念碑。我認為，這些例子表明人們沒有完全放棄公共表達。當然，你說的對，許多人已經退回到封閉的、也許可以被稱作「對抗性公眾」的話語社群。尤其是在技術允許政府密切監控人們在說什麼的情況下，政府似乎不反對甚至相當樂於讓一些思想相近的人私下相互交流，比如微信群聊。

但是，20世紀90年代和21世紀的前十年的「民間」時刻，在中國知識分子史中也不是獨一無二的。20世紀的不同階段都有過民間的聲音，在20世紀之前可能也有過。例如20世紀20年代初的新農村運動，以及當時的主要倡導者，如周作人。20世紀60年代蘭州右派創辦的《星火》雜誌，就是一份典型的民間刊物。20世紀70年代初知青群體中出現的地下閱讀小組也是一個例子。更廣義地說，儘管政府控制嚴密，中國社會還是在持續演進，演進的方式並不總是那麼容易衡量，也許依舊會令觀察者感到驚訝。

曾：近年來，在您的著作出版之際，中國的自由派和民間知識分子群體裡出現了許多公開支持川普的人。他們是如何形成這種思想上、情感訴求上、或者政治上的轉向的呢？進一步說，川普現象對中國知識分子提出什麼樣的問題和反思？

魏：我在猶豫如何回答討論這個問題，因為我沒有做過直接研究。也許需要更具體的類型學來研究。林垚提議用「燈塔主義」的解釋，有一定道理。不錯，自從威爾遜總統最早提倡自決但是又在1919年巴黎和會上否決了中國的主張以來，美國在歷史上曾經給中國知識分子同時帶來了啟發與失望。但可能還有其他因素。一些中國學者和公共知識分子對美國政治的極度認同，當然是由於中國缺乏「正常」的政治生活。一些中國知識分子反對共產主義，他們認為民主黨支持美國的對華「接觸」政策，因此十分失望，這使他們轉投共和黨的懷抱。

儘管中國（以及香港和台灣）和美國都有川普的支持者，但流亡美國的群體在傳播川普信息的過程中起到了關鍵作用。正如我們在之前的案例所看到的，在伊朗、阿富汗、伊拉克等國的流亡人士的小圈子裏，政治很容易被極端化，結果對社群本身經常造成了非常大的傷害。一些說客直接採納了少數支持他們的政治人物的黨派觀點。所以說，誰才是川普中文信息的生產者和接收者？研究這種信息傳播網絡的問題會很有意思

同時這也是個媒體的問題。世界上許多人已經不再從多元化的信息源獲取新聞，而是依賴演算法推送給他們的新聞流。這在中國更是個問題，因為中國的演算法內置了審查，而許多人依靠它獲取新聞。另一方面，中國的一些人由於無處不在的審查與宣傳，對「主流媒體」極度不信任，以至於他們只去從與之對立的信息渠道中獲得信息。我們知道，《大紀元》在美國的華語社群中推動對川普的

支持，起到了相當可觀的作用，在中國的讀者群中可能也是如此。許多人的信息渠道從來不會向他們展示多元化的信息源。

不過，我還是認為不應該誇大這個現象。根據一些粗略的估計，總體上華裔美國人對川普的支持率並不高於一般美國選民。霍希爾德（Arlie Hochschild）的《故土上的陌生人》（*Strangers in their Own Land*）一書，已經在更為廣泛的美國語境中研究了川普政策的直接受害者為什麼投票給川普的問題。她討論了路易斯安那州因川普廢除環境保護和公共衛生政策而直接受苦的工人依舊投票給川普。同樣，你也可以看到一些支持川普的共和黨議員，比如克魯茲（Ted Cruz），否決了一項為離開香港尋求避難的人提供協助的法案。這也同樣適用於從中國逃出來的異議人士。最後，我們也不應該忘記，中國的知識分子當中有一些頭腦十分清醒的人，他們為那些願意超越社交媒體謾罵刺激的讀者提供了全面細緻的分析。

曾：近年來，您的研究聚焦香港社會的急劇變化，它和中國政治是怎樣一種關係？可否請您談一談，您研究的香港社會人群中，和民間知識分子對照，有哪些值得關注的特點和議題？

魏：正如我所說的，自從太平天國起義，王韜逃難到香港成為香港19世紀後半期最早的最主要的華語報業企業家後，香港就已經成為中國的一個離岸公共空間，這比梁啟超起到類似作用還要早幾十年。在整個20世紀的幾個關鍵節點上，香港成為辯論和政治異議的重要場所，包括20世紀30年代逃離國民黨政權的知識分子和20世紀50年代逃離共產黨政權的知識分子、1949年成立新亞書院的新儒家學者，以及1989年之後，金觀濤和劉青峰在香港中文大學創辦的《二十一世紀》期刊。因此，我會說香港作為一個知識中心具有民間元素。香港由於在地理上、政治上和文化上遠離北京精英中心而被視作邊緣，一些中國精英知識分子因此經常貶低香港是「文化沙

漠」。但香港也許沒有他們渴望的精英文化機構（這也要看他們所指的歷史時期），不過香港有兩點特殊之處：首先，香港有許許多多來自中國不同地區以及中國之外的社群。儘管這些社群本身可能在語言上和對外部人士而言相對封閉，但很多社群內部有生機勃勃的文化生活。第二點，香港擁有法律和經濟上的基礎實現印刷資本主義（print capitalism），尤其是在20世紀50年代和60年代，還有更廣義上的包括電影和音樂的娛樂資本主義。儘管公開的政治活動被壓制（但哪怕有審查，支持國民黨和共產黨的報紙也都生存了下來），香港在殖民時期的審查法也相對寬鬆。印刷資本主義容許了許多被剝奪公民權利的知識分子通過寫作生存（劉以鬯就是完美的例子）。之後，隨著查良庸（金庸）等紙媒企業家的興起，香港擁有了客觀報導和寫作水平優良的優質媒體。香港的知識分子圈子確實更傾向資本主義，在這個意義上與和政府及市場都保持距離的民間知識分子不同。但香港還有大學（且不說具有殖民色彩的香港大學，新亞書院就為1963年成立香港中文大學鋪就了道路）以及聲望頗高的中學，一些知識分子可以在這裡教書。許多知識分子試圖在政治和學術理想、教育追求、政治評論之間取得平衡，並且通過寫小說或電影劇本來增加收入。

20世紀60年代起，香港在地緣政治舞台（在北京和台北、倫敦、華盛頓和莫斯科之間）的政黨政治與本土議題之間，也有建設性的緊張關係。當時的流亡知識分子並沒有立即連接上香港的本土議題。20世紀70年代知識分子有「本土化」，具有更為強烈的本土意識，加上日益增長的反殖民行動，與此同時探尋香港的未來，這在80年代就更加明顯了。因此，在「高級政治」和「本土議題」之間的緊張關係，也是非常典型的民間知識分子特質。在這裡，我特別要聯繫到陳建民教授在香港中文大學動人的告別演講，描述出他個

人的知識分子足跡，就是從20世紀70年代的本土社會運動開始的。

曾：我在以色列海法大學做博士後研究時，巴拉諾維奇（Nimrod Baranovitch）引導我研究「少數民族」作家、藝術家和學者，因而我自然格外關注以漢語講述本民族（蒙古族、維吾爾族、藏族）故事的知識分子的文化生產和思想論述，以及他們自身的命運。您的研究沒有涉及這個知識分子群體，但他們和民間知識分子有著邊緣視角、對著權力說話和行動，以及自身被邊緣化的共性。「少數民族」知識分子面臨著更為快速的母語和民族文化消亡的命運，以及肉身上類似夾邊溝農場知識分子的遭遇。您認為在「少數民族」知識分子和中國民間知識分子之間，可以形成何種對話關係？又或說，民間知識分子研究對「少數民族」知識分子研究可以帶來何種啟發？

魏：謝謝你提出這個問題，因為關注中國的非漢族人群的處境變得越來越重要了。我寧願不用「少數民族」一詞，因為你所提到的人群，在被吞併或人口轉移之前，在他們的歷史疆域內，曾經是或者經常是大多數。在研究伊始，我確實考慮過這個問題。因此我嘗試納入關於民間知識分子和非漢族知識分子的一些討論，尤其是公盟（許志永、滕彪等創辦的致力於權利運動的非政府組織）關於2008年拉薩3·18事件的報告。當然，我其實可以更詳細地描寫王力雄、唯色、伊力哈木或扎西文色的寫作以及他們的其他工作。我沒有這樣做的主要原因是，作為關注讀者社群和溝通網絡的人，我的基本假設是他們的漢語寫作是更大的多語言討論的一部分，這個領域最好由至少能粗通藏語、維吾爾語或蒙語的學者們來做研究。中國的公共空間已經有許多問題，表達了不是用漢語書寫的被邊緣化的聲音，但由於我的語言局限，我感覺不是很適合放在我的研究中加以正常化。當然，是可以研究個人以及他們作為語言上的中介或

中心。但在本書中，我希望能夠聚焦網絡和讀者公眾，而非個人。
這也是為什麼我覺這樣的研究需要我不具備的技能。

曾：您的書特別強調了社會性別的視角，這在知識分子研究中，
也是先鋒的。可否請您具體回顧社會性別與知識分子學的關係？在
中國知識分子研究中，女權主義的批判如何可以「民主化」研究的
主題和研究的方法？

魏：在女性民間知識分子方面，我從你的書和你寫艾曉明的文
章裡學到了很多。正如公共空間的範式，知識分子研究領域在歷史
上充滿了性別偏見。在最近一本探討知識分子研究的文集裡，其中
一章的題目就極具挑釁性──〈女人可以成為知識分子嗎？〉。[1]它
的目的不在於質疑女性參與了18世紀以來定義了歐洲知識分子的啟
蒙運動，而在於強調在知識分子的角色和地位的體制化過程中存在
著性別上的不對等。女性往往是啟蒙論述的對象（包括20世紀初中
國的社會變革倡導者，纏足就是一個明顯的例子），但是當女性自
己開始成為說話的主體時，她們的啟蒙論述卻很少主張性別視角。
性別與公共－私人領域的界限之間的互動，是一個特別豐富的、可
以繼續探討的研究領域。

近年來中國思想史研究中出現了一些有意思的研究，我希望未
來可以持續關注。劉禾（Lydia Liu）、卡爾（Rebecca Karl）和高彥
頤（Dorothy Ko）的《中國女權主義的誕生》(*The Birth of Chinese
Feminism*)一書非常具有啟發性，其中一個核心人物晚清時期的女權
主義無政府主義者何殷震，她的歷史地位我們都很瞭解。史遷德

---

1 Evans, Mary. "Can Women be Intellectuals?" in Fleck, Christian,
   Andreas Hess and E. Stina Lyon, ed., *Intellectuals and their Publics:
   Perspectives from the Social Sciences*. Routledge, 2009, pp. 29-40.

（David Strand）研究1911年革命的著作則關注另外一個很有揭示意義的事件：在1912年的國民黨成立大會在北京湖廣會館召開時，國民黨的婦女選舉活躍分子唐群英掌摑了宋教仁，以抗議孫中山向袁世凱妥協，在新憲法中犧牲了婦女選舉權等議題。[2]當然，我們都知道丁玲在延安譴責性別等級。所以，我認為在思想史中，性別方向有很多工作可以做。除了知識分子之外，學者們對研究中國20世紀歷史不同階段的女性角色也很有興趣，特別是賀蕭（Gail Hershatter）和郭于華分別作了毛澤東時代在集體農場工作的女性的口述史，賀蕭還做了上海性工作者的研究。正如你所說的，我相信女權主義的批判有助於「民主化」研究方法，即更加關注社會的非精英部門。我肯定十分期待讀到你對這個話題的進一步研究。

　　魏簡（Sebastian Veg），法國社會科學高等研究院教授、博士生導師，香港大學名譽教授。研究領域為中國現當代思想史、知識分子、文學。魏簡目前在台灣訪問，研究「知識分子與社會運動：戰後及冷戰時期的台灣和香港」。

　　曾金燕，瑞典隆德大學東亞與東南亞研究中心博士後研究員（2021-2023）。研究領域為中國的文化與政治、知識分子身分與社會行動、社會性別與性、民族與女性書寫。

2　David Strand, *An Unfinished Republic. Leading by Word and Deed in Modern China*. UC Press, 2011.

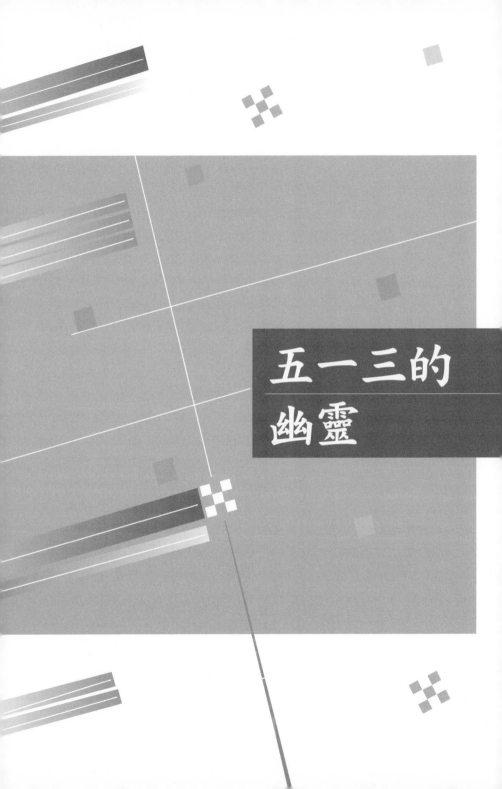

五一三的
幽靈

前言

　　這個專題裡收錄的七篇文章，最初於2019年5月13-14日發表於國立中山大學人文中心舉辦的「後五一三馬來西亞文學與文化表述國際會議」。那是為了紀念五一三事件50周年所辦的學術研討會。

　　在高雄舉行這樣一場學術研討會尤其別具意義。一方面，這意味著在臺灣的馬華作家與學者不僅身負文學創作的熱情，更承擔著延續歷史與族群記憶的使命。所謂「馬華」不只是馬來西亞的華人，同時也是用華語和華文所書寫和記憶的馬來西亞。是故，研討會的意義不只在於研討本身，更在於突顯「馬華」離散的歷史與承擔。另一方面，雖然一般認為五一三事件是一場針對華人而起的種族暴動，但其實因暴動而受害的不僅僅是華人而已，還有印度人和馬來人。因此，會議邀請了馬來學者一起研討，並納入馬來作家對五一三記憶的討論，也顯示了一種和解共生的企圖，那正是馬來（西）亞建國最初的期待。記得五一三，因而不是為了傳遞仇恨，而是打造一條相互理解與和解的文學之道。

　　由於五一三事件在馬來西亞境內仍是一個禁忌的話題，雖不是完全不能說，也不是真的被忘記，但是政治的禁忌與歷史的包袱使得五一三事件造成的創傷至今無法平復，是以「五一三」幾乎以一種幽靈的狀態出沒在作者的記述與常民的回憶之間。這種幽靈的狀態反映的是官方記憶的僵硬與固著，但也突出了受害社群創痛之深重，不因官方的忽視而遺忘。這也顯示了文學作品與常民記憶或許才是歷史真實之所在。

　　感謝張錦忠老師提供稿件，慷慨玉成這個專題。專題中維他馬尼和郭紫薇的英文原稿先發表在《中山人文學報》49期（2020）上。

感謝沈昆賢和劉羿宏兩位年輕朋友協助翻譯。

王智明

1969年馬來西亞大選是華人海嘯嗎？

黃進發

前言

1969年5月13日爆發的馬來人—華人族群暴亂（簡稱「五一三暴亂」），完全改寫了馬來西亞的政治與經濟體制，不但確立了「新經濟政策」（New Economic Policy，NEP）、[1]「國家教育政策」、「國家文化政策」等偏重馬來人的政策，也讓奉行馬來民族主義的主導政黨巫統（United Malays National Organisation, UMNO）[2] 重整

---

1 《新經濟政策》技術上只實行了二十年（1971-1990），但是，1990年後的替代政策繼續延續其以族群配額、國家資本主義扶持馬來資本家與中產階級的議程。因而作為政策範式的「新經濟政策」並未結束，甚至無法結束，而有「Never Ending Policy」之譏。見E.T. Gomez and J. Saravanamuttu, eds., *The New Economic Policy in Malaysia: Affirmative Action, Ethnic Inequalities and Social Justice* （Singapore: NUS Press, 2013）；G. Wade, "The Origins and Evolution of Ethnocracy in Malaysia," *The Asia-Pacific Journal – Japan Focus* 47.4 （2009）: https://apjjf.org/-Geoff-Wade/3259/article.html

2 「馬來」在馬來文為Melayu，早期華人社會譯為「巫來由」，馬來

旗鼓，把其主導的執政聯盟(Alliance)擴大成國民陣線(國陣；Barisan Nasional, BN)，[3]建立半個世紀的「選舉性一黨制國家」，[4]直到2018年大選被在野的希望聯盟（希盟；Pakatan Harapan, PH）擊敗為止。

按照官方論述，[5]五一三暴亂的遠因，包括二戰結束後不時發生的巫華衝突、在族群政治光譜兩端的在野黨煽動對政府的不滿，以及族群之間的經濟差距；近因則是在野的民主行動黨（Democratic Action Party, DAP）和民政黨（Parti Gerakan Rakyat Malaysia, GRM）的選後勝利遊行，挑起了馬來人對華人得勢的恐慌。聯盟政府一開始把暴亂歸咎於共產黨陰謀，隨後間接承認馬來人的主要角色，而以馬來人的經濟落後與心理上的「相對剝奪感」為暴動主因，進而為「新經濟政策」等親馬來人政策建立正當性。[6]

半個世紀後，這場暴亂仍然無法公開討論，因為暴亂之後的政治、經濟、社會體制正建立在對暴亂的詮釋與診斷上；改變暴亂的理解，就可能動搖後1969年體制的國本。「不同族群顯然繼承了不一樣的歷史記憶和遺緒，使得言說、客觀處理這一段歷史，對話等任務困難重重」。[7]

（續）—————————————————

　　　人與華人關係成為巫華關係，UMNO 也因此譯成「巫來由民族統一機構」，簡稱為「巫統」。

3　見K.D. Mauzy, *Barisan Nasional – Coalition Government in Malaysia*（Kuala Lumpur & Singapore: Marican and Sons, 1983）。

4　見C.H. Wong, James Chin, and Norani Othman, "Malaysia – Towards a Typology of Electoral One Party State," *Democratization* 17.5（2010）: 920-949。

5　見National Operations Council, *The May 13 Tragedy: A Report*（Kuala Lumpur: Silverfish Books, 1969）。

6　見G.P. Means, *Malaysian Politics*. 2nd Ed.（London: Hodder and Stoughton, 1976），p. 408。

7　見五一三事件口述歷史小組編，《在傷口上重生：五一三事件個人

　　不過，毫無懸念的是，暴亂是對選舉成績、其解讀與隨後發展的反應。一般的印象都是非馬來人在野黨勢力暴漲，國會席次從6席增至25席，因此被解讀為華人反風，並成為日後國陣在大選前警告華裔選民不要投選在野黨的基礎。用2008年後流行的話語來理解，1969年大選就是一場「華人海嘯」。海嘯者，乃重大而預想不到的政治變遷。海嘯無可疑慮，但是，華人選民真的是主要推手嗎？在做出很多假設下，Ratnam and Milne 推算出聯盟在1964年贏得67.2%的馬來選票與48.3%的非馬來人選票，而兩者在1969年分別降至54.2%與40.4%，論降幅馬來人（12.8%點）比非馬來人（7.9%點）還大。[8]

　　本文嘗試把「1969馬來西亞大選是不是華人海嘯」分成兩個問題來檢驗：有別於1964年，

　　・哪些選民反對巫統主導的執政聯盟？

　　・哪些選民削弱了巫統主導的執政聯盟？

　　前者是選民的主觀選擇，後者則要看選舉制度給予選民的能量。本文先根據選票數據推論出變化，必要時才加上一些假設來做詮釋，並追問更大的問題：為什麼一場海嘯式的選舉會引發選後的海嘯式變遷？在此之前，我們先介紹馬來（西）亞立國到1969年大選前的政治變化。

　　口述敘事》（八打靈再也：文運出版社，2020），頁18。
8　見K. J. Ratnam and R. S. Milne, "The 1969 Parliamentary Election in West Malaysia," *Pacific Affairs* 43.2 （1970）: 203-226。

一、1955-1969年的政治變化

在1955年馬來亞自治選舉，由巫統、馬來亞華人公會（馬華；
Malayan/Malaysian Chinese Association, MCA）、馬來（西）亞印度
人國民大會黨（馬印國大黨；Malayan/Malaysian Indian Congress,
MIC）代表馬來亞三大族群的聯盟贏得81.68%的選票以及52席中的
51席（98.08%），以絕大多數優勢執政，聯邦立法議會裡的在野黨
只有伊斯蘭黨（Pan-Malayan/Malaysian Islamic Party, PAS）[9]一席。
[10]聯盟以壓倒性的民意委託，領導馬來亞在1957年脫離英國統治獨
立，然而這優勢在獨立後因各在野黨冒起、非馬來人在獨立時大量
取得公民權與投票權、國會席次翻倍而迅速削弱。

在馬來政治中，源出巫統宗教事務局的伊斯蘭黨，迅速崛起成
為主要馬來在野黨，並在1959年比聯邦大選先行的州選舉中贏得吉
蘭丹、登嘉樓兩州的政權，並單獨執政吉蘭丹到1972年與巫統結盟
為止。巫統創黨主席翁嘉化（Onn Jaafar），因為主張巫統開放黨籍
給非馬來人不果而退黨，先後成立多元族群路線獨立黨
（Independence of Malaya Party, IMP）與馬來民族主義路線國家黨
（Parti Negara, PN），要與巫統爭一日之長短，卻都以失敗告終。
1959年大選，國家黨雖然比伊斯蘭黨贏得更多選票，卻全軍覆沒，
沒有獲得任何席次，在翁嘉化於1962年去世後更是一蹶不振。該黨
在1964年大選時所贏選票還不足全國的二十分之一，在1969年終於

9　早期英文文獻以PMIP為其簡稱，本文採現今通用馬來文簡稱PAS，
　　方便讀者。

10　見G.P. Means, *Malaysian Politics*, pp. 153-167。

銷聲匿跡。而在非馬來人居多的西海岸城鎮，左派的勞工黨（Labour Party）與人民黨（Parti Rakyat Malaya, PRM）組成的社會主義陣線（簡稱社陣；Socialist Front, SF），與中左的人民進步黨（People's Progressive Party, PPP）[11] 也冒起爭取中下層、受中文教育選民的支持。

馬來亞的政黨體系，立即從1955年的一盟獨大走向各黨混戰的局面，經過多次洗牌，終於在1969年大選形成馬來人在野黨與另外協作的三個非馬來人在野黨，左右夾攻聯盟的形勢。這主要是1959年到1969年十年間馬來亞境內外四個主要政治發展的結果：1959年巫統與馬華的議席爭執、1963-5年印尼—馬來西亞的對抗、1963-5年馬來亞與新加坡執政黨的角力，以及1966年社會主義陣線的解體。

巫統與馬華公會的議席爭執

1959年時，馬華公會面對左派政黨的競爭，同時擔心巫統在伊斯蘭黨進逼下會右傾，出現馬來政黨聯手修憲，損害非馬來人權益的危機，因此要求在新國會的104個選區中代表聯盟，獨立參選40席（38.46%），以便能以此號召華裔選民支持，讓馬華公會能獨立擁有否決修憲的實力。在1955年時，馬華公會參選並囊括15席（28.84%），馬印國大黨也全勝，取得2席（3.84%），距離三分一的否決權還欠一席。馬華公會所持的理由之一是，至少39個選區華裔選民人數多於馬來裔選民。馬華少壯派新任總會長林蒼佑強勢向溫和派開國首相東姑阿都拉曼（Tunku Abdul Rahman，一般人尊為東姑〔王子〕而不名）施壓，卻弄巧反拙，使後者扶持馬華公會內的保守派來邊緣化林蒼佑。東姑不但只讓馬華只競選32席，還自己

11　1956年前稱為霹靂進步黨（Perak Progressive Party），簡稱同為PPP。

決定了馬華公會的參選人。[12]

　　內部分裂的馬華公會被逼接受巫統的支配，且因華裔選民的離心而在12個選區敗選。而社陣與人民進步黨分別贏得8席與6席，成為伊斯蘭黨（13席）之後的第二、第三大國會在野黨。林蒼佑也在選後脫黨，組織馬來西亞民主聯合黨（United Democratic Party, UDP）。整體而言，巫統主導的執政聯盟得票率從81.68%暴跌至51.77%，不過得力於「單一席次相對多數」[13]的選舉制度，席次只跌至71.15%，跌幅遠為輕微。

馬來西亞—印尼對抗

　　1963年9月16日，馬來亞與新加坡、沙巴與砂拉越成立馬來西亞，讓後三者脫離英國統治而獨立，但是鄰國印尼與本國社陣等左派勢力卻攻擊馬來西亞背後乃是為延續英國控制的「新殖民主義」圖謀。印尼開國總統蘇卡諾親共，並對沙砂兩州有領土野心，隨即對馬來西亞展開軍事對抗，對抗直到他在1965年軍事政變後被奪權才結束。1964年大選因而成為馬來西亞的變相公投，執政聯盟得益於選民的愛國情緒，得票率攀升至58.53%，所占席次也增加至85.58%。相對而言，馬華公會失利的選區從12席減半至6席。伊斯蘭黨所得席次亦從13席減至9席，非馬來在野黨更從12席減半，還分散在四個政黨中：社陣2席、人民進步黨2席、民主聯合黨1席、執政

12　見R. K. Vasil, *The Malaysian General Election of 1969* （Oxford: Oxford University Press, 1972）, pp 3-5。

13　與台灣區域立委所採行制度相同。有譯為「小選區」者，但小選區（單一席次選區）可採行澳洲式排序複選制（Alternative Vote）或法國式兩輪制，並不貼切。英文俗名First Past The Post源自賽馬，意為「頭馬獲勝」，不論頭馬贏亞軍馬多少。

新加坡的人民行動黨1席。在馬來西亞課題上的對立，讓在野黨儼然形成兩個陣營：由始至終強烈反對的社陣參選63席，曾經反對而後姿態模糊的伊斯蘭黨參選53席，兩者重疊的只有20席；倡議馬來西亞獨立的人民行動黨參選11席、溫和支持的民主聯合黨參選27席、強烈反對印尼的人民進步黨參選9席，三黨互有重疊者僅4席，而與社陣沒有交集者也僅6席。最後，伊斯蘭黨與民主聯合黨交集10席，另與人民行動黨交集1席。這些數字說明，社陣是多角戰的關鍵；而在野黨選民無法有效棄保，則讓聯盟坐收漁利。

馬來西亞─新加坡分家

馬來亞與新加坡在政治上的統一雖然只有短短兩年，卻留下長遠的影響。人民行動黨要取代馬華公會作為巫統的華裔盟黨而不可得後，在1965年2-3月提出了「馬來西亞人的馬來西亞」（Malaysian Malaysia）的口號，暗示馬來西亞其實受馬來裔支配，因而吸引了不滿《聯邦憲法》第153條（保障馬來人與土著特別地位）以及害怕少數族群語言被壓迫的非馬來裔。人民行動黨以這個口號連合民主聯合黨、人民進步黨與另外兩個砂拉越政黨，組織「馬來西亞團結大會」（Malaysian Solidarity Convention），準備與巫統領導的執政聯盟爭一長短。1965年8月9日，執政聯盟把新加坡驅逐出馬來西亞聯邦，終結了人民行動黨的糾結。由人民行動黨的馬來亞黨部重組而成的民主行動黨，以及人民進步黨都繼承了「馬來西亞人的馬來西亞」這個政治目標，以此動員非馬來裔選票。[14]

---

14 見G.P. Means, *Malaysian Politics*, pp. 345-347; R. K. Vasil, *The Malaysian General Election of 1969*, pp. 12-13, 30-33。

社會主義陣線瓦解

　　塑造1969年新形勢的最後一個發展是社陣的瓦解。成立於馬來亞獨立日（1957年8月31日）的社陣雖然有勞工黨與人民黨雙翼，卻實際依賴勞工黨的華裔支持。和執政聯盟中的巫統與馬華公會一樣，社陣的人、勞兩黨面對了如何調和馬來人與華裔兩大社群南轅北轍的訴求——其中最大的矛盾就是語文問題——終於在1966年因此分道揚鑣。與印尼關係密切的人民黨主張各族學童立即接受馬來文教育，而代表少數族群基層利益的勞工黨則要求保障中文與淡米爾文的使用。兩黨都受到政府鎮壓，許多領袖被扣留，1969年大選，人民黨繼續參選，而勞工黨則選擇抵制。由於民主聯合黨在1964年大選失利後也走入瓶頸，林蒼佑與出走的勞工黨溫和派領袖陳志勤醫生、學者Syed Hussein Alatas和王賡武等一起創辦了民政黨。

　　由於馬來亞政黨的族群性格比意識形態重要，本文根據各政黨的族群基本盤歸類其屬性，包括宣稱本身採行多元族群路線的政黨。1969年主要在馬來選區競選的人民黨因此被歸入馬來在野黨中。而民政黨雖然一心走多元族群路線，也曾在三個選區擊敗巫統，但仍然是以華人選民為基本盤的非馬來人在野黨。而1964年的社陣雖然是第一個包含馬來人與非馬來人的在野聯盟，其主要票倉仍然來自非馬來人，也依然被歸為非馬來人在野黨（見表一）。為方便行文，本文將稱1964年的人民行動黨、民主聯合黨與人民進步黨稱為中左舊三黨，1969年的民主行動黨、民政黨與人民進步黨為中左新三黨。文中的非馬來人在野黨於1964年是社陣與中左舊三黨，於1969年則為中左新三黨。

表一　社陣在1964年大選時得票的族群分布[15]

馬來選民比率	選區數目	社陣得票	比率%
>70%	8	20,864	6.31%
>50%-70%	14	55,453	16.76%
>30%-50%	20	107,992	32.64%
<=30%	21	146,589	44.30%
總數	63	330,898	100.00%

二、1969 年大選：西馬103席的選舉結果

　　1969年聯邦與各州大選的進程，在聯邦國會於3月20日解散、各州議會相繼解散後開展，4月5日完成提名，投票則分兩階段舉行：西馬在5月10日一天完成，東馬兩邦則因幅員廣大、交通落後而採取更長時間，沙巴、砂拉越按照計畫要分別到5月25日、6月7日才能完成。提名結束後，沙巴聯盟的強人首席部長慕斯達法哈倫（Mustapha Harun）已經成功威迫利誘許多在野黨候選人打退堂鼓，讓沙巴聯盟在提名日就贏得16個國會選區中的11個。西馬104個國會選區中，執政聯盟也同樣在9個國會選區不戰而勝，另外麻六甲南區因為聯盟候選人在提名日後去世而必須延後。

15　選區族群結構數位採自Vasil（1972：97-103），除巴生（37.14%）與波德申（32.11%）以Rachagan（1978: 397-400）的1969年數據借代。縱使有出入，亦不改變上述推論。見S. Rachagan, The 1974 Parliamentary Election in Peninsular Malaysia: A Study in Electoral Geography（PhD thesis, SOAS University of London, 1978）. DOI: https://doi.org/10.25501/SOAS.00026227

　　嚴格而言，5月10日晚上所發布的選舉成績，其實只涉及西馬94國會選區，另有20席已經在無對手的情況下由執政聯盟囊獲，剩下的30席則還未完成。緊急狀態頒布後，砂拉越24國會選區、沙巴5個國會選區、西馬的麻六甲南區要分別延後到1970年6月6日到7月4日、1970年6月21日到27日、1971年1月30日才完成。

　　引發各族不同選民焦慮與亢奮情緒衝擊的選舉結果，可以簡單歸納成五個重點（見表二、表三）：

- 巫統比1964年多輸7席，儘管選前已囊獲6席
- 馬華公會與馬印國大黨比1964年多輸15席，儘管馬華公會選前已囊獲3席
- 伊斯蘭黨比1964年多贏3席
- 非馬來人在野黨比1964年多贏19席
- 聯盟在選戰中贏得57席，加上提名後既已囊獲的20席，共贏得77席（53.47%），已經過半，距離三分二多數（96席）差19席，必須在還未完成選舉的最後30區中不輸多於11席，才可以達標。

　　前面四點確立了非馬來人反風讓聯盟重創的印象，而最後一點，聯盟政府有可能失去國會三分二多數，則牽動了未來國家大政變動的想像。掌握三分一議席即能夠阻止多數方單方面修憲危害少數方權益，不止在1959年引發了馬華公會與巫統的角力；也在1962-3年的馬來西亞立國談判中也成為新邦（新加坡、沙巴、砂拉越）要求的防衛機制。新三邦獲分配馬來西亞國會159席中的55席（34.59%），剛剛達標；但是，在新加坡1965年被逐出聯邦後，少了新加坡15席的非馬來亞席次又掉到27.78%。如果概括地把巫統／馬來亞／執政聯盟視為多數方，而馬華公會／新邦／在野黨視為少數方，那麼多數方／少數方念茲在茲的三分二支配權／三分一否決

權的角力，在1959（多數方達標）／1963年（少數方達標）／1965年（多數方再達標）三回合後，少數方似已再次達標在望。

表二　1964-1969年西馬各政黨議席的消長[16]

獲勝政黨		1969 大選								
		巫統	馬華	馬印國大黨	伊斯蘭黨	社陣	民主行動黨	民政黨	人民進步黨	總數
1964 大選	巫統	49			6		1	3		59
	馬華		13				10	2	2	27
	馬印國大黨			2			1			3
	伊斯蘭黨	3			6					9
	社陣							2		2
	人民行動黨						1			1
	民主聯合黨							1		1
	人民進步黨								2	2
	總數	52	13	2	12	0	13	8	4	104

16　對角線是各政黨（或其繼承者）成功衛冕的席次，黑色方格代表1964年參選1969年已經解體因而沒有保存任何議席的社陣；對角線上（淺灰色部分）是各政黨在1969年的收穫；對角線下（深灰色部分）是各政黨在1969年的損失；

表三 1964-1969年西馬各政黨整體議席與選票的變化[17]

政黨	議席			得票率		
	1964	1969	淨變化	1964	1969	淨變化
聯盟	89	67	22	57.53%	48.31%	-9.23%
巫統	59	52	7	37.57%	33.49%	-4.08%
馬華公會	27	13	14	18.27%	13.57%	-4.70%
馬印國大黨	3	2	1	1.69%	1.24%	-0.45%
馬來人為基礎在野黨	9	12	3	16.35%	25.11%	8.76%
伊斯蘭黨	9	12	3	15.96%	23.87%	7.91%
國家黨	0		0	0.39%	0.00%	-0.39%
人民黨		0	0	0.00%	1.24%	1.24%
非馬來人為基礎在野黨	6	25	19	25.40%	26.16%	0.75%
社陣	2		-2	15.08%	0.00%	-15.08%
人民進步黨	2	4	2	3.72%	3.89%	0.17%
民主聯合黨／民政黨	1	8	7	4.37%	8.47%	4.10%
人民行動黨／民主行動黨	1	13	12	2.24%	13.80%	11.56%
其他	0	0	0	0.72%	0.43%	-0.29%
各黨總和	104	104	0	100.00%	100.00%	0.00%

17 執政聯盟在1964年與1969年分別在無對手情況下贏得半島的2個和
   9個國會選區,而1969年所贏得的67席包含五一三暴亂結束後20個
   月才舉行選舉、巫統成功衛冕的麻六甲南區。

三、那些選民反對聯盟？

由於選舉是秘密的，當時也沒有民調可供參考；即使以選區的族群結構與政黨得票來推論個別族群的投票模式也可能犯上統計學上有所謂「生態推理謬誤」（ecological inference fallacy），[18]最精確的做法就是以政黨支持者作為族群的替代，在必要時替換成族群。

要精確地比較兩屆選舉之間的變化，我們必須只比較兩屆選舉都有投票的選區。因而，除了1969年5月10日沒有投票的麻六甲南區，我們也必須排除1964或1969年聯盟在無對手下自動當選的10個選區，只看1964年和1969年5月10日都有投票的93個國會選區。

五年之間，這93個國會選區的合格選民從2,495,437人增加到2,933,995人，增幅為498,558人；但有效選票只從1,811,348張（1964年合格選民的72.59%）增加到2,076,731張 （1969年合格選民的70.78%），增幅為195,383張，顯示投票率稍微減退（見表四）。

通過檢驗聯盟、馬來在野黨、非馬來在野黨得票在這93個選區的消長，我們可以按票數淨增減[19]來作出三種推論：

‧在野黨整合有功：如果馬來／非馬來在野黨總票數沒有增長，上屆失敗本屆卻取得勝利

‧選民轉向：如果勝方增票而敗方減票

18　見G. King, *A Solution to the Ecological Inference Problem* （Princeton: Princeton University Press, 1997）。

19　實際情況當然可能與淨增減稍有出入。譬如說，如果敗方同時得到2,000新選民的支援又流失2,000原有選民給勝方，而勝方也得到2,000新選民支持，那麼勝方選票淨增4,000人就看起來全是新選民。我們假定這些出入不會影響到結論。

・新選民／上屆未投票選民加持：如果勝敗雙方都增票

儘管有效選票整體上增加了195,383張，聯盟得票卻萎縮了79,195張，而得益最大的是馬來人在野黨（增213,903票）尤其是伊斯蘭黨（增195,437票，幾乎等於有效選票的整體增幅），而非馬來人在野黨所增加的65,267票，還少過聯盟所流失的選票。除非伊斯蘭黨的得票都來自新選民或上屆未投票的選民，我們幾乎可以確定一部分聯盟流失的選票流到了伊斯蘭黨,而且大部分可能是馬來人。

表四 1964-1969 年西馬93個國會選區各政黨得票總數的變化

政黨	1964	1969	淨變化
聯盟	1,084,363	1,005,173	-79,195
巫統	706,899	695,545	-11,354
馬華	343,707	281,816	-61,891
馬印國大黨	31,793	25,843	-5,950
馬來人為基礎在野黨	307,523	521,426	213,903
伊斯蘭黨	300,204	495,641	195,437
國家黨	7,319		-7,319
人民黨		25,785	25,785
非馬來人為基礎在野黨	477,917	543,184	65,267
社陣	283,652		-283,652
人民進步黨	69,898	80,756	10,858
民主聯合黨／民政黨	82,237	175,822	93,585
人民行動黨／民主行動黨	42,130	286,606	244,476
其他	13,509	8,917	-4,592
各黨有效選票總和	1,881,348	2,076,731	195,383
合格選民總數	2,495,437	2,933,995	498,558

　　伊斯蘭黨淨增的近20萬選票中，近6萬來自該黨與巫統長期爭雄的24個選區（表四A1），其中18個馬來人選民占八成以上，增加的選票可以假定絕大多數是馬來人。一個確定的例外是吉打州哥達士打南區（P8 Kota Star Selatan），巫統原任議員（後來的第四、七任首相）馬哈迪誇口說只要占當地八、九成的馬來選民全部支持他就可以當選，結果華人選民轉向，讓他以989張多數票微差落敗。[20]從數字上推論，聯盟在該區流失的374張選票可能都是華人票，並且可能流向伊斯蘭黨。另外16個多角戰選區（表四B）貢獻了約35,000票，由於這些選區的非馬來選民多有非馬來人在野黨或人民黨作為選擇，因此這些選票也幾乎可斷言是馬來選票。同理，該黨與馬華公會在吉打州居林新城（P14 Kulim Bandar Bharu）的對決戰中所贏得的6,378張選票，如果包含非馬來選票，數目也微乎其微。伊斯蘭黨最有可有贏得的非馬來選票，來自上屆巫統、伊斯蘭黨與其他在野黨混戰、本屆只有伊斯蘭黨對壘巫統的17個選區（表四A2），以及取代社陣首次上陣與巫統對決的4個選區（表四A3）。雖然一些強烈反對巫統的非馬來人會投給伊斯蘭黨，[21]但是這些選區都以馬來人為多數，其中8個馬來選民比例更高達8成以上，因此伊斯蘭黨近10萬的得票中非馬來人比例不會很高（見表五）。

　　我們因而可以斷言，伊斯蘭黨在1969年增加了接近20萬馬來人的支持。考慮到巫統只淨失11,354選票，伊斯蘭黨的大部分新票源應該來自新選民或上屆未投票者，因為感受不到獨立後權益提升而對巫統離心。

20　見B. Wain, *Malaysian Maverick: Mahathir Mohamad in Turbulent Times* （Singapore: ISEAS, 2009），p. 28。

21　見Ratnam and Milne （1970），p. 214。

表五　伊斯蘭黨在1969年西馬62個國會選區的選票變化

排陣		參選選區數目	所增加選票	所減少選票	原有議席	所增加議席	所減少議席
對決 (A)	兩屆皆對決 (A1)	24	61,616	(1,569)	8	3	(3)
	上屆多角戰 (A2)	17	72,851			3	
	新上陣 (A3)	4	27,975				
多角戰 (B)	兩屆皆多角戰 (B1)	8	21,478				
	上屆對決 (B2)	2	1,938	(605)	1		
	新上陣 (B3)	6	12,403				
棄選 (C)		1		(650)			
總數		62	198,261	(2,824)	9	6	(3)

　　民主行動黨、民政黨和人民進步黨在參選的42個選區（表五A與B）增加了近14萬選票，不管是對決還是多角戰，票數都有顯著

成長，顯示三黨的合作鼓起了選民的熱情。然而，由於中左新三黨一共放棄了中左舊三黨在上屆參選的23個選區（表六C），因而無緣守住這23區的73,334張選票，使非馬來人在野黨的選票數目只淨

表六　非馬來人在野黨在1969年西馬62個國會選區的選票變化

排陣		參選選區數目	所增加選票	所減少選票	原有議席	所增加議席	所減少議席
對決 (A)	兩屆皆對決 (A1)	10	24,283			1	
	上屆多角戰 (A2)	17	67,523	(772)	5	8	
	新上陣 (A3)						
多角戰 (B)	兩屆皆多角戰 (B1)	13	43,152	(1,791)	1	8	
	上屆對決 (B2)	2	6,206			2	
	新上陣 (B3)						
棄選 (C)		23		(73,334)			
總數		65	141,164	(75,897)	6	19	

增65,267張。我們固然不能否定，非馬來人的反風也潛伏在這23個選區；但是，我們也無法臆測，這潛在反風到底有多大。從之前伊斯蘭黨選票分布的分析來看，非馬來人投給伊斯蘭黨的選票不會太多（見表六）。

對於第一個問題：「那些選民反對聯盟？」，我們有理由相信，1969年反聯盟的最大股力量是馬來選民，而且很可能是年輕馬來選民，而不是非馬來選民。就算不看棄選23個選區所流失的選票，中左新三黨所增加的141,164張選票，也只有伊斯蘭黨增幅（198,261張）的七成。最後，就如伊斯蘭黨會得到極少數非馬來人選票，中左新三黨尤其是路線最中間的民政黨的得票也有一些來自馬來選民。

四、那些選民削弱聯盟？

如果議席沒有激烈的變化，不管選票如何改變，有驚無險的選舉成績不大可能在選後立即引發暴力衝突。因此，歷史其實由在5月10日晚上易手的28個西馬選區（占投票當天94個選區的30%）中671,479位投下有效選票（占當天有效選票總數的36%）的選民所改寫。這28個選區可以按選舉形勢分為五類（見表七）。

第一類為1964、1969年兩屆皆為朝野對決的七個選區。巫統與伊斯蘭黨各奪走對方三席，打成平手。除了巫統在吉打兩區流失選票，其他四區的輸家也增加了選票，說明勝利的淨關鍵不是舊選民背離輸家，而是新選民或上屆未投票者投向贏家。在實兆遠（P49 Setiawan），取代民主聯合黨上陣的民主行動黨，則成功吸走馬華公會逾三千選票，並開拓另外達一千餘票的新票源。

第二類為三角戰變成朝野對決的八個選區，巫統與馬華公會各

輸四席。除了因為國家黨消亡而讓伊斯蘭黨躍居第一的瓜拉登嘉樓
南區（P27 Kuala Trengganu Selatan），其他七席都是因為中左新三
黨整合成功所致。其中三區檳城南區（P35 Penang Selatan）、烏魯
近打（P52 Ulu Kinta）、白沙羅（P73 Damansara），在上屆都因在
野黨選民無法在社陣與中左舊三黨中棄保而讓聯盟突圍。中左新三
黨的整合，卻不止解決了棄保問題，還成功開拓新票源，並吸走聯
盟部分選票，說明在野黨團結的外溢效果振奮了選民。

　　第三類為四角戰變成朝野對決的三個選區。其中首都市中心的
武吉免登區（P72 Bukit Bintang）之所以能翻盤，要歸功於在野黨達
致共識，讓民政黨吸納各方反聯盟選票。伊斯蘭黨也在另外兩區接
收了上屆非馬來人在野黨的選票，並在巴力（P47 Parit）吸走了巫
統近兩千張選票。

　　第四類為朝野對決變成三角戰的兩個選區。伊斯蘭黨加入戰
團，分散了執政聯盟的馬來選票，但是，翻盤的真正關鍵是取代社
陣／人民進步黨上陣的民主行動黨成功吸走馬華的逾三千張票。

　　第五類為兩屆表面上皆保持多角戰、實際上近乎馬華／巫統／
馬印國大黨與中左新三黨對決的八個選區。上屆因為選民無法棄保
而聯盟勝出的金寶（P054 Kampar）、芙蓉東區（P80 Seremban
Timor）、波德申（P082 Port Dickson）、麻六甲市區（P086 Bandar
Malacca）四區，本屆都因中左新三黨整合而告捷。而在參選五個選
區的伊斯蘭黨，其實是項莊舞劍，不求勝而求吸走馬華的馬來選票。
在木威（P48 Bruas），伊斯蘭黨得票還多於人民進步黨的多數票，
因此後者的勝利甚至可歸功於前者參選。最後，繼承社陣在麻六甲
市區上陣的人民黨以及參選森美蘭州三選區的新黨「馬來亞華人統
一機構」（United Malayan Chinese Organisation, UMCO），則根本
不成氣候。

　　第二個問題：「那些選民削弱了聯盟？」，證據顯示主力是中左新三黨的支持者，而他們大部分是非馬來人。三黨避免彼此瓜分選票的選舉盟約不但贏得1964年因為棄保失敗而算送給聯盟的八個選區，還吸引了大量新選民或上屆未投票者，並成功使一些聯盟選民轉向，成功奪下另外11個新選區。與此同時，三個因素使馬來選民的不滿沒有驚天動地的效果。第一，因為伊斯蘭黨本來就獨領風騷，所以馬來人在野黨在1964年沒有因為整合或棄保失敗而失去議席，1969年時自然也沒有因為整合而突破的空間。第二，1969年馬來選民的不滿不止於執政聯邦的巫統／聯盟，也兼及執政吉蘭丹的伊斯蘭黨，因而讓後者連在吉蘭丹也折損了兩席，並在登嘉樓也失守一席。第三，伊斯蘭黨參選選區數目從52增至61，實質上只是幫中左新三黨掠陣，因而讓不滿聯盟的馬來選民有機會表態，但這些在既有選制下都是不能轉為議席的「無值選票」（wasted votes）。

五、海嘯爆發的深層原因

　　爬梳選票資料後，我們可以確定：1969年大選時，反對聯盟的主力是馬來選民，而非華人；但是，削弱聯盟的主力卻是華人選民，而非馬來選民。

　　受到了1964年選民無法在混戰中的非馬來人在野黨之間有效棄保的教訓，中左新三黨達成分配選區的協議，並退出23個完全沒有勝算的選區，讓執政聯盟在提名日就奪下九席，使之輕敵。這種「在野黨大團結」的策略與姿態以及集中火力的布局，不止收復了在1964年時選民棄保失敗的八個選區，還吸引了不滿現狀的新選民與上屆未投票的選民，甚至吸引一些聯盟選民轉向，成為奪下另外18席的關鍵。

相對於不滿現狀的華人選民接受中左新三黨的召喚，不滿現狀的馬來選民儘管人數更多，卻因三個原因分散而低效。第一，執政聯邦的巫統與執政吉蘭丹的伊斯蘭黨都受到懲罰，因而讓巫統從伊斯蘭黨手中也奪回三席，減低了衝擊。第二，伊斯蘭黨擴大戰場，參選多10個沒有勝算的選區，結果固然讓更多不滿聯盟的選民得以表態，但這些選票絕大部分都無法化為議席。第三，在伊斯蘭黨與中左新三黨同時參戰的10個選區，伊斯蘭黨都沒有勝算，顯然以助三黨一臂之力為目的，並成功幫助人民進步黨奪下木威一席，更拉開了非馬來與馬來在野勢力在聲勢上的差距。

從制度面上看，1969年選舉結果之所以像海嘯般激烈、突如其來而誘發暴亂，其實是「單一席次相對多數」選制對馬來西亞的政治精英與公眾開了殘酷的玩笑。這個制度犒賞團結而懲罰分裂，因而讓1964年時分裂的非馬來在野黨以23.87%的選票換得12.90%議席，吃盡「過低代表」（under-representation）的苦頭，也讓執政聯盟輕敵。而中左新三黨接受制度教訓的結果，就是在選區分配上達成協議，並務實地退出23個選區，包括讓聯盟在提名日就輕取九席，使後者更加輕敵。而真正多角戰，其實只剩下伊斯蘭黨為三黨掠陣的10個選區，雖然最終三黨勢力強大，只有木威一個選區得力於伊斯蘭黨的參選。中左新三黨，可說是「單一選區相對多數」選制的好學生，但是，它們的成就卻誘發了海嘯式的選後暴力，因為馬來西亞人並不知道這個選制的特色之一正是議席起落的無常與難測。

表七　1969年大選中易手的28個西馬國會選區[22]

選戰形勢		兩屆皆對決（7席）		
國會選區		P004 Kubang Pasu Barat	P005 Kota Star Utara	P008 Kota Star Selatan
州屬		吉打	吉打	吉打
1969年 選民結構	馬來人%	89.22%	89.77%	83.51%
	華人%	9.30%	7.98%	10.95%
1964年大選	候選人數目	2	2	2
	參選在野黨	PAS	PAS	PAS
1969年大選	候選人數目	2	2	2
	參選在野黨	PAS	PAS	PAS
1964-1969年 選票變化	聯盟	57	-1,360	-374
	馬來人在野黨	3,521	5,254	4,825
	非馬來人在野黨	-	-	-
	其他		-	-
選舉結果		伊斯蘭黨 勝巫統	伊斯蘭黨 勝巫統	伊斯蘭黨 勝巫統

22　政黨簡稱:DAP民主行動黨、GRM民政黨、PAP人民行動黨、PAS
伊斯蘭黨、PPP人民進步黨、SF社陣、UDP民主聯合黨、UMCO
馬來亞華人統一機構。

選戰形勢		兩屆皆對決（7席）		
國會選區		P015 Tumpat	P023 Tanah Merah	P025 Besut
州屬		吉蘭丹	吉蘭丹	登嘉樓
1969年 選民結構	馬來人%	94.71%	94.64%	98.22%
	華人%	4.40%	4.08%	1.60%
1964年大選	候選人數目	2	2	2
	參選在野黨	PAS	PAS	PAS
1969年大選	候選人數目	2	2	2
	參選在野黨	PAS	PAS	PAS
1964-1969年 選票變化	聯盟	2,746	3,307	2,971
	馬來人在野黨	227	1,531	1,810
	非馬來人在野黨	0	0	0
	其他	0	0	0
選舉結果		巫統勝 伊斯蘭黨	巫統勝 伊斯蘭黨	巫統勝 伊斯蘭黨

選戰形勢		兩屆皆對決（7席）	三角變對決（8席）	
國會選區		P049 Sitiawan	P027 Kuala Trengganu Selatan	P058 Batang Padang
州屬		霹靂	登嘉樓	霹靂
1969年選民結構	馬來人%	28.24%	76.49%	41.20%
	華人%	59.54%	22.07%	47.29%
1964年大選	候選人數目	2	3	3
	參選在野黨	UDP	PAS, PN	PPP, 獨立人士
1969年大選	候選人數目	2	2	2
	參選在野黨	DAP	PAS	DAP
1964-1969年選票變化	聯盟	-3,172	-766	-745
	馬來人在野黨	0	3,666	0
	非馬來人在野黨	4,308	0	3,776
	其他	0	0	-2,099
選舉結果		民主行動黨勝馬華	伊斯蘭黨勝巫統	民主行動黨勝巫統

選戰形勢		三角纏對決（8席）		
國會選區		P034 Penang Utara	P070 Setapak	P073 Damansara
州屬		檳城	雪蘭莪	雪蘭莪
1969年 選民結構	馬來人%	22.41%	41.44%	17.33%
	華人%	66.51%	45.82%	62.08%
1964年大選	候選人數目	3	3	3
	參選在野黨	SF, UDP	SF, PAP	SF, PAP
1969年大選	候選人數目	2	2	2
	參選在野黨	DAP	DAP	DAP
1964-1969年 選票變化	聯盟	-3,307	1,579	2,941
	馬來人在野黨	0	0	0
	非馬來人在野黨	5,633	5,035	3,774
	其他	0	0	0
選舉結果		民主行動黨勝馬華	民主行動黨勝馬華	民主行動黨勝馬華

選戰形勢		三角變對決（8席）		
國會選區		P032 Seberang Tengah	P035 Penang Selatan	P052 Ulu Kinta
州屬		檳城	檳城	霹靂
1969年 選民結構	馬來人%	44.95%	34.11%	35.80%
	華人%	47.46%	59.85%	51.90%
1964年大選	候選人數目	3	3	3
	參選在野黨	SF, UDP	SF, UDP	SF, PPP
1969年大選	候選人數目	2	2	2
	參選在野黨	GRM	GRM	PPP
1964-1969年 選票變化	聯盟	-3,643	-1,892	240
	馬來人在野黨	0	0	0
	非馬來人在野黨	4,107	2,873	2,189
	其他	0	0	0
選舉結果		民政黨 勝巫統	民政黨 勝巫統	人民進步黨 勝馬華

選戰形勢		四角變對決（3席）		
國會選區		P028 Dungun	P047 Parit	P072 Bukit Bintang
州屬		登嘉樓	霹靂	雪蘭莪
1969年 選民結構	馬來人%	91.53%	90.14%	29.02%
	華人%	7.47%	6.28%	62.21%
1964年大選	候選人數目	4	4	4
	參選在野黨	PAS, PN, SF	PAS, UDP，獨立人士	PAS, SF
1969年大選	候選人數目	2	2	2
	參選在野黨	PAS	PAS	GRM
1964-1969年 選票變化	聯盟	553	-1,888	30
	馬來人在野黨	3,548	4,127	-650
	非馬來人在野黨	-691	-1,138	6,821
	其他	0	-920	0
選舉結果		伊斯蘭黨勝巫統	伊斯蘭黨勝巫統	民政黨勝馬華

選戰形勢		對決變三角（2 席）		兩屆皆多角（8 席）
國會選區		P053 Batu Gajah	P056 Telok Anson	P054 Kampar
州屬		霹靂	霹靂	霹靂
1969 年 選民結構	馬來人%	21.57%	28.65%	24.79%
	華人%	65.23%	55.46%	65.99%
1964 年大選	候選人數目	2	2	3
	參選在野黨	PPP	SF	SF, PPP
1969 年大選	候選人數目	3	3	3
	參選在野黨	PAS, DAP	PAS, DAP	PAS, DAP
1964-1969 年 選票變化	聯盟	-3,031	-3,728	-4,137
	馬來人在野黨	901	1,417	2,884
	非馬來人在野黨	3,113	3,093	3,772
	其他	0	0	0
選舉結果		民主行動黨勝馬華	民主行動黨勝馬華	民主行動黨勝馬華

選戰形勢		兩屆皆多角（8席）		
國會選區		P080 Seremban Timor	P084 Seremban Barat	P086 Bandar Malacca
州屬		森美蘭	森美蘭	馬六甲
1969年 選民結構	馬來人%	25.50%	27.23%	15.66%
	華人%	57.71%	56.65%	75.35%
1964年大選	候選人數目	4	3	3
	參選在野黨	SF, UDP, PAP	SF, UDP	SF, PAP
1969年大選	候選人數目	3	3	3
	參選在野黨	DAP, UMCO	DAP, UMCO	DAP, PRM
1964-1969年 選票變化	聯盟	-1,531	-2,886	-6,443
	馬來人在野黨	0	0	4,621
	非馬來人在野黨	1,271	3,012	4,443
	其他	791	710	0
選舉結果		民主行動黨勝馬華	民主行動黨勝馬華	民主行動黨勝馬華

選戰形勢	兩屆皆多角（8席）		
國會選區	P033 Seberang Selatan	P043 Larut Selatan	P048 Bruas
州屬	檳城	霹靂	霹靂
1969年 選民結構	馬來人%	39.97%	34.81%	41.02%
	華人%	44.29%	52.33%	47.26%
1964年大選	候選人數目	3	4	3
	參選在野黨	PAS, SF	PAS, SF, UDP	UDP, 獨立人士
1969年大選	候選人數目	3	3	3
	參選在野黨	PAS, GRM	PAS, GRM	PAS, PPP
1964-1969年 選票變化	聯盟	-4,036	-8,132	-2,687
	馬來人在野黨	2,017	2,228	4,033
	非馬來人在野黨	3,416	7,376	1,649
	其他	0	0	-2,550
選舉結果	民政黨勝巫統	民政黨勝馬華	人民進步黨勝馬華

選戰形勢		兩屆皆多角（8席）	
國會選區		P082 Port Dickson	總數
州屬		森美蘭	
1969年 選民結構	馬來人%	37.14%	
	華人%	44.22%	
1964年大選	候選人數目	6	**83**
	參選在野黨	SF, PPP, UDP, 2 獨立人士	
1969年大選	候選人數目	4	**67**
	參選在野黨	PAS, DAP, UMCO	
1964-1969年 選票變化	聯盟	-1,305	**-40,639**
	馬來人在野黨	1,872	**47,832**
	非馬來人在野黨	4,723	**72,555**
	其他	-2,271	**-6,339**
選舉結果		民主行動黨 勝馬印國大黨	

資料來源：選民族群結構出自 *Rachagan*（1978: 397-400）。

黃進發，政治學者，現任馬來西亞雙威大學傑弗瑞永續發展中心教授，專攻內閣制民主、選舉制度、政黨政治與族群衝突。新著包括〈馬來西亞支配性聯盟的興起、韌性與終結〉（2018）與〈國會作為首相的選舉人團〉（2020），刊於 *The Round Table* 期刊。

「五一三」的記憶之工

魏月萍

> 「記憶之工」不僅強調「記得」，它同時也說明存在著一種「有原則的忘卻性之原則」的「反記憶」的模式。
>
> ——阿席斯·南地〈記憶之工〉

印度思想家阿席斯·南地（Ashis Nandy）在2014年一場講座中提出了「記憶之工」（memory work）。擅長於精神分析法的南地，挪用了弗洛依德「夢之工」（dream work）的概念，將它轉化為記憶研究的工程。不過南地並非要建立一個「檔案化」或「博物館化」的記憶庫，相反的，他看重的是集體記憶中那些隱蔽、邊緣化或被消音的苦難聲音，如何提供了解「一個社群對於值得想望之社會的想像，通往未來多重的視野景象。」[1]那是屬於集體的「共享記憶」、非國家性質、自主的、多元的，且擁有多重屏憶（screen memories）的「一本賬目」或「私有簿子」。「私有」是指一個不受國家、權威或學科所建構或宰制的自主空間。

「記憶之工」著重的不是回憶的建檔，而是對於「記憶」本身的理解以及追溯記憶如何被打造、遺存或回返的方式與條件。其中

1　阿席斯·南地，〈記憶之工〉，《人間思想》期號（2015），頁43。

關鍵在於憶訣（mnemonic）」——一套幫助記憶的訣竅。「憶訣」
指的是：「一切記憶皆經過人工有意或無意地打造而來」。那無法
自覺自身浮動與變幻的記憶，偶爾又使記憶忘卻的原因是什麼？如
同南地所說：「我們能將集體記憶的沉浮變幻、它的種種『扭曲失
真』、種種『凝縮』（condensations）與種種『二次潤飾』（secondary
elaborations）稱之為『記憶之工』。」[2]「記憶之工」不僅強調「記
得」，它同時也說明存在著一種基於「有原則的忘卻性之原則」
（principle of principle forgetfulness）衍生而來的「反記憶」
（anti-memories）模式。

　　馬來西亞「五一三事件」的記憶敘事，雖不乏研究和口述資料
的累積，但仍受限於官方敘事的箝制，不同個體與族群所建構的回
憶空間，也往往受到回憶主體的現實條件與政治、社會文化氛圍所
左右，形成分歧、矛盾的「記憶競爭」。本文欲叩問的是：當人們
在面對現實中的事實遮蔽、心理恐懼、高舉和諧以及強迫失憶的內
在與外在壓制力量時，在自覺或不自覺中，如何經歷、形塑、實踐
了「記憶之工」，讓記憶回返述說歷史與個人的暴力遭遇與創傷，
從中理解記憶的凝縮、潤飾與忘卻以及「防火牆」的心理安全機制
等。而不同的記憶媒介，激發回憶的情感，構成不同的記憶敘事，
使創傷記憶轉化為苦難的寶藏。

防火牆

　　有關「五一三」的種族暴動，至今仍眾說紛紜，官方多是指責

2　南地，〈記憶之工〉，頁41-42。

「共產黨須對五一三負責」。[3]學者柯嘉遜以英國解秘檔案資料為
據,把暴動原因歸咎於「新興的馬來官僚資產階級反對馬來貴族階
層的行動,是一場政變。」[4]有一些研究者,則從遠因和近因探求暴
動發生的根源。遠因乃追溯長期以來華巫之間緊張的族群關係——
從日本占領時代、英殖民時期至獨立建國後的政治、經濟地位的差
異等;近因則主要有兩個:一是勞工黨出殯葬禮,沿首都街道遊行
事件;二是1969年大選後,反對黨遊街慶祝選舉勝利遊行,華人頻
頻挑釁與羞辱馬來人,馬來人忍無可忍,起而反抗。阿都拉曼‧依
不拉欣(Abdul Rahman Ibrahim)的書中記錄了幾位不同族裔的回
憶,如丹斯里艾沙哈芝‧阿都卡尼(Tan Sri Aishah Haji Abdul Ghani)
回憶道說:

> 當丹斯里艾沙開著BJ863的車,從榜莪回到甘榜峇魯的途中,
> 他看見成群的馬來青年拿著巴冷刀、短矛和斧頭走向文良港

3　阿都拉曼‧依不拉欣記憶五一三事件時,除了提到1969年的選舉是
　　間接的源頭,亦強調勞工黨在5月10日的遊行中,華人對馬來人的
　　語言挑釁如「以血還血」等字眼更是引爆點,甚至斷定說:"Dengan
　　ini , bolehlah dikatakan bahawa peristiwa 13 Mei itu sebenarnya telah di
　　cetuskan oleh pemuda-pemuda Cina Komunis"(由此,我們可以說引
　　發五一三事件的是年輕的華人共產黨員)。Abdul Rahman Ibrahim,
　　13 Mei 1969 di Kuala Lumpur [《吉隆坡的五一三》](Kuala Lumpur:
　　Dewan Bahasa dan Pustaka, 2011), 83.]
4　見柯嘉遜,《513真假虛實:大馬人當前所面對的挑戰》(八打靈:
　　Suara Inisiatif, 2014),頁6、9。Kua Kia Soong, *MAY 13: Declassified
　　Documents on the Malaysian Riots of 1969*(Petaling Jaya: Suaram
　　Komunikasi, 2007)。相關研究,亦可參考Leon Comber, *13 May 1969:
　　The Darkest Day in Malaysian History*(Singapore: Marshall Cavendish,
　　2012)。

（Setapak）的一間工廠，一邊喊道：「馬來人已經忍耐夠了，
他們必須被教訓」。他也覺得生氣，尤其是回想起在秋傑路巴
剎看見華人以粗俗語言對待馬來人。[5]

居住在洗都（Sentul）的印裔受訪者拉瑪沙米（Ramasamy）看
到另一樣態的情景：

在事件發生時，居住在火車站附近的他看到有一群華人，拿著
刀、長矛等武器，身著像忍者般的衣服，似要發狂的行走。這
一天，華人和馬來人在洗都巴剎發生爭執。隔天，還可以看到
馬路上留下的斑斑血跡。[6]

華裔蕭美慧（Siew Mei Huey）在回憶中特別感謝為華人和馬來
人提供庇護的布店老板。

當事件發生時，她的父母親和弟弟正在秋傑路購物。他們看到
許多車輛，甚至是四層樓的秋傑路巴剎都被火燒。她們很感謝
一間華人布店讓他們躲藏在店裡，這家布店成了庇護所，裡頭
收留了華人和馬來人。[7]

不同族群的回憶，有不同的側重點，如果不尋找真相與和解，

5　Ibrahim, *13 Mei 1969 di Kuala Lumpur*, 94. 本文所引之馬來文作品皆
　　為作者自譯。

6　Ibrahim, *13 Mei 1969 di Kuala Lumpur*, 110.

7　Ibrahim, *13 Mei 1969 di Kuala Lumpur*, 108.

五一三事件將持續被各種政治目的所利用。[8]「五一三」相關的檔案資料不容易取得，再加上個人與社會記憶仍受到控制，或礙於記憶釋放的窒礙條件，失去了凝視歷史創傷與缺漏記憶的機會。事實的遮蔽、心理的恐懼以及強迫失憶的力量，反而讓「謠言」成為更清楚的事件記憶，也更安全。彷彿謠言可以讓人們通往更真實的心靈與精神深處，藉助謠言形成一種偽裝的記憶，建構起人們對事件的集體回憶。沒有具體身分的言說者，更能彰顯普通民眾的一般意識與想像。

　　再者，記憶創傷在人的意識中會建築起一道「防火牆」的安全機制，而它被視為是官方與民間（或個人）之間記憶角力的結果，造成言說的困難。實際上，不全是源自外在權力的壓制，人們內在的恐懼、不安、焦慮與不確定感，或許才是形成自我壓抑的心理狀態。尤其是面對暴力的記憶，從釋放、管理至內在化的過程，無不受到個人的精神、情感、感知和判斷的主宰，以及政治、社會文化氛圍的影響。

　　國家、官方通過對記憶的掌控，很多時候是提供一個既定的歷史記憶版本，藉以達到記憶統合的目的。以統合為出發點，控制記憶的方式如禁止國家檔案資料的開放，控制歷史教科本與博物館的歷史敘述，使事件流於表面的認識，遑論打開一個公共空間，讓分歧與矛盾的記憶詮釋可以互相檢視。2019年適逢「五一三」50週年，政治氛圍轉變，罕見地出現「言說」空間，五一三的親歷者或受害者家屬，在公共場合講述自己的故事。在公共領域講述創傷故事，除了具有個人療癒作用以外，講述過去的歷史敘述，亦將轉化為社

8　Jomo K.S, "Prakata" [前言], Tunku Abdul Rahman, *13 Mei Sebelum dan Selepas* [《五一三事件前後》]（Kuala Lumpur: Utusan, 2007）.

會的集體記憶。一些藝文工作者，則通過劇場表演形式，把身體作為表演符碼，解構禁忌、抑制、隱晦與敏感等符號，企圖衝撞長期以來施加的外部壓制力量。而位於雙溪毛糯病院外的五一三紀念墓園，亦舉行50週年公祭禮，呼籲各界反思與追尋事情的真相，並要求政府解密五一三相關文件，如一位親歷者的心願：「必須給大家知道真相，不然大家不知道死了多少人，很迷糊，到底這個事情為什麼會發生，因為他來殺我們沒有動機，我們也不知道他們要做什麼，因為我們與他們無仇無恨」。[9]

　　若說「言說」被賦予空間與條件，卻仍須克服恐懼、不安與不確定感的內在防火牆。防火牆是在自覺或不自覺張力底下形成的防禦與篩選機制，它讓記憶判斷如何回憶才是對自身最安全的方式。五一三事件的歷史記憶，長久以來形構出「我們」和「他們」涇渭分明的族群邊界。五一三的暴動，讓處於1960年代不確定的社會和族群因素，變得明晰可辨。暴力的記憶若無法「祛魅」，就無法轉化與實現記憶的能量，或將走向南地所說：「有原則的忘卻性之原則」的「反記憶」──為了好好活下去而選擇忘記。

記憶之工

1.「物」之中介

　　歷史學者法立諾（Farish A. Noor）說，「五一三」的罹難者是「無法安息的鬼魂」，但可通過招魂的記憶術使沉默的歷史浮現。

9　葉家喜報導，〈513陰影半世紀猶在，死者家屬促解密找真相〉，《當今大馬》，2019年5月11日，https://www.malaysiakini.com/news/475760。瀏覽日期：2020年5月5日。

可是要如何召喚出罹難者無可言說的恐懼記憶？馬來西亞藝術家章永佳於2018年5月在韓國展出「兩個五月的故事」，把韓國五一八光州事件與馬來西亞的五一三事件關聯起來，創造一個感受受害者的恐懼和暴露暴力本質的平台。招魂式的藝術行為，烙印的鞋印以及鞋印上的血跡，宛如重返散落滿地遺留物的暴力現場。這些遺留物是回憶的載體，冥合案發現場受害者的恐懼以及家屬的壓抑記憶。通過釋放「不被記憶的記憶」，揭示真相的不明確與歷史的模糊性，那是長期以來被有意圖者利用成為一個族群的集體情緒與記憶。這樣一種「靜默式」記憶的展出，當藝術家反覆揣摩、感受、重現受害者難以言說的恐懼記憶時，幽暗的記憶在「物」的作用底下具有「增生」的能力。藝術家就像是遺物管理員，懷想著折損的生命，進行記憶碎片的拼揍和展示。

「兩個五月的故事」展覽（章永佳提供）

2019年2月份，章永佳在馬來西亞國家畫廊舉行「第二生命」（second life）個展時，其中一張郵票拼貼的作品也和五一三有關。這一回，他通過在五一三事件後發行，蓋印著「不要隨意散播與聽

信謠言」字樣的郵票，挖掘記憶的挪用與傳承。由郵票拼湊出來的圖景，是章永佳從長輩們記憶中挪借的記憶——在五一三期間，位於半山芭的大華戲院（Majestic Theatre）被攻擊。不僅戲院被燒，戲院外有人持槍任意掃射民眾，形成慘怖的屠殺場面。本來難以清楚是謠傳抑或真實的「記憶傳承」，隨著更多記憶的釋放而獲得印證。就在「五一三」50週年前夕，一名讀者在華文報章上追述記憶時說：

> 5月16日，當局宣布解除戒嚴，大家可以出外。大哥載著我們到外頭轉了一圈，並不敢走遠。半山芭大街各處完好無損，並無燒、搶或破壞的劫後情況。唯有大華戲院，鐵柵深鎖，只見一道乾了的豬肝紅寬大血路，從柵內流出，越過兩輛汽車的泊車位，筆直地朝向對面油站，頑強地掙扎了竟約20餘呎遠，直達馬路邊才停止，似要向蒼天申冤，又似要直奔凶手控訴。血路完完整整，沒有被踐踏過。那是我見證的五一三唯一一宗死亡案例，而間接證實的有兩宗。[10]

在場目擊者的回憶與藝術家傳承的記憶之間相互印證。在動亂時期，任何的言論常游移在「謠言」與「事實」之間。例如位於東姑阿都拉曼路（Jalan Tunku Abdul Rahman）的奧迪戲院（Odeon Theatre），也多次被口述者提及。當時奧迪戲院被華人私會黨青年占領後，華人觀眾被勸離開戲院，戲院裡死亡的都是馬來觀眾，其

10　無涯，〈大華戲院五一三 50周年祭（下）〉，2019年4月11日刊登於《星洲日報》〈星雲〉版。https://www.sinchew.com.my/content/content_2035176.html。瀏覽日期：2019年4月20日。

中包括兩名馬來士兵。警方尋求軍人的支援後才得以控制情況。之後軍警組成特別行動，逮捕多名私會黨員，另一方面，軍警也成功救援3,000個華人家庭。[11]

　　1969年五一三事件發生後，馬來西亞藝術工作者實已迅速通過作品表達想法，如依不拉欣‧胡先（Ibrahim Hussein）和雷薩‧皮亞達（Redza Piyadasa）曾以國旗為藝術素材，無論是在國旗上染漆，或以國旗的元素來裝飾黑色棺材，這些創作都旨在對抗「遺忘以及有權人士的殘酷」。[12]皮亞達作為藝術抗議行動的棺材，在1970年代被銷毀。2000年後，該作品重建後已成為一件標誌性的藝術作品。

　　無論是鞋子、郵票、國旗或棺材，皆成為召喚記憶或凝縮記憶的「物」，經由藝術形式的製作，隱幽的記憶開始築造歷史回憶的模塊，鑲嵌在作品的細縫。如此的記憶藝術，如德國記憶研究學者阿萊達‧阿斯曼（Aleida Assmann）所言：「藝術性的回憶並不發揮存儲器的功能，但是通過把回憶和遺忘的過程作為自己關心的主題，它可以模仿存儲器的作用。藝術家們關心的不是技術的存儲器，而是一個『苦難的寶藏』。」[13]誠然，這使記憶獲得不同的形象的

11　《Utusan Melayu》（《馬來前鋒報》, 4 Jun 1970（轉引自 Ibrahim, *13 Mei 1969 di Kuala Lumpur*, 89. 一位馬來受訪者莫哈末‧阿里夫（Mohd. Ariff Ab. Ghani）則說，曾目擊奧迪戲院週邊的馬路布滿了屍體。

12　Mark Teh, "13 Mei Yang Lain: Sejarah Reaksi Seni yang Belum Berkesudahan" [〈另一種「五一三」：藝術回應的未完結歷史〉], in Nur Hanim Khairuddin, Beverly Yong, and T.K. Sabapathy, eds., *Reaksi – Strategi Kritikal Baru ——Naratif Seni Rupa Malaysia*（Jilid 2）[《馬來西亞藝術敘述（卷二）：回應——新批評策略], 112-129.

13　阿萊達‧阿斯曼（Aleida Assmann）著、潘璐譯，《回憶空間：文

表達，不但提醒人們消逝的過去，並建立起跨代際、跨時代的記憶。

2.影像之框

保羅・康納頓（Paul Connerton）在談及回憶時說：「我們保持自己回憶的方式，是把它們和我們周圍的物質環境聯繫起來。我們的記憶若要重現，那麼，我們所必須關注的，正是那些被我們占據、不斷步步回溯，總可以參與其中、隨時能夠重構的社會空間。」[14]換言之，在建構集體記憶當中，必須區別「保存」與「重現」二者，以及不同社會階層、不同世代以及在不同的心理空間等，如何表述與傳播個人與社會記憶。以康納頓的思考為基礎，我們不得不思考究竟要如何認知、協調不同主體身分對事件回憶的差異。換言之，一位馬來人、華人、印度人，或大學教授、軍人、藝術工作者或一般民眾等，其所言說的「語言」、表述的「形式」，是否可以無區別化地放入一個「記憶的大融爐」？尤其是在面對記憶揀別、傳播與傳承的困難，包括承載記憶的不同媒介，在「虛構」與「紀實」之間如何參與記憶之工的考掘工程，形塑出不同的記憶敘事？

馬來導演阿米爾・穆罕默德（Amir Muhammad）的紀錄片《big durian》（大榴槤）是一部叩問「記憶」與「真實」的影片。《大榴槤》的敘述主軸是有關1987年發生在吉隆坡秋傑路軍人發狂掃射事件，有意思的是，影片中不斷穿插「五一三事件」相關的新聞報導片段，讓兩個暴力事件，在影像空間與事件形成互文與對話關係（秋傑路也是「五一三」暴動現場之一）。影片中涵括多元人物身分作

（續）
　　　化記憶的形式與變遷》（北京：北京大學出版社，2019），頁14。

14　保羅・康納頓（Paul Connerton），《社會如何記憶》（上海：上海
　　　人民出版社，2000），頁37。

為回憶敘事素材，甚至包括演員的「回憶敘述」，因此它被視為一部「偽紀錄片」。偽紀錄片與紀實紀錄片的差異在於，通過虛實交錯的敘事方式、情境策略的選擇，挑戰觀者對事件敘事虛實的質疑。「偽」之必要，意味著對現實的懷疑。另兩部與阿米爾敘事風格差異的五一三紀錄片，則是由梁友瑄拍攝母親在檳城時期的「五一三記憶」──《傷城》以及媒體人覃心皓的《沉默的50年》。「五一三」的暴動主要在吉隆坡市中心，但這股火焰很快蔓延到檳城，當時梁友瑄的母親住在華人和馬來人甘榜混合區，新村也發生騷動。馬來甘榜的年輕馬來人，一度喧囂要焚燒華人的屋子，幸好被馬來村長勸阻。影片中的母親，在敘述過往的回憶時，彷彿仍感受檳城戒嚴時期的蕭瑟、警惕與恐懼的心理氛圍。《沉默的50年》記述覃心皓的母親在五一三時期失去五位家人的故事，深埋的創傷無法言說，卻也不敢忘記──「她不敢忘記是因為如果她忘了，這些人活過的痕跡就跟著沒了。她是這世上最後幾個還記得他們的人。如果我們可以公開這些記憶，每年有些祭典，可以讓家屬釋懷。」[15]

　　無論是阿米爾的偽紀錄片抑或梁友瑄、覃心皓的紀實紀錄片，皆以鏡頭為媒介，前者虛實相間，後者以紀實為主，都嘗試介入一個更大的社會空間的現實話語──阿米爾主要「質疑」與「拆解」官方以及主流媒體的報導話語，梁友瑄和覃心皓則讓親歷者以「見證者」身分述說華巫族群之間的張力。影像有保存記憶、對抗遺忘的作用，而鏡頭是最直接叩問，成為重構記憶的中介物。

15　葉蓬玲報導，〈五一三家屬拍紀錄片爬梳創傷，盼獲安全討論空間〉，《當今大馬》，2019年9月28日。https://www.malaysiakini.com/news/493684 。瀏覽日期：2020年4月25日。

3.日常敘事

　　隨著「五一三」衝突而頒布緊急狀態，人們進入一個「非日常」的例外狀態。這樣的例外狀態的記憶，如鬼魅般潛伏與游移在人的身上。尤其是「非日常」的記憶，總是和一個人的空間、經驗感受以及與情感挫折有關。以下將通過五一三親歷者的訪談，[16]探索非日常生活記憶的遺存與回返。「訪談」雖非正式的口述歷史計劃，但仍接近「口述史」的特質與目的——「尋求恢復個人的生活史，讓那些即便留有蹤跡，但原本一直保持緘默的對象說話」。[17]

　　「五一三」如鬼魅般縈繞，化為雷老師的身體記憶，長達50年。雷老師是香港一所大學退休的法語老師，今年77歲。訪問他時，他眼睛已看不見，行動需要有人攙扶。他從未對人細述「五一三」的記憶，當初引見的香港朋友，只聽過雷老師提過「五一三」，卻未知詳細的內容。原以為對這一段深埋的過往記憶已經釋懷，豈知在訪談前幾天，雷老師開始做惡夢，從夢中驚醒。夢中出現了熊熊火焰，吞噬了他曾經繪出美好理想生活圖景的地方——馬來西亞。

> 這件事改變了我在馬來西亞的生活以及我的人生。馬來西亞是個平和的國家，沒有想到會發生這樣的事故，沒有人預料會發生那樣糟糕的事。在那之後，我只有一次再訪馬來西亞。那已經不是我熟悉的馬來西亞，我所認識的馬來西亞已經消逝。對那時的美好記憶是：寬闊的大道，翠綠的樹木……。我出身於鄉村，覺得六十年代的馬來西亞很接近我的美好想像。離開後

16　2015年在香港與蘇穎欣共同訪談。
17　康納頓，《社會如何記憶》，頁15-16。

曾和馬來西亞的學生聯絡，但沒有獲得任何回音。離開馬來西亞後，我去了柬埔寨教現代文學。[18]

　　雷老師在1967年抵達馬來西亞。那時他剛從法國大學畢業，想到亞洲工作，剛好馬來亞大學（以下簡稱馬大）要聘請教師教法語。他在法國時期，覺得一般法國人對馬來西亞不太了解，甚至有點嘲笑地比喻為「馬來森林」（Malay jungle）；而法國大學的馬來研究，是被納入在國際課程或馬來群島（nusantara）的印尼。精通馬來語和華語的他，抵達馬來西亞時，無法講流利的英語。當他去馬大報到時，才發現有人已通過關係占據了他的職位，幸好後來找到在法國大使館的工作。當時有一些馬來西亞學生拿到法國獎學金，準備在法國留學，需要先學習法語。獲得獎學金的大多數是馬來學生，只有非常少數的華裔學生，華裔學生都屬於自費生。後來，他又得以在馬大兼職教法語；在同一時間，也在一間語文學院教書。他的日常移動路線，主要在三個教書的地點——位於八打靈再也（Petaling Jaya）的馬大，武吉免登路（Jalan Bukit Bintang）法國大使館，以及在甘榜峇魯（Kampung Baru）拉惹慕達路（Jalan Raja Muda）的語文學院。其中兩個地方——甘榜峇魯和武吉免登路，是五一三暴動以及騷動的主要現場，還有與該路段鄰近的安邦路（Jalan Ampang）。

　　5月13日暴動發生前夕，雷老師隱約察覺有些事可能會發生。當時剛好是選舉競選宣傳最熱烈時期，有不少的選舉演說，競爭情勢十分激烈。在選舉日，氣氛還是平常，可是在隔天選舉成績揭曉後，一些人做了一些愚蠢的事。在安邦路，尤其是柏可里林路（Jalan

---

18　雷老師口述，2015年在香港與蘇穎欣共同訪談。

Pekeliling）一帶，出現無理的挑釁行為，也有警察在街上勸阻，但這些似乎都是零星事件。在這之後，明顯是有組織性的行動。軍隊開始進入鄉村，用卡車把鄉村裡一些人載到城市。一些人手拿巴冷刀，額頭綁著頭巾，還有另一些像是原住民的人拿著武器。甚至有馬來人看見他是外國人便喊道：「Orang Putih balik ke rumah」（白人回自己的家）。

　　五一三當天的傍晚時分，他一如往常，到甘榜峇魯語文學院上課。上完課已是晚上，當他和第一批學生走出學院大門時，就聽見對面路上有人喊道：「那裡有一些人，那裡有一些人！」街道上有一些拿武器的人，有些人看起來似乎喝醉酒。在拉惹慕達路的一群人，手拿著巴冷刀和長矛，清一色是馬來人。雷老師晚間的課大多數是華裔學生，這些拿武器的人，衝過來刺傷剛走出來的學生們，雷老師也受到攻擊，身體幾處受傷。他趕緊和另一位法國老師關上門柵，讓學生躲進學院，避免再受到傷害。當時學院有兩位法國人、華裔學生以及一位年輕馬來警衛。隔天他擔心學生的情況，拿著學生名單，一一去探訪學生。當經過他熟悉吃早餐的地方，發現店被火燒，東主也不知去向。包括在舊巴生路（Jalan Klang Lama）他所熟悉的麵包和烤雞店，同樣吞沒於火焰之中，蕩然無存。

　　雷老師回憶說：當時很多人被捕，警察局和監獄似乎都爆滿。這應是有計劃的行動，早在選舉前，許多人都從全國各地回到了總部。而針對官方常提及這場種族暴動「不超過兩百人死亡」的說法，雷老師卻認為死亡人數須再乘以十。最讓他感傷的回憶是：事件發生後，有一回他恰巧走過一位學生父親的店，學生看見他，竟和他說：go away（離開）。他不知學生這麼說的真正原因是什麼。

　　後來很多法國人被迫離開，尤其在種植園地擔任主管的法國人。種植園的印度人也頻頻受到原住民的攻擊。雷老師的合約本來

快到期，正打算續約，他對馬來與華人文化很感興趣，想繼續留在馬來西亞。他印象中的馬來西亞學生，很用功，很努力提高自己的法語能力。和馬來人相處也不困難，不同宗教的張力也不太明顯。暴動發生後，一切已不可能。

> 它改變了我的人生，我無法再待下去，許多計劃必須放棄。許多外國人也離開了。在1967至1969年來馬的法國人，整批人都離開了。[19]

雷老師的回憶與言說中，幾個鮮明特點是：（一）日常空間的敘事。他的故事脈絡乃依循著他的日常生活路線。暴動發生後，他的日常空間受到了破壞，日常接觸的人與人之間的關係也改變了。（二）街道的暴力記憶。他描繪的幾個關鍵暴力發生的場景，都和社區的街道記憶有關。（三）族群的辨識。在他的敘述當中，包含了華人、馬來人、印度人、原住民以及外國人。如果我們參照一位馬來中將卡札里（Ghazali）回憶錄中所記憶起五一三那天的記憶片段，將會發現一些有意思的地方：

> 當和同事在孟沙（Bangsar）一帶吃東西時，突然被告知在吉隆坡市中心發生了打架事件，隨即他們便趕往國防部。在回程途中，卡札里並沒有看見可疑的事，直到他經過柏可里路和葉觀盛路（Jalan Yap Kwan Seng）的交叉口，不僅聽到放煙幕彈的聲音，人群四處逃散。……當他把車子朝向這條路開去，他開始看到一群握著鐵管和木條的人，集聚在路上。開始時，他們

19　雷老師口述，2015年在香港與蘇穎欣共同訪談。

沒有被干擾，直到車子駛入坎貝爾路（Jalan Campell）和東姑阿都拉曼路的交叉口時，一群青年看似要攻擊他的車，還好他緊急踩油加速離去，車和人才沒有受傷。[20]

到達坎貝爾路的一間警局，通過一位警長的簡報後，才了解大概發生了什麼事。警察局開始被需要保護的人群淹沒。他認為在那時候，普遍人們沒想到那是一場種族衝突事件。尤其是在這緊急狀態中，仍可看見各族群的友好和互助。由於擔心警局被滋事者占領，卡札里勸警長要想方法保衛警局。[21]

在5月13號晚上，吉隆坡已成困城。軍人被命令協助處在非常壓力狀態的警察。晚上首相東姑阿都拉曼宣布雪蘭莪州戒嚴，全國的戒嚴則是在5月15日。[22]

卡札里的回憶中，那些試圖攻擊和擾亂秩序的人，都被隱去族群身分。不像依不拉欣的書完全以族群為敘事視角，以五一三的論述來建構族群自我。但無論以何角度述說記憶，「言說」是打破靜默，讓過去的創傷記憶能夠釋放出來的第一步。縱然各自擁有不同的主體身分，或不同的族群視角或立場，唯有公開言說，釋放記憶才能檢視各方複雜的悲傷、憤怒、愧疚、失落等。例如在論及泰國

---

20 Wan Hashim, Jessica Ong, *Memoir Seorang Jeneral—Peristiwa 13 Mei 1969*［《一名將軍的回憶錄─1969年五一三事件》］（Kuala Lumpur: Universiti Pertahanan Nasional Malaysia, 2017），87-88. 引文為作者自譯。
21 同上註。
22 同上註，頁89。

1976年法政大學（Thammasat University）的「十月大屠殺事件」[23]時，泰國學者Thongchai Winichakul以學生運動領袖以及見證者的身分，指說泰國社會對此事件的記憶一直都是模糊與神秘，甚至有一種自我強加的沉默。如果不嘗試打破社會的沉默，真相就會一直掌握在有政治權勢的人手中。屠殺事件發生後，被殺害的學生被報導為「暴徒」、「共產黨」等，奈何受制於軍人勢力，沒有人敢追求實際的真相是什麼。[24]2017年Thongchai Winichakul接受BBC訪問時說：

> 要能夠全面的檢討過去，理論上，曾作為加害者的相關人士，必須交出權力，接受調查。然而，受制於目前泰國皇權、軍權與傳統政治權貴，仍交互把持著泰國政治，加上去年8月通過的修憲案大舉擴張軍方權力，以及今年2月以來的「法身寺事件」，也象徵著連宗教都逐漸被軍方收攏掌控。多數評論者均認為，連如今新即位的泰皇，也須仰賴軍方支持以保其政權穩定，改革轉型談何容易？[25]

---

23 1976年的大屠殺事件，起因是學生們為了抗議獨裁者他儂（Thanom Kittik Achorn）返抵泰國，來自全國數萬名的社運人士（學生）聚集法政大學廣場，抗議並要求更直接的民主。掌權的軍方遂在10月6日發動鎮壓，武裝部隊對手無寸鐵的民眾掃射，隨後進鼓動右翼勢力進入校園，對要求民主改革的學生殘忍報復。這已成為泰國人不願提起的創傷與暴力記憶。

24 見Thongchai Winichakul, "Remembering /Silence The Traumatic Past," in Shigeharu Tanabe and Charles F. Keyes, eds., *Cultural Crisis and Social Memory: Modernity and Identity in Thailand and Laos* （New York: Routledge, 2002）, 243-283.

25 〈「泰國版的二二八」——1976年法政大學屠殺事件，當權者至今不願面對的陰影〉，「換日線」評論，https://crossing.cw.com.tw/blog

　　究竟是面對軍人管制更為嚴峻，抑或複雜的族群關係，難以找到處理創傷記憶的管道，以及對歷史事實的認識方式？拔除恐懼的根莖，書寫創傷記憶是促進轉型正義工程的必要條件。梳理暴力創傷並非只是要人們關注其中經歷的折損，刻意的忘記以及邊緣化的處境，也是幫忙自己接受過去是一個多元、複雜，有瘡疤也有彩虹。[26]像雷老師在述說本身的創傷記憶時，亦提供一套辨識記憶敘事的知識方式，協助理清五一三事件前後留下的駁雜記憶。歷史旨在記錄，而記憶可以有治癒作用。在記憶面前的那一堵牆，不只是族群界分的牆，更是承載著恐懼、不確定性的心理之牆。如今言說出來，意味著把防火牆打破，解放被壓抑許久的記憶，重新和自己曾處在馬來西亞的青年再次見面。

結語

　　記憶不屬於知識，但如何認識記憶、處理記憶，辨認記憶的敘事方式與結構，便是一項知識性的工作。要如何進入「記憶工作」的知識體系，尤其是創傷的記憶？前面所論述的三種不同媒介——藝術形式的再現、影像虛構與紀實的重構，抑或是個人生命史的見證——都是記憶之工的考掘。媒介以物為支撐，對歷史與文化記憶起基本作用，達到記憶互動與交流的效果。但無論是再現、重構或

（續）

　　Topic.action?id=571&nid=7717。瀏覽日期：2019年5月3日。

26　Faris A. Noor, "Trauma and History: Accepting Complexity in the Past and the Present," in Sharon A. Bong, ed., *Trauma, Memory and Transformation: Southeast Asian Experiences* （Petaling Jaya: SIRD, 2014），27.

見證的記憶，都是經過媒介的過濾鏡才讓大眾理解——藝術的素材、影像的鏡頭以及訪問者之「我」。在回憶訪談中，「我」（在場、提問與回應）亦參與在回憶工作的建構。

　　誰的記憶可以界定過去，作為真相有力的見證者？以記憶來確立「真實的真相」，不僅將造就歷史場域中記憶競爭的角力場，也讓不同的記憶重新獲得檢驗的可能。五一三的歷史創傷記憶，大多數回溯者充滿悲傷和痛苦的情感，在場卻無可發聲。但記憶可以通過「物」為中介或講述，轉化為後世的記憶。[27]又如雷老師作為一個苦難身體在場，而回憶身體卻不在場的法國人，來回於歷史事件的內部以及作為外國人的外部，是一個可以內外檢視的特殊視角。他的講述與見證，從一種美好的理想出發，縱然最終帶著遺憾離開馬來西亞，那一些愉快、美好的記憶，像儲存器一樣保留下來，未被創傷的記憶所排擠。

　　「記憶之工」讓我們得以了解如何建構不受國家主導的共享記憶，洞悉與檢視記憶回溯中的扭曲失真、凝縮與二次潤飾。通過那些難以發聲的受難者、親歷者的記憶，揭示記憶在「記得」與「忘記」之間的拉扯、在增生與減損之間。而接下來的問題，或如阿斯曼所追問：檢驗回憶的真實性有一種的通用標準嗎？主體的回憶有一種特殊的真實性嗎？發散的回憶與唯一權威性的歷史真實究竟處於什麼關係？[28]那是未能完結的記憶之工的後續探索旅程。

27　另一個實際例子，為近期出版的五一三口述史著作，該書採集了26人的故事，其中包括死難者家屬、親歷者以及警官。請參口述歷史小組，《在傷口上重生——五一三事件個人口述史》（八打靈：SIRD，2020）。

28　阿萊達·阿斯曼著、潘璐譯，《回憶空間：文化記憶的形式與變遷》，頁303。

　　魏月萍，任教於馬來西亞蘇丹依德理斯教育大學中文學程，專業為中國思想史，也關注新馬歷史與文學文化知識生產，尤其是文學公共性與馬來馬共的歷史論述。近著為《馬華文學批評大系：魏月萍》（2019）、與蘇穎欣合編《重返馬來亞：政治與歷史思想》（2017）等。

戒嚴時刻的報章表述與日常生活
中巫報章中的「五一三」敘事與官方論述的形塑

許德發

前言

　　「五一三事件」發生已屆半世紀，它始終是理解當代馬來西亞社會景觀所繞不開的重大議題，但其政治敏感度以及其可資利用性卻至今未減，這使得它仍為馬來西亞現代史上最為隱晦的一頁。所謂「一切歷史都是當代史」，各族群之權利分歧也使得他們對「五一三」有著自身的記憶與闡釋，而官方更以各種社會輿論機制與言說空間之控制，進行記憶政治之操作。[1]本文主要擬通過當時的中文《南洋商報》與馬來文《每日新聞》（*Berita Harian*）對五一三事件及相關發展之報導，管窺五一三事件在戒嚴時刻的言說空間限度與政治環境下所形塑的各種敘事，尤其是官方論述。本章將分析從「五一三」暴動始，至七月底事件逐漸平息及各地陸續解除戒嚴為止之報章報導，將之置於官方政治論述以及當時國內政治中予以考察。本文希望藉此一戒嚴時刻切入，揭示中文及馬來文報刊歷史敘

1　見許德發，〈五一三事件與馬來西亞的記憶政治──論五一三事件的幾種詮釋〉，《人文雜誌》第15期（2002），頁32-50。

事的差異，最後略爲指出它們在馬來西亞族群記憶政治形塑中所起
的作用。

事實上，除了官方論述之外，五一三事件從來沒有真正公開議
論，自然也從未成為一項嚴肅的學術議題，因此它的真實仍只存在
於民間。正由於此民間性，它自然留下更多的想像空間，以及更多
不一致、甚至模糊的地帶。這使得其歷史面目顯示了複數性和多層
次性，這即是為何「五一三」被認為是「記憶政治」（memory politics）
的一項顯例。[2] 這主要在於官方檔案之闕如與未開放，因此報章研究
就顯得極爲重要了。本章所探究的兩家報館分別是當時中文與馬來
文最主要的日報。當時馬新分家不久，《南洋商報》自1968年即由
吉隆坡報社所供應，1969年雖已分別編排，但兩地新聞互相交換。[3]
《每日新聞》則是在1957年於新加坡創辦，「五一三」時應仍在新
加坡出版，[4] 加以「五一三」戒嚴時期，大報並沒有被完全禁止出版，
只有小報受到勒令全面停刊，這有幸爲我們提供一些當時的實際情
境。新加坡《南洋商報》在事件爆發時沒有中斷出刊、《每日新聞》
則停辦兩日。儘管，當時政府成立新聞管制中心，專門提供官方的
資訊（詳見後面的敘述），但我們依然可以窺視到這兩家報紙的報
導手法與敘述。本文將嘗試從這兩家不同語言的報章敘述中觀察他
們之間是否存有差異？而這些差異又說明什麼？這對族群認知與想
像之差異是否構成影響？同時，各語言報章與官方論述的關係如
何？

2　同上書，頁32。

3　見葉觀仕，《馬來西亞華文報業史》（士毛月：名人出版社，2010），
　　頁129。

4　相關資料缺乏，但「五一三」戒嚴時期《每日新聞》只停刊二日，
　　因此應不可能於吉隆坡出版。

　　除此之外，本文也嘗試關注在「五一三」戒嚴時刻的非常時期下，報刊中所透露的人民日常生活及其體現的涵義。然而，由於報刊資訊所限，此一日常生活研究的意義在此只能做初步的探析。實際上，日常生活研究的理論告訴我們，日常生活也離不開政治，生活個體在日常情境中將一種隱蔽的政治秩序內化為自身實踐的法則。[5] 日常生活並非像其表象所顯示的那樣在一種理所當然的秩序中運轉，日常生活也並非像其表面那樣平淡無奇、瑣碎無聊，它充滿著利益和力量的博弈，充滿著任意和專斷、支配和鬥爭。日常生活看起來總是一切照舊，彷彿唯一現實的就是不變的關係，不再有歷史的超越，有的僅僅是永恆的關係。[6] 然而，日常生活的實踐知識也會透露一種不同利益群體之間的張力，顯示了一種無意識的「弱者的實踐藝術」，即一種生活中的反抗態度，甚至於它是構成狹義政治革命的重要基礎之一。[7] 正如列斐伏爾所指出的，社會的變革不能僅僅局限於那些高於日常生活的層面，缺乏日常生活之相應轉變的社會變革將難免失敗的命運。[8] 日常生活轉變是緩慢、微妙和難以察覺的，但日常生活是變革的動力源泉，是變革的合法性和有效性的基礎，同時也是阻礙和干擾這一變革的力量來源，並且構成了這一變革所引發的諸多問題得以展現的最深刻和最微妙的鬥爭場所[9]。在戒嚴生活中，華人又有怎樣的一種意識與作為？在結構與主體二元之間，他們顯現了怎樣的態勢？

5　見鄭震，〈論日常生活〉，《社會學研究》第 1 期（2013），頁 77。
6　同上書，頁 79。
7　同上書，頁 83。
8　同上書，頁 85。
9　同上書，頁 87。

一、戒嚴下的言說空間與報刊敘事

　　有關考察官方記憶操作值得參考的媒介有很多，比如政府官方的文件、國會答辯記錄、官方講話，甚至相關教科書等，[10]而本文則將主要通過政府對輿論與報導的限制與審查，以及官方文告，同時輔以官方發布的《五一三悲劇白皮書》作為分析途徑。《五一三悲劇白皮書》（*Laporan Tragedi 13 Mei, 1969*）代表了官方對「五一三事件」的基本解釋，它是在事件後同年10月8日以英文、馬來文正式公布。[11]所謂輿論與報導的限制與審查是指政府、警方、國家行動理事會等機構，對記者的報導在公開發行之前有形或無形之審查、或者因此形成的自我審查，及對報章出版的管制。當時，報紙、雜誌以及電視臺、廣播皆被作為重點審查對象。為了探析戒嚴時刻的報刊敘事，我們有必要先理解當時的官方控制行為。

（一）新聞管制中心的設立與管制行動

　　「五一三」事件之後，政府宣布戒嚴令並禁止報章的出版，但在5月16日時任副首相敦拉薩說，「關於新聞報章的出版，政府迫不得已於今日上午宣布暫時禁止報章的出版，我們知道報章一向和政府通力合作，政府非常感激，不過為了防止局勢的惡化，政府才暫時禁止報章的出版」。「明天所發表的新聞檢查條例只是對大報章

10　見王廣濤，〈政治敘事、言說空間與日本政府對南京大屠殺記憶的
　　操作〉，《南京社會科學》第 8 期（2017），頁43。
11　〈騷亂白皮書已開始發售〉，《南洋商報》，1969年10月9日，第 5
　　版：「（吉隆坡8日訊）五一三騷亂事件白皮書今日正式公布。有
　　英文本及馬來西亞語文本。每本售價一元」。

而言，其他小報暫時不准出版。希望這些報章負起報導的責任，使局勢得以恢復正常」。[12]換言之，大報復刊是以政府實施新聞檢查制度為前提的。自17日起，政府開始實施新聞檢查制度，也因此馬來西亞各大報可以依據這些條例於18日出版。這也就是說，報章基本停刊4日。與此同時，敦拉薩也在17日這一天正式宣布成立「國家行動理事會」以負責治理全國安全，而一切法律與條例將由敦拉薩簽署始能生效。[13]因此，5月18日，各大報章如《南洋商報》、《每日新聞》得以開始恢復出版與銷售，小報則仍被禁止。據《每日新聞》，上千人爭購重新出版的報紙，包括《每日新聞》、《海峽時報》、《周日郵報》（Sunday Mail）及另外兩家馬來西亞報紙。據報導，「讀者說，已經四天沒有報紙。五千份《每日新聞》從吉隆坡運往檳城，在二十分鐘之內即售完。《海峽時報》在封面中刊載了未運往檳城、從周三至周六的報紙封面」。[14]然而如上所述，《南洋商報》與《每日新聞》由於在新加坡出版，前者其實正常出版，而後者則只停刊兩天。

　　實際上，在實施新聞檢查及新聞管制中心成立之前，報紙的「五一三」報導是相對比較鬆弛的。我們以《南洋商報》5月16日的報導為例，即可見之。[15]由於這一報導難得可讓我們看到當日的緊張氣

12　〈敦拉薩宣布各級議會暫停 其任務聯盟將組過渡內閣 馬華議員將受邀入閣 義斯邁醫生重任內長實施新聞檢查制度〉，《南洋商報》，1969年5月17日，第1版。

13　〈大馬副首相敦拉薩昨日正式宣布成立 國家行動理事會 負治理全國安全 法律與條例將由敦拉薩簽署使能生效 敦陳修信披露隆市各銀行明日將營業〉，《南洋商報》，1969年5月18日，第1版。

14　"Beribu2 berebut2 membeli akhbar," *Berita Harian*, 19 May, 1969, 1.

15　《南洋商報》於5月14日仍僅報導全國選舉消息，只在封面有一則簡短訊息說明戒嚴信息，到15日才大量報導五一三事件，包括一篇

氛，這裡詳加引述：

當吉隆坡數個地區及八打靈再也今晨宵禁解除時，據悉發生數
項事件。成群結隊的人民用今晨戒嚴令解除之時，集結在吉隆
坡各地。今晨八時五十分，廿名青年在秋傑律與端姑阿都拉曼
路（峇都律）交叉點想攻擊一名男童，警方開火，惟無人受傷。
據悉有一批群眾圍集在默迪卡體育場，警察被調至該區以驅散
他們。星期二晚騷亂到高潮之吉隆坡中區，甘光峇汝及增光區
於今晨七時三十分解除宵禁三小時。在甲洞、雙溪毛糯、梳邦、
半山芭及蕉賴區宵禁於上午十時三十分解除，中午十二時三十
分再實施。……至今已知有七十五人喪生，二百七十七人受傷，
最少有三十間房屋及一百輛汽車、羅里車、摩托單車、史古打
及巴士車被燒毀及破壞。一共有六百三十八人因觸犯宵禁令被
捕——雪蘭莪一百三十八人，霹靂五百人。今晨有一名觸犯宵
禁人士被開槍擊斃。儘管昨晚一直下著毛毛雨，吉隆坡各地及
八打靈再也還是發生一些事件。不過警方說沒有發生重大事
件。……

……在八打靈再也，警方施放催淚彈驅散群眾。警方亦收到（馬
大）大學醫院受攻擊之報告。在沙叻秀群眾吹笛及擊鼓，警察
被派往調查。在八打靈再也的亞辛路一隊警察巡邏隊於午夜過
後不久遭伏擊，警察開火，襲擊者逃走。在八打靈再也及吉隆
坡各地可聞數響槍聲，有一名觸犯戒嚴令人士在半山芭被擊
斃。在安邦路及馬六甲街地區另有四人被警察開槍射擊，警方

（續）────────────

社論。16日則更全面的報導。

亦奉令在辛曼卡路見到青年便開槍。今晨當戒嚴令解除數小時
之時，局勢還是緊張。有一對青年持鐵管，槍矛及其他武器走
往雪蘭莪州務大臣拿督哈侖之私邸時，警察馬上被調來保
護。……另一批武裝人士想進入默迪卡體育場，場內有一千名
昨晚房屋被燒以致無家可歸的難民留宿。手持巴冷刀之青年亦
集結在巴生路九支碑處，在從巴生路至中路路上據悉亦有發生
騷亂。軍隊在秋傑路巴剎開槍，在甘光峇汝附近之北京路可聞
及槍聲。在沙叻秀有兩派人馬發生衝突，增援警察被派往鎮壓，
在新街場路亦發生同樣的衝突，在八打靈再也十四段巴剎軍隊
開槍以阻止暴民發火燒巴剎。……上午十一時三十五分在甘光
班蘭的北干峇汝發現一具男人屍體，在沙登有三人因擁有數發
子彈被捕。今晨在中央醫院附近關丹路發現一具屍體，在同區
有兩人被捕。在聯邦大道有兩輛汽車被暴民焚毀。

　　從引文可見，報紙是以「據悉」來敘述各地區的失控實況，也
提及「吉隆坡各地及八打靈再也還是發生一些事件。不過警方說沒
有發生重大事件」。儘管報導也不完全詳盡，但卻比較全面、猶如
直擊報導那樣敘述了吉隆坡各地零星的衝突，緊張氛圍如四面楚歌
躍然紙上，新聞敘述顯然是比較自由的。值得注意的是，「暴民」
一詞幾度出現。
　　5月23日，政府在憲報公布「一九六九年必須（報章與其他刊物）
條例」。條例規定：當局有權在任何時候規定任何刊物的業主、編
輯、印刷人或出版人，或者是任何報章或任何印刷業主或經理，或
者是任何要印刷出版物的人士，將要印刷的出版物提呈給當局，以

便加以檢查。這項條例在政府憲報中進一步宣布後，便正式生效。[16]
然而，內政部長常務秘書錫阿都拉說，報章檢查條例只有在絕對需
要時才加以實行。他針對憲報所公布的這項條例說，這項條例的公
布是要使政府在極端緊要的時候，可以採取適當步驟。他說，「雖
然條例是存在，但當局儘可能不要加以應用。他說，在目前的局勢
內，報章還是有自由。到目前爲止，沒有任何報章所刊載的新聞，
使當局有需要加以檢查」。「如果編輯繼續約束自己而不刊登任何
會影響種族和諧的新聞，那就不必有任何檢查」。[17]這其實已說明，
當時的言說空間都在官方的掌控之內，報刊都自我審查，不敢逾越
城池。[18]5月29日，新聞管制中心指出，政府設立新聞管制中心，其
責任並非檢查新聞，而是把國家重要的新聞供給大馬的公眾傳播媒
介。這一中心是負責發放有關事件的新聞，報章基本也只能以此作
爲其新聞之報導。新聞管制中心一發言人說，它的目的是要向公眾
傳播媒介提供事實，並確保這些傳播媒介從毫不受到懷疑的來源獲
得消息。「由廣播電台、電視台及新聞部高級官員組成的新聞管制
中心，是一個緊急的部門，負責發表各政府部門的新聞。它並非是
更迭大馬新聞部任務的機構」。[19]換而言之，自5月18日之後，有關
五一三事件的主要新聞基本已經是官方所發放。

---

16 〈報章檢查條例絕對需要時，始加以實行 內政部常務秘書指出〉，
   《南洋商報》，1969年5月25日，第5版。

17 同上書。

18 依據葉觀仕的《馬來西亞華文報業史》（2010），「……在緊急法
   令下在吉隆坡成立新聞管制中心，各報每天發刊的新聞，例必先行
   送往新聞處，由政治部與警方及新聞處三方人員先行過目，然後蓋
   章通過才准刊出，即使剪報也不例外。」（頁126）

19 〈新聞管制中 並無檢查新聞目的是供給重要新聞〉，《南洋商报》，
   1969年5月30日，第5版。

　　對於外國刊物，政府也採取嚴厲立場。《時代周刊》由於報導
了所謂「敏感內容」，而被禁止進入馬來西亞，直到相關內容被刪
除方可上架。據《南洋商報》報導，「本期《時代周刊》現在已在
書店中售賣了，不過雜誌中已少了兩頁。缺乏了第21及22頁的《時
代周刊》已被送到各店售賣。根據目錄，缺少了的兩頁，其內容是
被歸納在『世界新聞』裡」。[20]內政部常務秘書錫阿都拉告訴馬新
社說，《時代周刊》的出版人代表昨日向內政部建議，將該周刊中
對於馬來西亞種族有害的部分或報導，加以除去；同時他說：《時
代周刊》的代表既然已同意除去具有偏見的那一部分內容，內政部
就不再反對該雜誌5月23日在本邦銷售，而《時代周刊》與《新聞周
刊》之被禁，不是因為它們是外國出版物，而是因為它們的報導會
妨礙本邦的種族和諧。然而，《新聞周刊》的出版人或代表並沒有
向內政部提出刪除的建議。[21]於此同時，國家行動理事會也下令採
取嚴厲行動對付擁有因報導騷亂事件，而遭禁的外國雜誌及報章複
印本的人士。新聞管制中心於6月9日發表文告稱，國家行動理事會
已關注到許多人士擁有遭禁的雜誌與報章複印本，警方也被訓令加
緊調查這類事件。新聞控制中心說，「由於散播謠言及反國家分子
的活動，阻礙了局勢趨向正常，此已使到以前一些不受影響的地區
產生緊張氣氛」。[22]

（二）禍起蕭牆時：華文報「大局著眼」的表述

20　〈同意刪除妨礙和諧報導，時代周刊被允許繼續在大馬售賣、新聞
　　周刊迄今尚無反應〉，《南洋商報》，1969年5月25日，第5版。

21　同上書。

22　〈擁有外國刊物遭禁文章副本當局將予嚴懲　局勢雖有改善謠言造
　　成緊張〉，《南洋商報》，1969年6月10日，第5版。

在上述嚴厲與有效的新聞審查背景下，若我們檢視當時的報導，在面對這一空前危機的時刻，作爲華人社會喉舌的《南洋商報》在一周之內發了三則相關社論，但只能以一種相當委婉、「大局著眼」的方式來表述華人的情緒。這是在戒嚴時刻一種無奈的言說方式。在事變後的第三天，它呼籲人們要保持冷靜，不要感情用事，「國家有繁榮的經濟，其他的糾紛，就會跟著減少下來，而大局的穩定和安寧，才得到有力的保障」。同時，社論強調民主精神的重要性，即在民主國家裡，自然是允許各種不同的意見有發表他們主張的機會，而持有相反意見者，也同樣有機會發表自身的主張。因此它主張「君子之爭」，就是動口不動手。但又強調，動口也要有涵養，要有分寸，不然可能會引起惡劣的後果。顯然，這就是華人社會所慣用的「大局」修辭，強調「相忍爲國」。最後社論呼籲，

> 當禍起蕭牆，事變倉卒後，人民應該儘量表現鎮定、控制情感，以鎮定來避免形成事態更惡劣化，同時遵守當局所頒布的種種緊急措施命令，更要衷誠跟政府合作，以便能夠在最可能的短短時間內，把社會上的安寧秩序迅速恢復。這個不是關於一個人或一種人的事情，而是關於大家全體的幸福！……在這種危急時期，以牙還牙的態度，絕對不是良好的政策，絕對不是解決危機的辦法。唯一能夠解決危機的辦法，就是要鎮靜應變，以冷靜的頭腦來分析事態，用精誠合作，來執行政府維持治安的命令。只有這樣，當禍起蕭牆，事變倉卒時，才能化險爲夷，爲大家再度建下幸福康莊的大道。[23]

23　〈當事變倉卒，禍起蕭牆時〉，《南洋商報》社論，1969年5月15日。

事實上，除了呼籲大局著眼、冷靜應變之外，中文媒體又可以如何言說呢？

5月19日，另一篇社論則直指「在社會國家的立場來說，任何騷亂事件都是一種病態現象」，並引了古說「豈見覆巢之下，復有完卵」，呼籲人們同舟共濟。它也呼籲尋找事件發生的遠因與治本的方法，就是超越私人或團體利益，並把問題含混地指向「社會上一部分人士看不清事實，或對社會國家利益沒有明確認識的緣故」。[24]

慘劇發生一周之後，局勢比較明朗之時，《南洋商報》仍維持平和、克制的姿態，但顯然掩飾不了處在即時現場的沉重憂患。社論已預示了華人精神創傷的難以痊癒。這篇題為〈任重道遠的動亂善後工作〉指出：

> 這次**禍起蕭牆**，事變後，秩序雖可恢復，但**大家心裡直接間接，都有深淺不同的傷痕。這種創傷要長久的時間才能痊癒。**短時期內，傷痕猶新，腦海中的記憶猶新，要通通把它忘掉，是不會那麼容易的。就因為如此，精神的善後工作，就比物質的善後工作，更重要幾百倍。原因是只有長久的時間，才能把傷療治好，才能把記憶沖淡。[25]

這一平和的言說中透露出深切的華人傷痛，亦已預知到悲劇記憶不易處理的問題。值得注意的是，《南洋商報》連續兩篇社論皆以「當禍起蕭牆時」來表述此一族群悲劇。「禍起蕭牆」這個成語

24　〈一切以社會國家利益為重〉，《南洋商報》社論，1969年5月19日。

25　〈任重道遠的動亂善後工作〉，《南洋商報》社論，1969年5月20日。

實源自《論語‧季氏》：「吾恐季孫之憂不在顓臾，而在蕭牆之內也」。當時的季孫氏是魯國最有權勢的貴族，把持國政，專橫一時，想攻佔魯國的一個附屬小國顓臾，以擴大自己的勢力。孔子聽說後，認為季孫之憂不在外部，而在國內。蕭牆之內指的就是魯國國君魯哀公的宮內，後世用禍起蕭牆來比喻禍患起於內部。如《秦併六國平話》卷下：「祖舜宗堯致太平，秦皇何事苦蒼生？不知禍起蕭牆內，虛築防胡萬里城」。社論作者是否有意說明，這一暴動是出於政府內部麼？這我們不得而知。此外，社論也提及，「……至於絕對沒法補救的損失就是那些人命的死亡。我們深信，在這些死亡當中，大部分都是遭殃的池魚，根本與事態本身沒有直接關係。不幸在危險環境之下，無辜喪生。這些人命的損失是無法補救的，也無法補償。我們只能希望，這次人命喪失那麼多，會給大家一種慘痛的教訓，永遠牢記在心頭。會使那些了解精神善後的重要」。[26]這似乎有意透露了華人死亡人數的巨大與無辜，但華人卻只能把它當著一種教訓，此外無他法。社論深刻指出了「任重道遠的精神善後工作」，但如今再來回望此言，我們不得不扣問究竟50年以來有何精神善後工作？

（三）「三黑分子」之建構：馬共、黑社會與歹徒

「五一三」事變後第五日（5月18日），首相東姑通過電視臺公開指責「五一三事件」的罪魁禍首是三大群體（tiga golongan）——馬共、黑社會與歹徒——他們必須共同為「五一三」負責。實際上，一開始時，東姑把事件之發生歸咎於共產黨分子，但他自稱，「情

---

26 同上書。

報單位報告也認為接受酬勞的歹徒（叛徒）與黑社會」必須負責。[27]
他說，他知道酬勞是從哪裡來的，而這些群體對巫統獲得比他們預
期更多席位而失望。他們開始時期待馬來票被分裂，因此他們希望
借此弱化馬來人的實力。[28]這可說已定調了政府的「三黑分子」的
論述建構。在同一天晚上，東姑也說，對外國媒體非常難過，因為
他們對這幾天發生的暴動之報導不正確。他說，他們沒有辨別忠誠
的華人與共產黨恐怖分子、歹徒和私會黨。[29]外國媒體把華人放進
一個單一的群體中。東姑強調，政府只對付歹徒。「如果他們（外
國記者）想要協助我們，應該報導正確的新聞。或者，他們可以把
七百位被逮捕的歹徒帶到澳洲和英國或任何其他他們所報導的地
方」。[30]必須指出，這一新聞最難得之處是的透露了華人的首當其
衝，是難得一見的非「空白論述」（下文將敘述）。

這一論述其後獲得副首相進一步的論證：

　　吉隆坡，星期一訊。副首相敦拉薩今天宣布，保安部隊剛於晚
　　間在吉隆坡逮捕一群馬共和反國家分子。……至今，政府已經
　　逮捕一百五十位共產成員。[31]

27　"Laporan wartawan-wartawan asing-Tengku merasa dukacita," *Berita Harian*, 19 May, 1969, 2.

28　"Tengku: Ada 3 golongan yang mencetuskan kekacauan," *Berita Harian*, 19 May, 1969, 2.

29　即指「秘密會黨」或「秘密社會」。在馬來西亞，一般習慣以「私會黨」稱之，此處依據報章的用詞。

30　"Laporan wartawan-wartawan asing-Tengku merasa dukacita," *Berita Harian*, 19 May, 1969, 2.

31　"Ramai lagi anasir-anasir komunis diberkas. berkurung kendor lagi," *Berita Harian*, 20 May, 1969, 1.

　　繼東姑的論述，敦拉薩鋪以數據，更進一步強化了此一論述。但值得注意的是，這些報導在《每日新聞》獲得了比較廣泛的報導。據《每日新聞》報導，5月19日再有六百名共產黨歹徒（penjahat komunis）被逮捕。[32]相對的，《南洋商報》則較少有顯著的相關報導，比如同一日的中文報即沒有提及。5月20日的《南洋商報》新聞則有提及上述150位被捕一事。顯然的，這似乎表明《每日新聞》比較回應與接收官方論述。

　　可以這麼說，在「五一三」導因的官方論述中，關鍵詞是共產黨分子，另外就是私會黨了。在某個程度上，「五一三」甚至從種族衝突變成一個私會黨事件。私會黨的責任在《五一三悲劇白皮書》發布之後得到了完整的建構。縱觀此官方報告，它追溯華人南來之時就帶來了黑社會，而這些黑社會是破壞性的，包括它造成了邦咯島條約之簽署：

　　　　這些秘密社會支配華人社會一部分群體已成為平常事。觀察他
　　　　們的活動，最近幾年變得越來越頻密。在上次大選中，秘密社
　　　　會影响了一些候 選人的政治舉動。在某些地區，候選人幾乎
　　　　不可能在不支付「保護費」的情況下展開競選活動。脅迫和恐
　　　　嚇在某些地區是競選活動中獲得支持的常見方法，特別是在吉
　　　　隆坡。在種族主義動機的驅使下，一些秘密社會的代理人故意
　　　　在種族之間製造緊張氣氛，從而使國家的局勢變得脆弱。已經
　　　　可以確定，秘密社會的活動與吉隆坡的種族爭執之間存在聯
　　　　係。眾所周知，有一部分的秘密社會流氓成為共產黨所控制的

---

32 "600 lagi penjahat komunis di-berkas" *Berita Harian*, 19 May, 1969, 1.

馬來亞勞工黨支會成員。他們為自己的特定利益行事，即使局勢時刻緊張而他們可以趁此廣泛勒索。[33]

顯然的，在經過這一歷史脈絡化之後，形構出了一個包含了毛代理者、秘密組織和歹徒的三黑分子論述。這一論述勾劃了私會黨與種族主義及共產黨的關聯。官方的敘述與《每日新聞》之報導，可說強化了私會黨、共產黨的匪類形象。易言之，當局利用了媒體框構與定調「五一三」騷亂性質中的共產黨與私會黨因素。

（四）空白處：性別、族群、身分、暴民

如果說，馬共、黑社會與滋事分子（歹徒）是三大黑類，他們共同成為了「五一三」事變的導因、罪魁禍首，是悲劇中官方論述的彰顯點，但檢視當時的報導，面對著這一空前危機的時刻，《南洋商報》或《每日新聞》的敘事卻有一個明顯的共同點，即有四大空白處：**沒有性別、族群**，也沒有死難者的**身分**，更沒有死難者家屬的情緒、悲號與反應，**暴民**亦缺席，只有數目字。舉例而言，至5月19日止，政府宣布共有147人喪生，321人受傷，但沒有死難者的名字與族群身分。[34]在6月28日發生的冼都（Sentul）衝突中，同樣也沒看到任何種族標記、死難者身分。實際上，這一事件是印度人與馬來人之間的衝突，[35]但在媒體報導中，完全空白了。如《南洋

33　見*Laporan Tragedi 13 Mei, 1969*, pp. 29-30。

34　〈大馬局勢全受控制逐漸好轉政府進行大逮捕迄昨一四七人喪生·三百二十一人受傷 南下北上火車恢復載客服務〉，《南洋商報》，1969年5月20日，第1版。

35　柯嘉遜的書略有提及，見Kua Kia Soong, *May 13: Declassified Documents on the Malaysian Riot of 1969*（Petaling Jaya: Suaram Komunilkasi, 2007），70-71。

商報》依據新聞管制中心的敘事：

> （吉隆坡廿九日訊）由於一宗兩人喝酒後所發生的口角事件，使到昨日下午吉隆坡發生多宗意外事件，結果造成五人喪生及一些人士受傷。新聞聯絡中心今日發表說，昨日下午五時五十五分左右，本坡秋傑律有兩名人士因喝酒後發生吵架。這醉後口角事件引起連鎖反應，被以為就會發生連鎖事件，使到這條街道及鄰近街場的商店相繼關門，行人感到徬徨。這項局勢很快地蔓延到本坡其他地區，警方立刻出動新聞部流動廣播車輛，安定民心。新聞聯絡中心指出，散播謠言者及不良分子利用這項局勢，下午六時零七分，蕉賴路有一群青年向川行車輛擲石頭，至下午六時四十分，本坡太子路有一名人士被一群無賴之徒圍攻而受傷，傷者被送往本坡中央醫院救治。隨後，本坡洗都巴剎一間房屋被一名或多名不明身分者放火，此項事件之後局勢惡化，人民亦感到驚慌。……隨後警方接獲一宗火燒事件發生後，被派遣到洗都地區執行治安任務的警方人員，在洗都巴剎發覺有大群人在滋擾，警方向天空開槍驅散之，這些人□快的便離開。在現場，警方發現兩名喪生者及四名受傷者。……同時在洗都巴剎內區，一排住屋被人放火焚燒，消防隊被召前往救火，在火場附近，發現有數名受傷者，這些傷者被□往中央醫院，其中有兩名喪生，其餘的都留在醫院救治。[36]

---

36 〈兩人醉後吵架起連鎖反應 謠言滿天飛到處有人滋事 吉隆坡復發一場騷亂 五人喪生 另一些人士受傷 縱火事件多起局勢受控制〉，《南洋商報》，1969年6月30日，第1版。

　　從以上引言即可知，冼都事件的導因是「一群無賴之徒」、「大群人」、謠言者、不良分子，然而這些都是空泛的名詞。此處衝突的主體──印度人與馬來人──種族、種族主義問題消失了，空白處都由謠言與無賴所填補。

　　政府在較後時，針對冼都衝突進一步説明其原因與情況。「敦義斯邁醫生今日向全國人民保證，身爲内政部長及國家行動理事會理事，他將使到保安部隊在執行維護法律與秩序時沒有偏袒及歧視態度」。「他指出，上月廿八日本坡冼都發生的新騷亂事件，曾使到六人喪生，十七人受傷，廿四間房屋被焚燒，由於保安部隊採取迅速行動，局勢已受到良好控制，迄今爲止，共有四十七名因與上述事件有關的人士被逮捕。敦義斯邁也説，在騷亂事件中被拘捕，且目前還沒被釋放的**滋事歹徒、顛覆分子、私會黨分子及携帶攻擊性武器者**，正受當局調查，一俟調查完畢后，這些製造麻煩者，非公民將被驅逐出境，非土生公民將被褫奪公民權，土生公民將受到適當法律制裁」。[37]再一次，此處又回到了三黑分子建構，沒有種族（及種族主義者），暴動中竟然「暴民」缺席，歷史中沒有野獸。

　　在做出這項廣播時，他難得的發布了從5月13日到7月初的各項數據。他説：

　　我今晚發表廣播，因爲我覺得由於上周末的事件而產生緊張與不安感覺，我有需要向諸位作解釋及保證。……由於這些新的逮捕行動，由五月十三日至昨日上午十時爲止，當局總共逮捕了八千一百一十四人，**曾經有一些謠言説被保安部隊所逮捕的**

37　〈馬内政部長保證保安部隊執行……〉，《南洋商報》，1969年7月6日，第6版。

人士中，只是某一種族人士而已，在這裡，我得很清楚的否認
此項説法；自五月十三日于騷亂有關的被捕人士中，包括大馬
所有主要種族人士，但基於保安理由，不宜發表拘捕者的種族
數目。大部分被拘留的都是觸犯戒嚴令、滋事、散播謠言，私
會黨徒及携帶攻擊性武器者，其中有四千一百九十二人已被提
控於法庭，六百七十五人已被具保釋放，一千五百五十二人獲
無條件釋放。其他的拘捕者，包括幾乎全部都是歹徒，顛覆分
子、私會黨分子及携帶攻擊性武器者，還遭受拘留，當調查工
作完畢後，這些滋事者……。[38]

　　同樣的，這裡也有數目字，但只有歹徒、顛覆分子、私會黨分
子——不論何種語文的報刊，這裡沒有死難者的名字、家屬的哀嚎
聲，更沒有情緒的宣泄，這裡值得叩問的是：他們命運如何了？家
屬情緒如何宣泄？然而，一切在保安理由下，「自五月十三日於騷
亂有關的被捕人士中，包括大馬所有主要種族人士，但基於保安理
由，不宜發表拘捕者的種族數目」，死亡在哪一霎那間似乎都是沒
有特別意義的。實際上，警方被賦權以埋葬騷亂中的死難者，他們
悄悄地處理了死難者的後事。這是由敦拉薩作為國家行動理事會主
任所簽署的指令，並於憲報中公布。它也確認在騷亂中去世者的死
因不必追查，同時，ASP等級的警官可處理死難者屍體，但是其身
分必須確認。警察及軍隊在騷亂中去世者也可由警方埋葬。[39]
　　在這一時刻，我們往往只能從政府回應或反駁外國媒體的指責

38　同上書。
39　"Polis diberi kuasa tanam mayat korban kekacauan," *Berita Harian*, 21
　　May, 1969, 2.

中，始能看到非空白的種族身分。比如，敦拉薩在宣布政府即將實施新聞檢查制度時，針對外國通訊社的報導時即指出：「我們沒有將武器供給馬來人或唆使他們去打華人，這種報導是完全沒有根據的」。[40]顯而易見，在戒嚴時刻，對官方而言，報紙的功能之一是在於透過記者（官方提供的訊息）類型化的報導與敘事，將複雜的社會世界賦予結構與秩序，形成集體化的知識符碼，成為世界所以有意義的信念體系。[41]通過新聞提供與限制，政府提供了一種類型化的報導與敘事，逐步形成了有關「五一三」並非特定族群之受害印象，這裡也沒有種族主義者暴民，嘗試以此塑造集體記憶與認識。

二、戒嚴時刻下的民間生活

如上所述，日常生活的實踐知識也會透露不同利益群體之間的張力，顯示了一種無意識的「弱者的實踐藝術」，即一種生活中的反抗態度，甚至於它是構成狹義政治革命的重要基礎之一。[42]那麼，在「五一三」戒嚴生活中，一般人們是如何度過呢？華人社會又在日常生活中透露出怎樣的意識呢？

（一）謠言的興起、官方應對與一種抗議

從報章的敘事中，明顯可見的另一個關鍵詞是──謠言，它可

40　〈敦拉薩宣布各級議會暫停　其任務聯盟將組過渡內閣　馬華議員將受邀入閣　義斯邁醫生重任內長實施新聞檢查制度〉，《南洋商報》，1969年5月17日，第1版。

41　見黃順星，〈恐怖的陰謀：1950年代初期匪諜新聞的詮釋〉，《新聞學研究》，第136期（2018），頁95-96。

42　見鄭震，〈論日常生活〉，頁83。

說是「五一三」戒嚴時刻日常生活中的常態。如上所述，由於戒嚴時期族群之間的緊張關係以及新聞管制，誠如澁谷保所指出那樣，當民眾對新聞的需求大於制度性管道的信息供應時，謠言就會大量繁殖。[43]因此，對謠言內涵的演變以及謠言在現實中發生的相關語境進行認真考察和研究，將有助於提示官方文本、主流思維之外的另類謠言觀，解讀特定歷史時空中造謠、傳謠的群體心態和社會氛圍，描繪出更加多維度、多層次的歷史圖像。無論是政府、媒介還是民間機構，無不把謠言作為腐蝕士氣甚至產生破壞的一個潛在源泉，謠言控制的想法也隨之提上日程。但實際上，謠言是社會失序的一個結果，是社會態度和動機的一種投射。[44]澁谷保認為，「為了明智地行動，人們對新聞加以尋求，而謠言基本上就是一種新聞」；他甚至把謠言與新聞並列，為我們開啟了一扇理解謠言的新視窗。[45]它顯示了報紙和廣播中的新聞也不一定是客觀的和真實的，而是攜帶了很多價值觀主導的意見和假設。

　　人們一般向政府當局或是媒介籲請真相，把證實的責任交付給它們，但謠言卻打擊了這一過程。這就是為何政府當局常會控制或否認謠言，因為他們擔心謠言會引發公眾的動盪、恐慌或是不滿，在「五一三」戒嚴時期這尤其可從政府的態度、特別嚴厲的官方行為及法庭案件特別多見之。如上面已引述那樣，新聞控制中心說，「由於散播謠言及反國家分子的活動，阻礙了局勢趨向正常，此已使到以前一些不受影響的地區產生緊張氣氛」。[46]可見「謠言」在

43　轉引自胡泳，〈謠言作為一種社會抗議〉。《傳播與社會學刊》第
　　九期（2009），頁73-74。
44　同上書，頁69。
45　轉引自胡泳，〈謠言作為一種社會抗議〉，頁74。
46　〈擁有外國刊物遭禁文章副本當局將予嚴懲 局勢雖有改善謠言造

官方眼中是暴動的起因之一。在「五一三」戒嚴令下，傳播謠言是一種刑事罪行，根據內部安全法令第28條，散播謠言者可被罰款一千元，或坐監一年，或兩者一起執行。[47]副內政部長韓沙阿布沙末即警告人民，警惕破壞分子正在傳播謠言，以達致引起不安的目的。他說，顛覆分子正在趁此惡劣環境採取傳播謠言以恐嚇人民。[48]司法部長拿督干尼基隆也促請人民勿聽信無根據的謠言，俾使國家的局勢會好轉。[49]依據官方數據，單至5月19日，被捕的人數共有3,052人，其中大多數即包括散播謠言者，以及違反戒嚴令與携帶傷人武器者。[50]《南洋商報》報導，即便輕微的、或看起來無關緊要的謠言傳播者也被控上法庭。一名男性林清保（譯音）由於涉嫌散播謠言，而被控於地方法庭。控狀指他曾於騷亂期間散播謠言：「**車輛不能駛入吉隆坡**」。被告起初否認是項指控，但一聽到庭主蘇萊曼哈欣要將他扣押一星期，並訂6月2日審訊時，被告焦急地說，「我不要被扣押一星期，我現在認罪了！」庭主說：「這件案不是很嚴重的」。「站在犯人欄裡頭的被告聽到這句話，又再次反悔自己認罪的決定；他臉部呈現頹喪的神色，不斷搖頭說：我現在不認罪，我準備接受審訊」。結果，庭主蘇萊曼將此案訂於今年6月2日審訊」。

（續）——————————

　　成緊張〉，《南洋商報》，1969年6月10日，第5版。

47　〈敦拉薩呼籲公眾人士不要聽信謠言　雪州警方昨擊破無稽謠言　甲一名老人涉嫌散播謠言被捕〉，《南洋商報》，1969年5月23日，第6版。

48　"Hamzah: anasir2 jahat sibar khabar2 angin," *Berita Harian*, 18 May, 1969, 1.

49　〈司法部長呼籲人民無信謠言〉，《南洋商報》，1969年5月30日，第6版。

50　〈馬國家行動理事會首次會議　商維持治安步驟……〉，《南洋商報》，1969年5月20日，第1版。

51

謠言既是社會現象，也是政治現象。謠言與當局的關係是：它
揭露秘密，提出假設，迫使當局開口說話，同時，又對當局作為唯
一權威性消息來源的地位提出異議。所以，謠言構成了一種反權力，
即對權力的某種制衡。[52]因此不難理解，為何官方即便如此嚴厲對
付謠言，但謠言仍然持續不斷，可見謠言是一種反抗。在針對冼都
衝突中，敦伊斯邁說：

> 他感到非常驚奇，因為從一些接獲的報告中，有許多受過教育
> 的人士也對散播謠言負起責任，政府嚴重關注這類活動，他希
> 望這些人士應對自己這種行為而感到無限的羞恥，作為受過教
> 育的人士，不止應該不受謠言所動，是應該教導受較少教育的
> 人士勿聽信謠言。他呼籲所有效忠國家的公民，應迅速寫信到
> 信箱五零零零號，向當局投報任何散播謠言及不良行為事件。[53]

從報導可見，謠言也成為政府眼中的問題導因，與三大黑分子
一起構成了官方的重大導因論述。

在謠言傳播的整個過程中，社會各方（主要是指下層民眾、官
員、甚至西方人士）的反應速度並不同步，對待謠言的態度和措施
也不相同，而這種意見的分歧使得整個社會在謠言面前變得四分五

51　〈涉嫌縱散播謠言兩被控 訂期審訊〉，《南洋商報》，1969年5月
　　27日，第6版。

52　見卡普費雷，《謠言》（鄭若麟、邊芹譯）上海：上海人民出版社，
　　1991年，頁14（轉自胡泳，2009: 76）。

53　〈馬內政部長保證保安部隊執行……〉，《南洋商報》，1969年7
　　月6日，第6版。

裂，形成不了目標一致的合力，從而導致謠言更加猖獗，社會更加動盪。對於謠言，《南洋商報》特別寫了社論：

> 傳播謠言的人，有的根本出於無心。因為人心不安，急於要打聽消息，同時又因為動亂時期，消息特別多，大家又不知何者是真那樣是假。因此有聞必傳，結果就中了人家謠言攻勢的詭計。我們了解了宣傳技術，人民一定就要在心理上有自衛的準備。……心理上的自衛，目的就是要對付搗亂分子的謠言攻勢。當謠言傳來時，聽的人第一步應該用冷靜的頭腦加以分析，謠言是這麼說，但是有沒有可能？那樣可能嗎？那方面的情形是不是這樣？我們這方面是不是這樣？做冷靜的分析後，再拿所傳來的謠言，跟當前你所曉的局勢，來作一個對照比較。謠言經過這一番的分析對照後，就會原形畢露，證明是毫無根據的。……在動盪時期，人民最要緊的是力求鎮定，頭腦一定要冷靜清醒，千萬不要輕信各方的傳聞，不要不假思索，不加分析，不加對照，因信謠言而庸人自擾。何況輕信謠言者也是會傳播謠言的人，而傳播謠言更是可以惹來絕大的災禍的。[54]

　　商報社論基本呼應了官方立場，呼籲勿輕信謠言，然而卻也透露了華人社會作為衝擊最大的社群，謠言傳播之嚴重程度。它可謂超越了官方控制謠言所制定的「結構」，謠言依然熱烈，以致商報必須特別發表社論。

（二）日常生活作息與種族關係

54　〈人民心理上的自衛與謠言攻勢〉，《南洋商報》社論，1969年5月24日。

「五一三」爆發，政府即發布了戒嚴令。雪州警方宣布由5月13
日晚上7時半開始，吉隆坡全市戒嚴24小時。檳城則是在14日凌晨一
時實施全日戒嚴。[55]直至15日，吉隆坡才部分解除戒嚴2-3小時，以
讓人們出來購物。[56]隨後政府逐步放鬆戒嚴時間，至7月份是於上午
5時解禁至下午6時。各地實施戒嚴時間也不一致，往往發生案件如
縱火等則會重新延長戒嚴令。如吉輦四地即恢復全日戒嚴，因爲一
人被殺及一屋焚毀。[57]在戒嚴時期，獲得通行證者僅有新聞從業員、
親善委員會委員、救傷隊人員、自願服務機構等，醫生除了領有通
行證之外，當局尚發出汽車招貼，方便他們的服務。有一些在警察
局被困的公衆人士也得到上述通行證，不過他們的通行證內有明指
在某一段時間內可以使用而已。但在駐有軍隊的敏感地區則除外。
通行證是於5月14日開始簽發，[58]然而一般民衆仍無法適應這一戒
嚴，這一點可從違反戒嚴令被控者數目之大得以窺知。據報章的報
導，僅三個地方法庭就收取總共117,000馬幣之罰款，即自5月14日
開始，一周之內，怡保區有592人因違反戒嚴令的罰款。同時，在實
兆遠，有3位男士被罰30元，安順區則有兩位被罰40元；在戒嚴時期，

55　〈繼吉隆坡宣布戒嚴之後 雪霹及檳城 亦實施戒嚴〉，《南洋商報》，
　　1969年5月14日，第1版。

56　據《南洋商報》，「星期二晚騷亂到高潮之吉隆坡中區，甘光峇汝
　　及增光區於今晨七時三十分解除宵禁三小時。在甲洞、雙溪毛糯、
　　梳邦、半山芭及蕉賴去宵禁於上午十時三十分解除，中午十二時三
　　十分再實施。……」（吉隆坡及其周圍局勢仍嚴重 戒嚴令解除期間
　　續發生暴動事件 喪生者達七十五人 二百七十七人受傷 三十間房屋
　　被焚毀 各種車子百輛遭殃，1969）

57　〈一人被殺一屋焚毀吉輦四地恢復戒嚴 今晨七時至九時暫解除 其
　　他地方戒嚴時間不變〉，《南洋商報》，1969年7月31日，第5版。

58　〈自騷亂發生以來 吉隆坡警方發出逾五千張通行證〉，《南洋商
　　報》，1969年5月23日，第5版。

法庭照常開啓，以審訊違反戒嚴令者，罰款從十元至一百元不等，依據其違反的時間而定。[59]人們的生活作息與經濟活動又如何呢？據報導，「……欲出海捕魚的漁民，須與村長或縣長聯絡」。[60]

　　對於學生上學問題，長時間的戒嚴造成了巨大影響。吉隆坡與八打靈的中學三年級以上的學生，於6月2日才回返校唸書。雪蘭莪州教育局因此草擬了一項「特別計劃」，以使州內的學校可彌補由於騷亂所損失的上課時間。雪州教育局長威維干達在6月2日時對馬新社說，我們可能實行周末上課，特別是為要參加考試的班級。他說，當局也可能縮短第二學期的假期。他指出，教育局與教育部的官員都在考慮這些可能的步驟。他說，「當局還未決定戒嚴地區的中學一、二年級以及小學將在何時恢復上課。……此事須視解除解嚴的時間而定，因爲我們還要顧及下午班的復課。一俟當局認爲學生上課安全時，便會回復上課」。[61]另一方面，校長與職工會領袖都歡迎全國行動理事會的決定，讓中學高年級提前復課。吉隆坡聖約翰校長楊修士說，這將使學生們尤其是要參加考試的學生，可以恢復唸書，以準備參加考試。他也歡迎教師為學生開補習班，以便學生補回他們的功課。全國教師職工會總秘書古魯三美也歡迎中學高班級復課。他說，我們要勸告教師在適當時，為學生開班補習功課，同時調查一些受騷亂影響的學生之需求。[62]

59　"Mahkamah dapat $11700 dari wang2 denda berkurung," *Berita Harian*, 21 May, 1969, p. 6.

60　〈吉隆坡局勢仍緊張 其他地區保持寧靜 戒嚴解除時間并無更改 商店不應提早停止營業〉，《南洋商報》，1969年7月1日，第5版。

61　〈隆及八打靈中三學生今日復課 教育局草擬計劃彌補損失上課時間 小學復課日期尚未決定〉，《南洋商報》，1969年6月2日，第5版。

62　同上書。

更值得注意的是，商品在鄉村與城市流通也成問題。有一則新聞值得留意，即馬華商聯會會長丹斯里陳東海駁斥華人杯葛馬來人榴槤的謠言之説。他對馬新社説，本邦內的所有華人商會已經受到指示，以便與聯邦農業銷售局合作，俾確保水果從鄉村順利流入城市內。……他希望局勢不久將恢復到正常，以使華人可以去甘榜（馬來鄉村）購買水果。同時，馬來人可以來到市區出售他們的水果。「聯邦農業銷售局已經收到通告，假如他們面對困難，商聯會是準備將貨物運送到中華大會堂，而不是惹蘭麥斯威的批發巴刹」。[63]這似乎説明，華人杯葛馬來人的水果，當然也極可能是種族關係緊張，造成了華人不敢進入馬來鄉村。實際上，當時吉隆坡華人也曾自發性的不吃馬來人的沙爹（Satay），聊以抗議，一些華人若光顧會被責備。[64]由此可見當時種族之間關係的緊繃，這也可視爲是華人社會通過日常生活對五一三事件之發生的一種抗議。

在此時期，一切娛樂活動也被終止，重災區雪州政府在一個月內其娛樂稅收入損失五十萬元。[65]戒嚴時期，失蹤問題亦是另一個問題。政府在5月23日於聯邦大廈的教育部設立中心，協助尋找自從吉隆坡與八打靈再也第一次實施戒嚴以來，至今尚未歸家的失蹤事件。[66]馬來西亞紅十字會尋人中心也接獲130宗尋人事件投報，該會的一名發言人透露，該會曾促成35名人士與家人團聚。在多宗失蹤

63　〈丹斯里陳東海談話華人杯葛榴槤〉，《南洋商報》，1969年7月
　　10日，第5版。

64　見許德發，〈五一三事件與馬來西亞的記憶政治——論五一三事件
　　的幾種詮釋〉，頁37。

65　〈雪州政府對於娛樂稅收發生騷亂以來 損失五十萬元副州大臣在
　　適耕庄透露〉，《南洋商報》，1969年7月14日，第6版。

66　〈當局設中心助公衆人士尋找失蹤者〉，《南洋商報》，1969 年5
　　月23日，第5版。

事件報告中，也有失蹤者自動返家而沒有通知該會。除了11宗尚未被解決外，其他都有了答案。該尋人中心是於5月15日設立，範圍包括新加坡及檳城。[67]《南洋商報》記者馮時強亦失蹤兩週，後終尋獲。[68]據報導，吉隆坡發生騷亂事件中，兩華籍稚齡兄妹誤入巫籍住家，因此福利官希望與其家屬取得聯絡。[69]

（三）掃蕩私會黨、罪案與私會黨的衝擊

前面已經提過，政府把一切問題歸納為滋事分子（歹徒）、共產黨分子與私會黨徒。故此，私會黨面對前所未有的嚴厲掃蕩行動，受到嚴峻且巨大的衝擊。雪蘭莪警方接獲副首相敦拉薩的指示後，即宣布正展開積極掃蕩私會黨徒的行動，加緊對付州內的「不良分子」。州警長阿里菲指出，「警方將采取全面性的行動對付州內的私會黨徒，他籲請公眾人士與警方合作，提供有關私會黨徒的活動」。他說，這種「不良分子」應該被鏟除，因警方知悉在騷亂事件中，不少私會黨徒曾參與活動。警方在騷亂事件發生後，曾在多處地方突擊搜查，包括新街場路、陳秀蓮路、古路律、秋傑律、冼都與武吉免登律，約有二千四百名涉嫌私會黨徒被帶返警局詰問，其中二百名活躍的私會黨徒送至檳城一島中受改，這二百名私會黨徒不少是黨魁。[70]可見「五一三事件」的意外影響是，私會黨幾乎

67　〈馬紅十字會尋人中心盡力協尋十一報失事件〉，《南洋商報》，
　　1969年6月27日，第17版。

68　〈本報職員 受傷刻留院療治〉，《南洋商報》，1969年5月28日，
　　第6版。

69　〈吉隆坡發生騷亂事件中 兩華籍稚齡兄妹入巫籍住家 福利官盼與
　　其家人聯絡〉，《南洋商報》，1969年5月28日，第6版。

70　〈雪警方正展開掃蕩行動 對付私會黨徒 希望公眾合作〉，《南洋
　　商報》，1969年6月29日，第5版。

面對滅頂之災。

　　爲了因應此一時局，私會黨也有所變化，他們内部開始凝聚起來。警方揭露，首都私會黨改變策略，各派放棄地盤觀念，互通聲息，逃避追緝。當時的雪州刑事調查主任高金清助理警察總監披露，大體上私會黨活動已受控制，但吉隆坡各地區的私會黨已揚棄區域的界線限制，加強流動性，以逃避警方耳目。[71]高氏這項揭露恰與内政部長敦義斯邁醫生於7月7日在一項全國的廣播演詞中所揭露的私會黨進行大合併事件相吻合。他説，私會黨組織過去一向的習慣是各搶一方作爲地盤，在該地盤内的一切利益均屬該黨所有，而為了避免其他黨派的侵入，各私會黨都會嚴守陣地，不准其他黨派越雷池半步。所以，他們的地盤界線極嚴，往往因越界爭地盤而進行格鬥屠殺。然而，依據警方所獲得的情報顯示，各私會黨已摒棄界線觀念准許其他黨派進入自己的地盤，加強流動，以逃避警方逮捕。高氏指出，雖然私會黨徒多方面的匿藏逃遁，但大部分的私會黨活躍分子經被扣捕，他們的活動已受到適當的控制。《南洋商報》也報導，依據另一方面的消息，目前半山吧及武吉免登、甘榜汶萊數地區的私會黨徒，包括小梅花、十三麼、十八羅漢、紅花等，已非正式的互通聲息，他們此舉是一種臨時措施，因他們大部分的首領已遭逮捕，所以需要暫時聚集一起以加強力量，進行各形式的勒索行爲。其他地區的私會黨徒，如市區街場的龍虎黨、二龍虎、陳秀蓮的二和四、老軍，峇都律的三六零、紅花、龍虎堂二十一兄弟，孟沙律的三六零、一零一，十八碑的二和四、三六零及零八，冼都

71　〈警方揭露首都私會黨改變策略，各派放棄地盤觀念，互動聲息逃避追緝。高金清助理警監昨日談話指出 一般上私會黨活動已受控制〉，《南洋商報》，1969年7月11日，第5版。

區的一零一及三八、紅花等已失去活動力量，名存實亡。[72]實際上，《五一三悲劇白皮書》明確指出，在「五一三」衝突時期，黑社會組織曾在一些地區成爲華人社區的保護者、治安者，因此多少獲得該地區華人社會成員的尊重。[73]私會黨徒基本是華人爲多，戒嚴時刻警方的掃蕩行動表明了官方行爲，但也可見戒嚴時刻誘發了私會黨的族群意識，說明了華人社會存在的實體反抗。

弔詭的是，戒嚴時期的罪案卻也因此減少了，這是逮捕私會黨所帶來的額外影響。以霹靂州爲例，自政府宣布緊急狀態後，劫案減少六成，主要乃因夜間實施戒嚴，以及私會黨分子大部分已被警方逮捕。據霹靂州警方高級發言人披露，由本年正月起，每月平均發生之劫案計20宗，至本年5月，次數目減少35%，至7月減少了60%，即每月只有7宗。[74]

結論：媒體框構與記憶定調

綜上所述，儘管在官方新聞管制與訊息統一下，我們仍然可以看到當時至少存有兩個不同的報章敘述同時在進行著。在相同的新聞管制與言說空間之下，馬來報章與中文報刊敘事似乎展現些許差異。基本上不管任何語言的報章，他們都吸納了政府所發出的新聞以及新聞背後的立場、取向，在官方敘事一方面有所空白化、一方面刻意定調化下，種族意象被淡化，社會之間的凝聚力似乎得以強化，也減少了華人的受害情緒，並可能轉移了某種不滿。馬來報紙

72　同上書。

73　見 *Laporan Tragedi 13 Mei, 1969*，頁84。

74　〈緊急狀態宣布後吡叻州劫案減六十巴仙大部分私會黨員遭捕〉，《南洋商報》，1969年7月11日，第6版。

之表述與馬來人的歷史記憶開始互動，可是以華人社會謠言之盛，似也說明了華人追求更多的真實，未必全然接受中文報章之報導。

在戒嚴時刻，政府通過強硬的外在制度、法規，如前面提及的新聞之管制、三黑分子之建構、去除暴民之敘述、謠言之控制以及對私會黨的嚴厲掃蕩等，將事件匯聚成習而不察的集體認知（從報章可見）──沒有族群歧視，其中更強化了私會黨、共產黨的匪類形象，顯見當局如何利用媒體之構框，定調了「五一三事件」騷亂性質中的共產黨徒與私會黨因素。顯然的，此處可見，在戒嚴時刻，報紙的功能之一在於透過記者（官方提供的訊息）類型化的報導，將複雜的種族暴動、騷亂賦予結構空白化與秩序，形成集體化的知識符碼，成為人民認知事件的基本視野，甚至簡化的真相。由於新聞能夠創造出記憶空間，這可能是後來集體記憶分歧形成的導因之一：「不接受而苦悶、壓抑」或「接受」的兩種態度。

簡言之，華人社會應可歸屬於那種「不接受而苦悶、壓抑」的態度持有者。在相當長的一段時間內，中文報紙可說無法承載著華人的記憶，因此華人記憶是壓抑著的個體記憶，而如今它之所以上升為民族記憶，這主要應是經由「謠言」（口傳）的擴散與蔓延，形成肅殺的時代記憶。這種變化不僅意味著個體記憶到社群記憶的擴大，50年來記憶的不間斷，且也意味著代際的更替，以及時間的流轉。本文認為，顯然，以上分析已說明，中文報刊無法面臨政府的敘事挑戰，中文主流媒體可說無法記錄華人的創傷敘事，華人歷史記憶的建構過程、擴散與再生產，恐怕主要在於民間之內的口傳。

許德發，馬來西亞蘇丹依德里斯教育大學中文系高級講師、華社研究中心董事。主要研究方向為中國近代思想、馬來西亞華人文化思想與政治研究。

入殮如建檔
遺體、隔離的記憶與五一三事件個體敘事

傅向紅

前言

發生於1969年的五一三事件，主要影響西馬半島的中、北部幾個主要城市，以首都吉隆坡的死傷人數最多。相比於第二次世界大戰和馬來亞緊急時期，這場衝突事件的死亡人數並不多，但卻對馬來西亞的政治、經濟、文化和社會帶來重大影響。有關該暴力事件的記憶以及它所象徵的意義，是馬來西亞不同政治勢力角力的場域。雖然五一三事件的主要地點為吉隆坡，即國家行政、政治、經濟和文化的重鎮中心，但五一三死難者的埋葬地點，卻是在吉隆坡外圍的羨麥區和較偏遠的雙溪毛糯。到底五一三事件的遺體，是如何處理的？遺體管理和墓園在五一三事件的記憶政治，有何重要性？

近代主權國家的概念，蘊含各種對生命、身體及遺體的想像和治理。[1]女性主義、性別和酷兒研究對此已有很多反思，從國家形塑主體的概念，探討「身體政治」。不同於性別研究所關注的活著的

1　Achille Mbembe, "Necropolitics", *Public Culture* 15.1（2003）: 11-40.

「身體」，本文關心的對象是已經失去生命的「身體」，即「遺體的政治」。[2]在非衝突、非戰爭的一般狀況下，如何處理遺體往往是個在私領域決定，在不違反國家所規定的公共衛生標準和空間地點前提下，由家屬或親人按照所欲的文化習俗完成。換成是戰爭或衝突的狀況，往往就會有公權力或其他政治、社會力量介入遺體的處理，過程可能緩和衝突，也可能進一步激化衝突或導致更多暴力。換言之，遺體的歸屬權和象徵意義所引發的各種爭議，其實是政治和歷史的一部分。如同其他的衝突事件，馬來西亞的五一三事件也牽涉到如何處理遺體的問題，但這卻沒有成為五一三事件和記憶研究的探討對象。根據國家行動理事會出版的官方報告，共有103具遺體埋葬在雙溪毛糯，另外18具埋在莪麥區，另外8具則直接歸還給家屬（頁68-69）。[3]為何選擇雙溪毛糯和莪麥為埋葬五一三事件遺體的地點？是誰，或哪個政府部門的決定？誰負責處理遺體？是否有通知家屬具體的遺體埋葬地點？

　　本文以五一三事件親歷者和死難者家屬的口述故事，對照官方報告，整理出遺體、墓園和墓碑的政治意義。本文認為，族群衝突和執政黨宮廷政變這兩大論述（稍後再論），固然是理解五一三事件的歷史脈絡，但若進一步從「遺體管理」和墓園空間的角度探討五一三事件，可以深化對五一三事件、後續的記憶政治和相關機制的認識。本文也認為，國家檔案解密固然有助於理解五一三的歷史真相，但親歷者的口述故事和視角，也同樣重要。

　　本文共分為六節，接下來我會在第二節描述何謂五一三事件以

2　Katherine Verdery, *The Political Lives of Dead Bodies: Reburial and Postsocialist Change*（New York: Columbia University Press, 1999）.

3　National Operations Council, *The May 13 Tragedy: A Report*（Kuala Lumpur: Malaysian Government, 1969）.

及圍繞著五一三記憶政治的各種論述；第三節會說明遺體處理和墓園空間地點對記憶政治的意義；第四節引入親歷者和家屬的故事，說明墓園的空間意義以及國家處理遺體和親屬指認遺體的故事；第五節探討家屬如何以民俗的方式，重構親人身分、取回處理遺體的主動權以及委婉表達冤屈；最後一節為結論。

一、五一三事件和歷史爭議

何謂五一三事件？1969年5月10日，馬來西亞半島舉辦第三屆全國選舉。在這一場選舉中，執政聯盟雖然繼續執政，但卻失去國會三分之二或絕對多數議席的優勢，其得票率比起1964年第二屆全國大選削減了百分之十，並且失去檳城和吉蘭丹兩州的政權，而霹靂和雪蘭莪的州議席則不過半。[4]投票日三天後，即5月13日，半島西岸的幾個主要城市爆發一場維持約莫兩週的街頭暴動，首都吉隆坡的衝突死傷最為嚴重。根據官方數據，共有196人在這場騷亂喪生，

4　獨立以來，聯盟（Alliance）主要由三個分別代表不同族群的政黨所組成，即馬來人組成的巫統、華人組成的馬華公會和印裔組成的國大黨。1973年聯盟重組，改稱國民陣線或簡稱國陣（Barisan Nasional），但整體來說，該政治陣線由巫統強勢主導。此間聯盟亦拉攏一些跨族裔的小黨加入，比如民政黨，使得國陣可以保住檳城和雪蘭莪的州政權。根據Gordon Means, *Malaysian Politics: The Second Generation* (London: Oxford University Press, 1991), 4-16，聯盟第一屆（1959）、第二屆（1964）和第三屆（1969）全國大選的得票率分別為51.8%、58.4%和48.4%。值得注意的是，1969年全國大選，西馬和東馬（沙巴和砂拉越）分期選舉，5月10日只有西馬半島展開大選，這裡所顯示的得票率不含東馬的選舉成績。受五一三事件影響，原定於同年舉行的沙巴和砂拉越選舉，分別拖延至隔年的6月6日和7月4日舉行。

其中143人為華裔、25人為馬來裔、13人為印裔，另有其他族裔15
人，華裔明顯占大多數。[5]街頭暴動發生之後，聯盟政府懸置國會運
作，並委任當時的副首相敦拉薩（也是巫統黨員）領導國家行動理
事會（National Operations Council），由國家行動理事會代理國家行
政事務。一直到1971年2月，國會才恢復運作，執政聯盟政府隨即發
動修憲和制訂各種政策，一方面規範和治理族際關係，一方面鞏固
威權政體和馬來人特權。

　　國家行動理事會在騷動的五個月後出版官方報告，將這場騷亂
命名為「五一三悲劇」，並定調為「動搖建國基礎」的「種族暴動」，
同時歸咎反對黨在選舉期間挑戰憲法第153條文所保障的馬來人特
別地位、選後遊街慶祝的族群化挑釁言行、私會黨的影響和共產黨
的滲透。自冷戰以來，英殖民者欽點的政治繼承者巫統，一直都視
華人為強勢的外來他者，並將華裔跟共產黨劃上等號。[6]官方報告將
騷亂歸咎共產黨滲透，可以說是影射華裔為肇事者。除此之外，官

5　National Operations Council （1969）. *The May 13 Tragedy: A Report*,
　　88。部分民間學者質疑官方數據的準確性，他們認為實際死亡人數
　　是八到十倍，見許德發，〈試論幽靈與馬來西亞的記憶政治：試論
　　1969年「五一三事件」的各種闡釋〉，《人文雜誌》15（2002）：
　　32-50；Kua Kia Soong, *May 13: Declassified Documents on the
　　Malaysian Riots of 1969*（Petaling Jaya: SUARAM, 2007）；Mark Teh,
　　"An-Other May 13: An Ongoing History of Artistic Responses," in NH
　　Khairuddin, & B. Yong, eds., *Reactions-New Critical Strategies:
　　Narratives in Malaysian Arts*（Kuala Lumpur: Rogue Art, 2013），
　　98-112。

6　K. McGregor, "Cold War Scripts: Comparing Remembrance of the
　　Malayan Emergency and the 1965 Violence in Indonesia," *South East
　　Asia Research* 24.2（2016）: 242-260.

方亦歸咎「太多的民主」導致國民缺乏紀律，言行沒有節制。[7]那場騷亂雖然在五月底結束，其後續影響卻以各種方式存在。誠如學者許德發所言，「儘管流血意義的五一三已經過去，但政治及心靈意義上的五一三之過去卻杳杳無期」。[8]不論是國家政策、選舉，還是國民的日常生活，五一三的歷史幽靈縈繞不去，成為國陣族群動員、勒索選民、正當化種族威權體制以及合理化以暴力對付反種族威權體制者的政治象徵符和工具。在後五一三的許多場選舉，國陣經常如此恐嚇選民：「如果馬來人失去政權，將引來另一場五一三。」

2003年強人領袖馬哈迪下台後，相對溫和的阿都拉·巴達威接任首相，威權政體似乎稍為鬆動，民間出現小開放，開始重訪和重新詮釋五一三事件，質疑官方的五一三敘事。這方面以柯嘉遜2007年出版的《513解密文件: 1969年大馬種族暴亂》為代表。柯氏根據當年在馬外交官的觀察報告，提出五一三事件乃衍生自執政聯盟成員黨巫統的內部黨爭，因少壯派馬來激進分子利用並激化選後緊張局勢，向巫統黨魁和首相東姑阿都拉曼施壓奪權而導致暴動。執政聯盟當時調動皇家馬來軍團（Royal Malay Regiment）而不是族群成分多元的鎮暴隊維持街頭秩序，似乎有意激化族群衝突。柯氏的論述，是要回應官方的「種族衝突」論述以及對共產黨的指控，並質問執政聯盟／國陣在這場騷亂的角色和責任，主張國家應該設立真相和解委員會，重新調查五一三事件，才有可能開啟國民和解。

2008年第十二屆全國大選，國陣再次失去國會的絕對優勢以及檳城、霹靂和雪蘭莪三州的政權，選舉成績跟1969年大選極其相似。

7 "Demokrasi Malaysia Perlu Diperketat, Tun Razak Di Johor Baru", *Berita Harian*, 1969/09/14, p.1.

8 許德發，〈試論幽靈與馬來西亞的記憶政治〉，頁38。

有別於1969年，這時候通訊科技已經很發達，許多民眾以手機傳送訊息，相互提醒勿外出遊街慶祝，避免重蹈覆轍，再次引發類似1969年的選後悲劇。選舉成績反映，似乎更多人逐漸解除投國陣反對票的恐懼。2008年剛出現的新興網路媒體The Nut Graph，進一步突破政治禁忌，做了幾個專題，訪問五一三事件親歷者的故事，讓五一三歷史事件多了具體的生命故事，也藉此譴責暴力。然而選後民間稍微開放的氛圍並不長久，很快被幾宗基督教堂縱火事件的緊張氛圍取代。儘管有了更多關於五一三事件的討論，打開了新的認識和詮釋，但族際的鴻溝並沒有馬上消失，種族右翼反而更加積極地組織起來，高調地計劃在2010年5月13日舉辦一場以「馬來人崛起（Melayu Bangkit）」為主題，紀念五一三事件的萬人大集會，不過後來因為強烈的反對聲浪而取消。[9]

整體而言，這些事件反映後馬哈迪時期，部分民間力量正在釋放，一方面有人提出不同的五一三敘事，使得官方敘事不再壟斷五一三歷史事件的詮釋，另一方面，種族右翼極端分子也更積極組織和動員，不斷地激化族群對立。到了2018年，馬來西亞終於經歷第一次政黨輪替，執政61年的種族政黨巫統第一次失去政權，選後沒有發生任何暴力衝突事件，五一三的歷史魔咒看似已經解除。不過希望聯盟（希盟）[10]上台後，卻無意為五一三事件解密，淪為在野黨的種族政黨也毫無轉型跡象，反而是更加積極地操弄族群課題。以馬來穆斯林為主的回教黨，甚至揚言任何威脅馬來人地位的制度

9　"Controversial May 13 Rally Postponed", *Malaysiakini*, 2010/05/12: https://www.malaysiakini.com/news/131609

10　此聯盟由四個不同的政黨組成：族群多元的人民公正黨、族群多元但華人主導的民主行動黨、從巫統分裂出來的單一族群政黨土著團結黨，以及以從回教黨分裂出來的單一族群政黨誠信黨。

改革，將引來另一場五一三事件。[11]希盟政權也很短暫，因為黨爭而快速瓦解，執政未滿兩年，三個族群單一的種族政黨（土著團結黨、巫統和回教黨）就奪權聯合組成政府。這些發展在在顯示，五一三事件仍然是個艱難的課題。

總的來說，五一三事件的官方和反官方敘事雖然相互競爭，提出不同的歷史詮釋，但兩者其實都有很強的政治議程，工具性地看待五一三事件的歷史：官方的「種族衝突」論述，用來正當化種族右翼政黨、種族威權制和馬來特權；反官方敘事的「巫統宮廷政變」論述，則服務於反巫統、反國陣的政治目的。這兩種敘事看起來相互對立，但卻共享一些特點。兩者都認為國家掌握真相，差別僅在於前者認為國家行動理事會出版的白皮書，就是五一三歷史真相的全部，後者則認為國家深處仍藏有還未解密的檔案，而沒有致力思索如何以其他方法來豐富和深化對該歷史事件的認識。它們的另一個共同點，是沒有死難者家屬的故事和觀點。

二、遺體、空間與記憶治理機制

如前所述，五一三事件後續也有遺體要處理。為何選擇雙溪毛糯和莪麥埋葬遺體？這兩個地點對五一三事件有何特別意義？可以如何理解？到底遺體處理，可以如何深化我們對五一三事件的理解？

遺體沒有生命，已經無法發言，但遺體作為符具，很容易成為

---

11 見 "Grilled Over Third Vote in London, Hadi Brings Up May 13", *Malay Mail*, 25 December 2018: https://www.malaymail.com/news/malaysia/2018/12/25/grilled-over-third-vote-in-london-hadi-brings-up-may-13/1706185

不同方面加以詮釋、賦予意義和挪用的對象,延伸出遺體的多義性
和政治生命。[12]遺體的物質特性,讓人聯想到自身的肉身滅亡,很
容易召喚情緒和引起恐懼。因此,遺體處理在衝突事件和暴亂中占
有很重要的位置,不同的處理手段,會發出不同的訊息和生產不同
的效果。[13]公開展示和凌辱遺體,往往是為了展示權力和發出威嚇。
Jan Breman曾經指出,19世紀末期,歐洲白人種植業者在荷屬印尼
處死反抗殖民者的苦力,公開展示他們的遺體,以展示權力、樹立
殖民者的權威和阻嚇在地人。[14]這些行為,並非什麼「野蠻部落」
的所為,而是人類社會和歷史上極為普遍的現象。相反的,隱藏或
銷毀遺體,是為了消滅有關暴力行為的訊息和證據,因為遺體往往
儲存和記錄著死亡的訊息,而且極容易引發逝者親屬的強烈情緒和
報復。[15]總而言之,不論是展示、隱藏或銷毀遺體,都是處理暴力

---

12 見Verdery（1999）。

13 J. Fontein, "Between tortured bodies and resurfacing bones: the politics
    of the dead in Zimbabwe," *Journal of Material Culture* 15.4（2010）:
    423-448; R. Korman, "Bury or display? The Politics of Exhumation in
    Post-Genocide Rwanda," in É. Anstett & J.-M. Dreyfus, eds., *Human
    Remains and Identification: Mass Violence, Genocide, and the
    'Forensic Turn'*（Manchester: Manchester University Press, 2015）,
    203-220; K. L. O'Neill, "There Is No More Room: Cemeteries,
    Personhood, and Bare Death," *Ethnography* 13.4（2012）: 510-530.

14 Jan Breman, *Taming the Coolie Beast: Plantation Society and the
    Colonial Order in Southeast Asia* （Delhi: Oxford University Press,
    1989）.

15 J. L.Mazz, "The Concealment of Bodies during the Military Dictatorship
    in Uruguay, 1973-84," in É. Anstett, & J.-M. Dreyfus, eds., *Human
    Remains and Identification: Mass Violence, Genocide, and the
    'Forensic Turn'*（Manchester: Manchester University Press, 2015）,
    83-97.

事件及相關記憶的一種手段。

　　墓園和墓碑的地點和空間，也是治理記憶的機制之一。[16]紀念碑豎立在可近的公共空間，往往是為了引起公眾注意，喚起敬畏和尊重之意，比如國家紀念碑；[17]若豎立在偏僻幽靜之處，則有不同的目的和功能，能免於公眾的注視，提供生者較為隱秘的空間悼念逝者。不管是何種地點，紀念碑和墓碑雖然是生者為逝者而設，但終極服務對象其實是立碑者和生者，是可以喚起生者對逝者記憶，連結生者和逝者的建築和空間。[18]Achille Mbembe曾言，歷史建檔（archiving）有若入殮，涉及實體的物理空間，「為逝者無法完全銷毀的歷史碎屑提供安息安身之處」，避免這些歷史碎屑引起不必要的社會騷動。而且建檔本身會留下另一組訊息，比如建檔者的分類、標籤、歸檔邏輯。[19]反過來說，入殮也如建檔，會在墓園的實體空間留下有關逝者的生命碎屑以及處理逝者遺體的痕跡和邏輯，因此墓園有如一份重要的歷史檔案，儲存著有待解讀和分析的訊息。

　　然而，墓園作為實體空間，遠比文字文本複雜，它是經過策略性選擇的地理空間，並非存在於社會和歷史真空，而總是有自己的

16　K. Schramm, "Landscapes of Violence: Memory and Sacred Space," *History and Memory*, 23.1（2011）: 5-22.

17　馬來西亞的國家紀念碑，1966年豎立於吉隆坡國會大廈不遠處，紀念那些死於第二次世界大戰和馬來亞緊急時期（1948-1960）的軍警。

18　Fahlander, F., & Oestigaard, T., "The Materiality of Death: Bodies, Burials, Beliefs," in F. Fahlander, & T. Oestigaard, eds., *The Materiality of Death: Bodies, Burials, Beliefs*（London: British Archaeological Reports, 2008）, 1-16.

19　Achille Mbembe, "The Power of the Archive and its Limits," in C. Hamilton, V. Harris, M. Pickover, G. Reid, R. Saleh, Taylor, & Jane, eds., *Refiguring the Archive*（Berlin: Springer, 2002）, 19-26

過去和歷史。不過，如同歷史檔案和檔案館，墓園的物理空間和墓
碑固然儲存著歷史碎屑和訊息，但這些訊息不過是符具，其意義無
法置外於人的主觀經驗來理解，而是必須考量那些在特定時間指
涉、使用或進入這個空間，並跟這個空間互動的主觀經驗。[20]同理，
要脈絡化地理解五一三墓園，就必須從那些指涉和探訪這個墓園的
人的主觀經驗著手，不管他們是否自覺政府選擇這個地點埋葬遺體
有何用意、動機和目的。以下將引五一三事件死難者家屬的受訪故
事，並對照官方報告，分析死難者遺體和五一三墓園的意義。

三、亂葬崗、個體敘事與隔離的記憶

　　國家行動理事會的報告共有22章，其中第18章特別交待如何選
定地點、處理遺體。該報告宣稱，埋葬遺體的地點是由衛生部所擇
定，一共有兩個，也就是雙溪毛糯和莪麥。兩者相隔14公里，地理
位置分別是吉隆坡的東北方和正北。這個研究以2016年清明節為起
點，連續三個週末（3月27日、4月2-3日、4月9-10日），我在雙溪
毛糯的五一三墓園蹲點，等候掃墓的家屬出現，了解他們跟這個墓
園的關係和對這個墓園的看法。後來這個自資的計劃繼續滾動，更
多人加入並組成口述歷史小組，累計訪談超過40次，研究成果後來
出版成《在傷口上重生：五一三事件個人口述敘事》。[21]口述歷史
研究團隊也嘗試尋找埋葬在莪麥區穆斯林墓園（Taman Ibu Kota
Muslim Cemetery）死難者的家屬，但可惜沒有結果。因此，以下引

20　同上書。
21　五一三事件口述歷史小組編，《在傷口上重生：五一三事件個人口
　　述敘事》（八打靈再也：文運企業，2020）。

述的故事,是以雙溪毛糯麻風病院的五一三墓園為主。基於尊重受訪者的隱私,有一部分人士以化名指稱。

　　除了交待墓園地點,官方報告亦花了不少篇幅反駁「民間謠言」。所謂的「民間謠言」,指控官方「將死難者遺體埋葬在地點不為人知,沒有墓碑,無法指認的亂葬崗」。[22]針對這些「謠言」,該報告反駁說,共有103具「被指認為非穆斯林的遺體」埋葬在雙溪毛糯,每一具遺體都有做身分指認和標識,共分五次下葬。根據現場調查,該墓園確實有103個墓碑,其中99個為華裔死難者的墓碑,另有兩個穆斯林(一個具名,另一個顯示為「身分不明穆斯林男性」)和兩個具名的印裔墓碑,墓碑所提供的訊息,顯然跟官方報告有一點出入。報告也指出,共有18名被指認為穆斯林的死難者,運到莪麥區的穆斯林墓園埋葬,但現場調查顯示只有11個墓碑。另外,有八名遺體歸還家屬,理由是這些死難者來自「不敏感的地區」,但報告沒有解釋何謂「不敏感的地區」。兩個墓園和歸還家屬的遺體加總起來是129人(103+18+8),跟官方自己所宣稱的總數196位死難者有出入。該報告還進一步解釋,「警方和醫院工作人員有標識和記錄遺體身分,方便日後親友們掘墓和遷葬或至少知道遺體埋在何處」。但情況真的是這樣子嗎?

　　林寬裕醫生的口述故事可以幫助釐清一些官方的隱晦說辭。五一三事件爆發的時候,林醫生就讀馬來亞大學醫學系的畢業班,很偶然地被師長叫去參與埋葬遺體。他的口述故事確認了一部分官方的說法:

　　　有個教授匆匆忙忙跑到我們的討論課來,叫十個醫學系學生幫

22　同上書,頁68。

忙警隊清空一輛載滿了遺體的Black Maria卡車，因為這輛卡車
在雙溪毛糯那裡，陷入深溝動彈不得……。那些遺體〔在停屍
房〕已經事先標識好身分了，每一具遺體的腳拇指頭都綁住一
張寫上名字的小紙卡。馮〔音譯〕警官的任務是要將腳拇指的
紙卡替換成鋁製標籤，並把鋁製標籤上的數字抄寫到有死難者
名字的記錄簿上，但他無法忍受遺體的屍臭味，就叫我接手他
的任務。所以我就接手……在雙溪毛糯那裡，工作是這樣分配
的，有一些人負責上卡車用鶴嘴鋤一具具拉下赤裸的遺體，有
一些人則負責在卡車後方準備好金屬製擔架〔接遺體〕，把遺
體抬到事先由麻風病人挖好的四尺深溝下葬。我們就這樣一直
運抬與下葬，運抬與下葬，運抬與下葬……麻風病人就負責撥
土掩埋深溝裡的遺體……我們就做這些……前後大概一小時
吧，才清掉卡車上的30具遺體……然後他們就把卡車〔從溝裡〕
拉出來。[23]

　　儘管官方報告宣稱每一具遺體都有身分標識，林寬裕醫生的訪
談也證實了這點，但這些遺體並沒有以棺木或包裹分開，對日後重
新掘墓和遷葬來說，其實極為困難和不方便。再者，報告雖然提及
雙溪毛糯，但其實完全沒有說明具體地點是在雙溪毛糯的麻風病
院，只宣稱選擇這個地點，是因為這地點「沒有發生任何衝突事故」。
歷史地看，雙溪毛糯麻風病院建於1930年，是英殖民者用來隔離麻
風患者和被病理化的種族他者的空間。[24]作為隔離的空間，不論是

23　2016年10月28日訪問。官方報告也有提到十個醫學系學生參與處理
　　遺體。

24　見Loh Kah Seng, *Making and Unmaking the Asylum: Leprosy and
　　Modernity in Singapore and Malaysia* （Petaling Jaya: Strategic

住在裡面的病患，還是來自外面的公眾，都不能自由進出。林醫生數年後剛好有機會擔任該麻風病院的副院長（1976-1987），根據他的回憶，不論是進出麻風病院，都要經過有警察駐守的三道籬笆或關卡。嚴格的隔離政策使得病人和麻風病院都背負社會烙印，是個會引起公眾不安、恐懼，不想接近的空間。由於遺體容易激發強烈情緒和激化衝突，像麻風病院這種與外界隔絕的空間，被選定為埋葬衝突事件的遺體，似乎有其道理，因為可以避免公眾接近和激化情緒，有防止報復和抑制衝突擴散的作用。然而，重重的關卡，不僅限制裡面患者和外面公眾的進出自由，也對想要尋找和探訪親人墓園的家屬造成困難，更不用說是為死難者舉辦公共紀念。如前所述，墓園和紀念碑的空間、地理位置，其實有治理記憶的作用。雖然五一三事件的主要地點為首都吉隆坡，但五一三死難者的埋葬地點卻在雪州邊緣的麻風病院，與麻風患者共享隔離、圍籬社區，一直到了七零年代末，麻風病已經可以治癒，麻風病院的圍籬才逐步解除，漸漸對外開放。[25]家屬的口述故事，可以讓我們知道更多當年尋找親人的實況。

Information and Research Development Center, 2009）。

25 國家行動理事會報告也提及，在五一三事件期間，政府逮捕超過4,500秘會黨員。在同一年6月份，聯盟政府將檳城的木蔻山（Pulau Jerejak）從原來隔離麻風病的用途，轉為改造私會黨員和重刑犯的勞改所。此事進一步顯示，麻風病院的烙印和隔離特性，不僅可以用來隔離記憶，也可以用來隔離和改造當權者所不欲的元素，見傅向紅，〈木蔻山：多重邊緣的寓意〉，《當今大馬》，2017年6月15日：https://www.malaysiakini.com/columns/385688 ；這與印尼政府將麻風病院轉為隔離印共政治犯的思想改造所，似乎有相通之處。見Amurwani Dwi Lestariningsih, "Plantungan : 'Leprosarium' to Women Political Prisoners"，發表於第七屆東南亞醫療史會議，2018年1月15-17日，寮國萬象Settha Palace Hotel。

1969年的時候，32歲的陳成發跟太太阿蘭住在吉隆坡的士拉央區，經營自己的雜貨店；他們有四個孩子，兩男兩女。五一三爆發的時候，吉隆坡同時進入戒嚴，陳成發曾經在家裡設好逃生的方式，第二天早上他趁著解嚴，先騎摩托車外出去送米，卻從此再也沒有回來過。以下為阿蘭的口述：

> 成發失蹤的前幾天，我每次聽到摩托車聲經過，都很自然地期盼是成發回來。後來我聽說一些警察局可以查詢失蹤人口下落，我就去警察局。警察局裡的人給我三到四本相簿，要我從相簿中確認先生的屍體照片。我還記得，每一本相簿都是滿滿的屍體照片，這些屍體的傷口和血跡都沒有清理就拍了照片。我留意到先生右肩中槍，眼睛沒有閉上，且臉上還帶著微笑。當我指認了丈夫的照片後，官員馬上阻止我看其他照片，還把相簿拿回去。當我向官員要先生的屍體照片時，他也不給。
> 有一天有人通知說可以看遺體，可是時間真的太趕了，我根本就來不及準備，日後也不知道我先生的屍體葬在哪裡。一直到六，七年以後，才聽說五一三死難者屍體埋在雙溪毛糯麻風病院，因為我有朋友是麻風病院的病人，曾經探望過她。這位病院的朋友知道我先生的全名，就幫我前往麻風病院內的五一三墓園查看墓碑的名字，發現其中一個碑果然有一個跟我先生一模一樣的名字，她就通知我親自來查看。[26]

另外一位死難者是29歲的侯貴治，生前他和25歲的太太住在吉隆坡增江北部華人新村，他們有兩個女兒，分別為三歲和兩歲，當

---

26 五一三事件口述歷史小組編，《在傷口上重生》，頁168-172。

時太太正懷著最小的女兒。[27]他平常都騎著摩托車沿街叫賣，五一三事件爆發時，他正好在吉隆坡秋傑路一區叫賣咖啡。先生失蹤的時候，侯太太心急地奔波了多個地方探詢，但都找不到先生的下落：

> 我聽說獨立廣場附近有個櫃檯專門登記失蹤人口，我就去登記，說我的先生失蹤了。事發後二十多天，我才收到政府的信件，通知我貴治已經死了。收到信件前，我大姑陪我跑遍了大大小小的醫院，又從醫院跑到警察局，要尋找我先生侯貴治。吉隆坡中央醫院，馬大醫院，阿順達醫院，我們都去過了，醫院裡的人知道我們要尋找親人都很幫忙，帶著我們一間又一間的病房去找，那時候我們並不知道貴治已經死了，我們希望他還活著，我們甚至去到甘榜巴魯[28]碰碰運氣，因為暴動是那裡開始的，也因為一位開羅里的朋友，他告訴我們曾經在太子路那裡遇見過貴治，當時他邀請貴治上他的羅里，但是貴治跟他說「我要先找找我的摩多車」。
>
> 領到官方通知信的那天，我們立即去諧街警察局，那時候不過是個小警察局。在那個警察局，我們領了他的死亡證書，也翻閱了很多本相簿，都是死難者的照片，因為要認屍體。很明顯的拍攝照片的時候，貴治已經死了，他身體躺在水溝旁，身上有血跡，照片很醜很醜。從不斷尋找他，到收到他的死亡通知，前後超過二十天。如果我們早知道他已經死了，就不會那麼奔

---

27 見Por Heong Hong, "Family Narratives and Abandoned Monuments of the May 13 Riot in the Sungai Buloh Leprosarium," *Journal of the Malaysian Branch of the Royal Asiatic Society* 90 （2017）：35-54，這位死難者以化名"Tan Ah Kau"出現。

28 馬來人的村子，衝突最嚴重的地區之一。

波到處去找他，不過我們確實不希望他死。

後來官方來信，通知埋葬地點為雙溪毛糯。去雙溪毛糯麻風病
院為我先生掃墓不是簡單的事，因為那裡有圍籬和保安看守，
我們要經過三層保安，第一層保安是要出示身分證，過了這一
關就比較容易了。我第一次去墓園時，墓園並沒有墓碑，只有
不同的號碼標示死難者……墓碑是後來才立的。以前清明節的
時候，我姐夫會載我們去雙溪毛糯掃墓，但他不是每一次都有
空，這種情形，我就得請一些老朋友載我，從家裡直接載到雙
溪毛糯的墓園去，我會付他們二十元一趟。[29]

　　如前面所述，官方選定雙溪毛糯麻風病院為埋屍地點，用意也
許如報告所宣稱，是為了避免衝突擴散，但侯太太的口述故事顯示，
它同時也造成家屬掃墓的困難。官方只允許家屬翻看照片指認遺
體，但不允許拿照片，也不允許領取遺體，反映公權力介入，剝奪
家屬對死難者遺體所有權和管理權，也剝奪家屬追查死亡原因的權
利。另外，官方報告雖然宣稱家屬日後或可以掘墓遷葬，但該墓園
唯一具名的馬來穆斯林死難者Harun Mohamad的案例，卻反映相反
的實情。事緣2006年，Harun Mohamad的家屬向宗教局申請掘墓和
遷葬，但卻被拒絕，理由是「亂葬崗不宜掘墓遷葬」。[30]不過可以
合理推測，一旦Harun Mohamad的家屬獲准掘墓遷葬，其他家屬恐
怕也會相繼提出同樣要求。拒絕Harun Mohamad的家屬掘墓遷葬，
可以說是避免讓更多「檔案」出土和引起騷動。Harun Mohamad和

29　五一三事件口述歷史小組編，《在傷口上重生》，頁146-151。

30　"Jais siasat jirat ada nama Islam: Identiti Harun Mohamad akan disemak
　　di JPN," *Berita Harian*, 28 June 2006.

另一名「身分不明穆斯林男性」的遺體,何以會出現在專門埋葬非穆斯林遺體的墓園,至今仍然是個謎。不過穆斯林遺體的「錯置」,卻意外牽引出,面對五一三事件「檔案」可能解密,官方將「平等」對待不同宗教、族裔馬來西亞人,一律拒絕申請。另外,相較於雙溪毛糯麻風病院亂葬崗的隱秘隔離,莪麥區穆斯林墓園是個公開可近的地理空間。何以官方沒有把穆斯林遺體同樣埋葬在麻風病院內的穆斯林墓園,而選擇公開可近的莪麥區墓園,不得而知,但不免引人揣測雙重標準。

四、重構身分與鬼魂之說

雙溪毛糯墓園的墓碑,整體上有幾個共同的特色,都是劃一的灰色長方形石灰製碑,上面除了死難者的姓名,還寫著「馬來西亞政府立」的字眼,但有別於一般墓碑,都沒有記載任何親屬的名字。灰色劃一的墓碑,去除了死難者的個體性和身分特性,將他們化約為僅僅是「五一三事件死難者」的抽象身分。相比之下,官方為二次世界大戰殉難者設立的墓園和墓碑,也同樣是灰色劃一的墓碑,雖然統一被化約為「為國殉難者」的抽象身分,但墓園排列寬鬆整齊,長期有人照料修剪雜草,氛圍肅穆莊嚴,並開放公眾參觀。[31]反觀五一三墓園,墓碑排列密集,淹沒於雜草,顯示其為亂葬崗。雖然清明期間有人清除雜草,但大部分墓碑無人拜祭和照料,有些已經倒塌或損毀。比照兩者,再次顯示邊緣的地理空間,發揮了隔離和控制五一三歷史記憶的作用,將吉隆坡的陰暗、暴力記憶,埋葬、

---

31 二次大戰紀念碑的照片,見:https://en.wikipedia.org/wiki/Taiping_War_Cemetery 。

儲藏和隔離在吉隆坡城市外圍。

　　一直到了2017年，雙溪毛糯亂葬崗才引起廣大民眾的注意。事緣當時麻風病院的居民，留意到有推土機在墓園附近清除和剷平樹林，於是通知相關的民間團體和各大媒體報導。當時還有消息傳出，有發展商要將墓園的土地發展成停車場。[32]吉隆坡暨雪蘭莪華人大會堂隨即成立「維護五一三墓園工委會」，動員民眾參與清理和維護墓園，並在同年四月底舉辦公共紀念活動。民間的介入和維護，使得墓園煥然一新，墓碑排列比之前整齊，也變得較為莊嚴。然而，何以亂葬崗會有墓碑呢？這真的是一座亂葬崗嗎？政府為死難者立碑，難道不是因為尊重、辨識和記錄死難者嗎？林寬裕醫生的口述顯示，遺體下葬時並沒有包裹或以棺木區隔，且墓碑排列過於密集，在在顯示這個墓園是個亂葬崗。

　　家屬對這個墓園又有何想法呢？儘管尋找死難者、指認遺體和探訪墓園的過程，面對不少困難，一些家屬透過重設新墓碑、裝飾或粉刷墓碑，來重構死難者的身分，重新取回處理親人死亡的主動權，而不是任由公權力決定。有些家屬在墓碑旁加上土地公的碑，也有的用中文重刻逝世者的名字、以農曆日期書寫死難者生日和忌日、配上死難者的人頭照、祖籍、親屬名字等等方式，重構死者身分，讓他們不再僅僅是「五一三事件死難者」的抽象身分。但也有不少墓碑沒有人拜祭，這也許是因為大部分死難者都是青壯年男性，有不少單身未婚，一旦同輩逝世，後輩可能就不再拜祭。不過，有些家屬會另作特別安排。比如方桂芳，當年31歲，騷亂爆發當天，他和剛訂婚不久的未婚妻到京華戲院看電影，那是他人生中的最後

32　〈513逝世者墓園土地，土地官鑑定用途擁有權〉，《中國報》，2017年3月14日。

一場電影。他的侄兒回憶祖母安排自己作叔叔方桂芳的乾兒子，確保在她死後有人接手拜祭愛兒方桂芳：

> 叔叔死了婆婆很傷心，因為她最疼這個兒子，叔叔也很會買她的心。她一直帶我去參加潮州人的超度儀式，一直轉圈，還把我過契給叔叔，擔心他往後無人拜祭。婆婆十幾年前過世，和姑姐、爸爸一起葬在〔吉隆坡〕蕉賴的基督教墓園。叔叔的未婚妻後來再嫁，我們也去看過她，但現在已經沒聯絡。
> 叔叔在雙溪毛糯的墓碑，在1975年左右才重建……[33]

除了重構逝者身分，遷葬是另一種取回處理親人死亡主動權的方式。有一名死難者林銀火，在家排行第二，六零年代全家住在吉隆坡陳秀蓮路。5月13日當天，他剛好跟朋友去吉隆坡大華戲院看電影，遇上戒嚴和軍人開槍掃射，當場被射死。死時只有18歲。他的三弟林銀柱擔心以後無人拜祭二哥，考慮遷葬：

> 由於我自己和大哥的年紀都大了，今年年頭我們開始討論是否要幫二哥拾金、火化，並〔將骨灰〕遷移至廣東義山。廣東義山的人建議我們先算算生辰八字，看撿骨和遷移是否會導致「相衝」。
> 想要遷葬的念頭，主要是為了方便下一代拜祭。我的父母和妹妹分別是葬在八打零廣東義山和康樂園的廣東義山，但是二哥

33　見五一三事件口述歷史小組編，《在傷口上重生》，頁162-167。
　　方桂芳的故事，之前以"Tang Yee Ong"為化名，出現在拙作Por
　　Heong Hong（2017）.

卻葬在雙溪毛糯，清明節要去太多不同的地方掃墓，其實很不
方便。萬一我和大哥去世了，下一代可能因為太不方便，就不
去拜祭二哥了。[34]

另一名遇難者陳玉新是一名建築承包商，生前住在吉隆坡冼都
木屋區。5月13日當天，他依約開車外出和朋友會面，經過一馬來村
子時遇難，死時41歲。他的女兒回憶家人如何安排爸爸遷葬：

爸爸的墓碑有名字，但其實埋在下面的骨頭是不是他的，我們
也不知道。聽說一開始送去的屍體有對照身分證，所以有名字，
後來的就堆在一起亂葬了。爸爸是比較早期送去的遺體，我們
希望也相信他有被個別分出來安葬。

爸爸死後，我們一家人幾乎每年都有到雙溪毛糯去拜祭，後來
也有幫他換上新的、由麻風病人製作的墓碑。聽說原來的墓碑
也是麻風病人製作的。不過我們注意到有很多墳墓並沒有人拜
祭。我們也聽麻風病院的人說，死難者是分批下葬的，有些遺
體有包裹起來，有些沒有。1998年媽媽去世時，我們本來想為
爸爸拾金，但卻不清楚爸爸的遺體有沒有包裹。所以最後舉行
喪禮的時候，我們只安排一個空的棺木，在雙溪毛糯招魂，把
他的魂招到富貴山莊，和媽媽一起。[35]

面對親人驟逝而又被剝奪領回遺體及追查真相的權利，有一部
分家屬透過流傳鬼魂敘事來表達冤屈和不滿。允永剛當年約莫20

34　見五一三事件口述歷史小組編，《在傷口上重生》，頁184-189。
35　見五一三事件口述歷史小組編，《在傷口上重生》，頁176-183。

歲，為吉隆坡文良港四會村村民，隨著騷亂爆發，他跟村子裡其他
青壯年男性一起組成巡邏自衛隊，在巡邏時被軍人開槍射死。在墓
園受訪時，允永剛的弟弟稱「這個墓園充滿了枉死的冤魂」。[36]侯
貴治的大女兒也有類似的說法：

> 我們都知道爸爸葬在這裡，但我們並不知道他的遺體的確切位
> 置，我們只是拜祭一塊刻上他名字的墓碑……這個地方讓人毛
> 骨悚然，我先生曾經有一次在天亮前來這裡，他說這個地方很
> 不對勁，因為充滿了冤魂、很猛……[37]

另外一名死難者林金展，生前是一名建築工人，家住吉隆坡泗
岩沫，本來準備在1969年8月結婚，但卻不幸在五一三事件遇害。當
時他正好在吉隆坡甘榜峇魯附近建築溝渠，就在當地遇害。林氏的
妹妹回憶：

> 我媽知道五一三遇難者遺體埋葬在雙溪毛糯之後，只去祭拜過
> 一次。後來，她因為害怕墳場鬼魂太多，會跟著生人回家，就
> 不再前去。我媽說，我只要照顧你們在生的人就好了，我不要
> 再照顧死人了。所以，後來許多年我們也沒有再去拜祭過我哥
> 哥。[38]

「鬼魂」是超自然現象，無法查證是否存在，但這可以理解成

36　2016年4月2日在墓園受訪。
37　2016年4月9日在墓園受訪。
38　見五一三事件口述歷史小組編，《在傷口上重生》，頁88-97。

口述者的「主觀情感」和「主觀真實」。由於缺乏正式的管道訴說，
家屬把冤屈轉化為「冤魂」、「厲鬼」之說，委婉控訴不公正待遇。
人類學研究已經指出，經歷過災難、苦難、暴力的人，往往會將痛
苦的經歷和記憶圖騰化為神鬼故事，來表達恐懼、不滿或冤屈，以
民間信仰的方式取回訴說的權利，以及以隱晦的隱喻表達比較複雜
的情緒、體驗。這些現象，在不同的社會頗為普遍，並非五一三事
件所獨有。[39]

結論

　　五一三事件的歷史極為複雜，由於國家檔案尚未解密，不可能
有完整的真相，但它的不同面向，可以借助概念工具加以探討。巫
統和其他種族政黨以「避免另一場五一三事件」為由，鞏固種族威
權政體以及合理化後五一三的制度改變，展現這些政黨以「對他者
施展暴力來建構政治社群」。[40]本文也進一步從「入殮如建檔」的
角度，說明記憶政治的空間機制，並以家屬和墓園的故事，說明遺
體的處理和墓園的位置，發揮了控制衝突擴散及治理相關歷史記憶
的雙重作用。雙溪毛糯麻風病院不僅地處偏遠，而且是個承載烙印
且有警衛駐守的隔離空間，公眾不能自由進出。被選定為埋葬遺體
的地點，固然可以抑制衝突擴散，但同時也隔離和控制五一三的歷
史記憶。反觀穆斯林的遺體，埋葬在公眾可以接近的墓園，似乎反

39　見Janet Carsten, "Introduction: Ghost of Memory," In Janet Carsten, ed., *Ghost of Memory: Essays on Remembrance and Relatedness* （Oxford: Blackwell, 2007）. 1-35.

40　Veena Das, *Critical Events: An Anthropological Perspective on Contemporary India* （Delhi: Oxford University Press, 1997）.

映官方對不同群體的差別待遇。

　　記憶和敘說是公民的政治權利，但礙於種族威權政體的打壓，在五一三事件失去親人的家屬，只能私下將冤屈轉化為「鬼魂」之說表達不滿，而不能公開訴說或正式提出控訴。在這起衝突事件，這些家屬不僅失去親人，也被剝奪領回遺體和處理喪事的權利。政府雖然在墓園為逝者立碑，但卻劃一地把逝者的身分化約為抽象的「五一三事件死難者」身分。重建墓碑是家屬嘗試奪回處理親人死亡主動權的方式，並重構死難者的身分，讓他們不再僅僅只是抽象的「五一三事件死難者」。

　　最後，雖然華裔的死亡人數最多，但其他親歷者的口述故事顯示，華人私會黨當年也自我組織和動員，到吉隆坡的聯邦戲院和柏屏戲院殺害和報復馬來人，甚至報復不合作的華人。[41]綜合地看，五一三事件反映出馬來人和華人互為彼此的「族群他者」，既是種族威權政體的產物，也是導因，兩者互為因果。如果沒有思索和尋求對話與和解，兩個群體都會繼續是族群對立關係的受害者。

傅向紅，馬來西亞理科大學（Universiti Sains Malaysia）社會科學院講師。從人文、社會科學角度思考身體、疾病、公共衛生、國族、現代性等議題，近年也對記憶政治產生興趣。曾發表的論文有〈跨國性與國族主義：後焠斯東亞與東南亞的伍連德記憶爭論〉、〈雙溪毛糯麻風病院的雙重勝利敘事〉等等。

41　本文沒有引用這些故事，有興趣者可以參考《在傷口上重生》一書或參考廖克發導演、蜂鳥影像有限公司出品的紀錄片《還有一些樹》。

1969年5月13日種族暴亂：

馬來西亞的歷史創傷[1]

馬拉基‧愛德溫‧維塔馬尼（Malachi Edwin Vethamani）著

沈昆賢 譯

導言

　　在馬來西亞，種族暴動是個不常見的現象，雖然總是有人提醒或威脅我們1969年的「五一三事件」會再度發生。即使到了今日，五一三事件仍舊是國家精神上一道沉痛的傷疤，而事件可能再度發生的恐懼依舊徘徊著，這是因為有些沒有節操的馬來政治人物還在提醒全國，如果馬來人的優勢地位被威脅的話，這樣的事件還是可能發生。在超過六十年的國家歷史中，馬來西亞以其做為多元文化及多元種族之間和諧的榜樣為傲，可是其打造一個名為「馬來西亞國族」（Bangsa Malaysia）的單一馬來西亞民族的企圖尚未達成。[2]

1　譯注：原英文標題為「The Malaysian Albatross of May 13, 1969 Racial Riots」，其中Albatross一詞意為信天翁，在英語語境內亦可作為重擔的比喻，典出英國詩人柯勒律治（Samuel Taylor Coleridge）的長詩《古舟子詠》。

2　Mahathir Mohamad, *The Way Forward, Vision 2020* （Kuala Lumpur: Malaysian Business Council, 1992）, 1.

有許多晚近的後殖民國家,尤其是像馬來西亞這樣有著混雜人口的
國家,投入大量努力去打造一個單一的國族文化或國族身分。這種
將諸多種族鑄造為一個單一文化個體的企圖是不可能的,因為單一
的國家文化可能存在這件事本身就是個錯誤認知。如同阿邁德所
說,「每個『第三世界』的『國家』都只有一個『文化』與一個『傳
統』」是個錯誤的概念。[3]

這篇論文檢視馬來西亞作家的英文創作對五一三事件做出的回
應。本文提供一個簡短的歷史脈絡來解釋這場暴力事件的形成及其
後續效應。這些效應導致了許多政策與法律的通過,不只影響了馬
來西亞社會的重構,更影響這個國家對多元族裔社群關係的管理。
芭芭拉‧安達亞與李奧納多‧安達亞便表示,「馬來西亞獨立後的
歷史將1969年視為一個分水嶺,標誌著這個國家在政治、經濟,與
社會發展上展開的新年代」。[4]

馬來西亞的人口組成

2018年,馬來西亞公民的人口總數是2910萬人,其中土著
(bumiputera)構成了69.1%,華人及印度裔則占23%與6.9%。[5]馬來
西亞是一個有著多元種族人口,且包括「相對大量少數族裔」的當
代國家。[6]在東南亞,她是一個「保持著最微妙平衡的多元種族社會

---

3 Aijaz Ahmad, *In Theory* (London: Verso, 1992), 9.

4 B. W. Andaya and L. Y. Andaya, *A History of Malaysia* (Basingstoke: Palgrave, 2001), 301。

5 Department of Statistics Malaysia: https://ww.dosm.gov.my. 2018。

6 Anthony D Smith, *The Ethnic Revival* (Cambridge: Cambridge University Press, 1981), 9.

之一」。[7]以人口組成來說，馬來西亞是個擁有原住民族（馬來人及原住民）以及移民（多數為華人、印度人，及歐亞混血的人們）的國家。[8]馬來人與原住民族被稱為土著，土地之子。土著與非土著的人口之間有著清楚的劃分，前者的優勢地位被銘記在馬來西亞憲法中。[9]這個廣泛的分類法根據種族或族裔的界線更加細分。[10]土著這個詞彙可以追溯到1930年代。隨著馬來人對其身分的執著不斷增長，政府也在政策中使用這個詞彙，所以從1970年代起它就成為普遍的用詞。[11]

雖然有著混雜的種族構成，但在馬來人的政治思想中，馬來西亞卻被認為是一個馬來人國家。[12]這很大程度是因為大眾普遍認定馬來人在華人或泰國人之前就已經來到馬來半島，也因此這裡被視為馬來人的家園。[13]1971年的馬來西亞憲法修正案更強化了這個情

7　Keith Watson, "Education Policies in Multi-Cultural Societies," *Comparative Education* （1979）: 19.

8　Mohd. Taib Osman, "Towards the Development of Malaysia's National Literature," *Tenggara* 6 （1973）: 109.

9　Chandriah Appa Rao, et al, *Issues in Contemporary Malaysia* （Kuala Lumpur: Heinnemann Educational Books （Asia） Ltd., 1977）；Wan Hashim, *Race Relations in Malaysia* （Kuala Lumpur: Heinemann Educational Books （Asia） Ltd., 1983）.

10　Charles Hirschman, "The Meaning and Measurement of Ethnicity in Malaysia: An Analysis of Census Classification," *The Journal of Asian Studies* 43.3 （1987）: 555-582。

11　Judith A. Nagata, *The Reflowering of Malaysian Islam* （Vancouver: University of British Columbia, 1984）, 193.

12　Chandriah Appa Rao, et al, *Issues in Contemporary Malaysia,* 18.

13　Ronald Provencher, "Interethnic Conflict in the Malay Peninsular," in Jerry Boucher, et al., eds., *Ethnic Perspectives* （London: Sage, 1987）, 103；Chandriah Appa Rao et al., *Issues in Contemporary Malaysia*

況。這個法案禁止任何有關敏感憲法議題的討論，像是國家語言（第152條）、馬來人的特別地位（第153條）、馬來人統治者的主權（第181條），以及整個與公民權有關的問題（第三部分）。

五一三事件

　　五一三事件常被指為華馬族裔暴動，雖然它也涉及了其他種族社群。這場暴力的肇因，與1969年普選後反對黨舉辦的慶祝遊行密切相關。執政黨派所組成的「聯盟」（Alliance）的國會席位在當時從89席降為67席，這嚴重的下滑導致馬來民族統一機構（簡稱巫統，United Malay National Organisation, UMNO）的政治領袖們率領馬來人舉辦反抗集會。馬來人們覺得自己被這些形勢變化所威脅，因為他們害怕自己的地位會被削弱。暴力衝突接著在吉隆坡及其他主要地區，如檳城與怡保的街道上爆發，導致人命傷亡及財產喪失。緊急狀態接著宣布，憲法也被暫時中止。[14]

　　五一三事件仍舊刻印在馬來西亞的國家精神之中，成為一道常被重新揭開，用來在人民之間製造恐懼的傷口。1967年，至少曾經發生過一場重大的種族暴動，而1969年後也有數場暴動。在五一三事件發生的一年多以前，1967年的檳城罷工暴動（The Penang Hartal Riot）讓整個國家都陷入停頓。暴動第一天就有5人被殺，92人受傷。暴動結束後，總計29人死亡，超過200人受傷，大約1300人被捕。

　　自從五一三事件之後，至少有兩場主要牽涉到馬來人與印度人的種族暴動。首先是1998年沒有傷亡被舉報的檳城種族暴動，以及

（續）────────────────
　　　（Kuala Lumpur：Heinnemann Educational Books, 1977），17-18.
　14　B. W. Andaya and L. Y. Andaya, *A History of Malaysia*, 296-297。

2001年3月4-13日在吉隆坡近郊發生的甘榜美丹事件（Kampung Medan Riots），其中超過400人被拘留，超過100人受傷，以及6人死亡。

末日政客的聲音：五一三事件再度發生的威脅

極端馬來國族主義組織越來越常在任何有利於它們的時候，就大肆宣揚五一三事件可能再度發生的威脅。這些威脅常常被公開宣布，並且被馬來西亞的媒體廣泛報導。這些政治組織與個別政客都以對伊斯蘭教、馬來人權利，及君主所產生的威脅為理由，來當作他們預言暴力可能發生的根據。舉例來說，有一些由馬來西亞的主流馬來人所組成的團體，在與一個據稱挑戰了穆斯林權益的弱勢印度人非政府組織逐步攀升的緊張關係之下，就警告1960年代撼動國家的派系暴力鬥爭會再次發生。該團體表示它們組織了一條新的戰線來保衛伊斯蘭教，並抗衡其他「無禮且占據優勢的」族裔組織。他們補充道：「因為這件事的效應會帶來不良的威脅，我們擔心五一三事件的黑暗歷史會再度發生」。[15]

重要的馬來政治人物加利爾（Sharizat Abdul Jalil）在她所屬的政黨大會上警告，如果巫統變得脆弱且無法克服挑戰的話，五一三悲劇可能重演。[16]另一個以其古怪且具爭議性的（不當）公共行

---

15 Yiswaree Palansamy, "Malay Groups Band Together to Fight Those who are AntiIslam, Warn of May 13 Reoccurence." *Malay Mail,* 26 Apr. 2017.
（ www.malaymail.com/news/malaysia/2017/04/26/malay-groups-band -together-to-fight-those-who-areanti-islam-warn-of-may-13/1364581）.
16 Koon Yew Yin "A Gulf of 44 Years Separates us from 13 May 1969."

為聞名的馬來政治人物尤諾斯（Jamal Yunos）在他的臉書上宣布：
「我發誓如果淨選盟5.0（Bersih 5）集會如其規劃的在11月19日同
一時間、日期，與地點舉辦的話，五一三悲劇會再次發生，而巴冷
刀將會飛揚。馬來人萬歲！」。[17]根據報導，警察總監（Inspector-
General of Police, IGP）巴卡爾（Khalid Abu Bakar）表示警方會以威
脅五一三事件將會再度發生為由來對付紅衫軍領導人嘉瑪·尤諾斯。

　　另一個較晚近的威脅，在政府討論是否簽署聯合國《消除一切
形式種族歧視國際公約》（the International Convention on the
Elimination of All Forms of Racial Discrimination, ICERD）時再度浮
現。據報導指出，一個穆斯林運動分子穆薩（Ahmad Farouk Musa）
在國家傳媒中表示「這種突然背離承諾的舉動是可以預期的，[18]因
為右翼馬來人組織，尤其像是第三勢力聯盟（Gagasan Kuasa 3），
似乎正在試圖藉由喚起五一三暴動的記憶來挑起種族仇恨及流血衝
突」。[19]

（續）——————————————————

　　　Centre for Policy Initiatives, 7 Dec. 2012.（http://www.cpiasia.net/v3/
　　　index.php/211-Columnists/koon-yew-yin/2449-a-gulf-of-44-years-sepa
　　　rates-us-from-13-may-1969-）。

17　"IGP: Police will probe Jamal's alleged May 13 remarks", *Malay Mail*, 9
　　　Oct. 2016. （https://www.malaymail.com/news/malaysia/2016/10/09/
　　　igp-police-will-probe-jamals-alleged-may-13-remarks/1224087）。

18　譯注：在此，穆薩所稱之「背離承諾」乃指涉馬來西亞政府突然放
　　　棄簽署《消除一切形式種族歧視國際公約》，其原因正是因為右翼
　　　馬來人組織提出暴力威脅。

19　"No Choice but to Axe ICERD after Unrest Threats, Says Activist", *Free
　　　Malaysia Today*, 23 Nov. 2018. （https://www.freemalaysiatoday.com/
　　　category/nation/2018/11/23/putrajaya-right-in-axing-icerd-ratification-s
　　　ays-intellectual/）。

文化整合的幻象

從獨立以後一直到五一三事件的暴動之前，並不存在一種與國家意識形態有關的清楚政策或提案來促使人民走向馬來西亞國族主義。對於國家團結的顧慮是存在的；當時的內閣大臣及馬來西亞華人公會會長陳修信（Tan Siew Sin）就表達了對於一種馬來西亞性的需求：

> 在我們能夠建立一個真正團結統一的國家以前，這個國家內部主要的種族群體必須逐漸更加靠攏彼此。馬來人必須在其觀點上不再那麼馬來人，華人必須更不華人，印度人必須更不印度人，諸如此類，這樣我們才能最終視自己為馬來西亞人，而不是馬來人、華人，或印度人。[20]

雖然政府要求人民去除他們的文化特殊性以視自己為「馬來西亞人」，然而他們到底必須怎麼達成這件事卻少有人提及，「馬來西亞文化」指的是什麼也不是很明確。[21]1960年代晚期，至少有兩個馬來（西亞）領袖相信他們成功的打造了「馬來西亞」文化。首先，當時的副首相拉薩（Tun Abdul Razak）在1967年宣稱：

---

20 引自 Solehah Ishak, *Histrionics of Development: A Study of Three Contemporary Malay Playwrights* （Kuala Lumpur: Dewan Bahasa dan Pustaka, 1987），1.

21 K.J. Ratnam, *Communalism and the Political Process in Malaysia* （Kuala Lumpur: University of Malaya Press, 1965），136.

我們已借鑑自我們多元種族的豐富遺產，打造了一個有著自己
身分的馬來西亞文化。我們不再提及華人、印度人，或馬來人
文化。我們現在談的是馬來西亞文化。[22]

其次，在1969年4月，在馬來西亞種族暴動發生的一個月前，
首相東姑（Tuanku Abdul Rahman）表達了他對於「把我們所有人民
的文化融合成一個馬來西亞文化身分」的信心。[23]

兩個領導者的觀點都被證明是錯的。五一三事件揭露了「多元
種族共生的假象只持續到1969年的補選前，當大獲全勝的華人威脅
著要搞亂馬來政治霸權的時候」。[24]這使馬哈地（Mahathir Mohamad）
承認馬來西亞的實際局勢：

回首過去數年，其中必須承認最讓人不安的事實之一就是真正
的種族和諧從未發生過。我們曾經沒有種族之間的衝突，我們
曾經有過容忍、曾經有過包容。但從來沒有和諧過」。[25]

馬哈地精確地總結了1969年以前馬來西亞的狀況。曾經存在過
一些包容，但卻不存在拉薩和東姑所相信的整合。

---

22 引自 Solehah Ishak, *Histrionics of Development*, 6.

23 同上書，頁6。

24 同上書，頁7。

25 Mahathir Mohamad. *The Malay Dilemma*（Singapore: Donald Moore for Asia Pacific Press, 1970），4-5.

邁向國家文化的行動

馬來亞政府自從獨立以來就強調「馬來亞文化必須根基於原住民」。[26]但是，只有在五一三事件之後，國家的基本特色才開始被清楚定義。馬來人文化成為了國家文化的基礎，馬來統治者成為主權的象徵，馬來語文成為國家語言及官方語言，而伊斯蘭教則成為國家宗教。[27]

非原住民的馬來西亞人被誤導並認為他們能夠被整合進馬來西亞社會的方式之一，是透過得到馬來西亞的國家文化身分。然而，我認為這個馬來西亞國家文化中的馬來（西亞）層面卻問題化了做為馬來西亞人這一概念。

1971年國家文化大會（National Cultural Congress）的成立，就是為了釐清馬來西亞文化構成中含混不清的部分。伊沙克（Solehah Ishak）整理了大會達成的三項主要結論：

首先，「用來形塑國家文化的原則必須根基於馬來文化之上」。第二，由於伊斯蘭教被選為「聯邦的宗教」，國家文化大會將伊斯蘭教視為在推廣「國家身分」上的重要元素這點也是很自然的。第三，為了展現其他種族並沒有被忽視，大會規定華人與印度人的文化在適合且適當的時候「應該被納入宣揚文化身分的活動之中」。但是基本的原則仍舊存在：馬來西亞文化必

26　Wan Hashim, *Race Relations in Malaysia*（Kuala Lumpur: Heinemann Educational Books, 1983）, 56.

27　同上書，頁57。

須根基於馬來人的文化之上。[28]

　　當時的總理拉薩重申了這樣的馬來西亞文化觀，「馬來西亞文化必須根基於這個地區的原住民文化之上。我希望這點可以被好好地理解，這樣才不會產生更多的懷疑或焦慮……這個國家各種文化中的合適文化與藝術元素能夠被整合這一點是很重要的……」。[29]

　　伊沙克認為馬來西亞政府推廣馬來西亞國家文化的企圖是一件「艱困的任務……可以被視為一個滿足極馬來人、溫和馬來人，跟其他馬來西亞人的企圖」；她同時指出，雖然種族之間對彼此的善意一直受到關注，但「其操作的規則是以馬來人為基準的」。[30]馬來西亞國家文化並沒有照著某些像是萊恩（Rya, N.J.）樣天真的人[31]所相信的方式一樣發展下去：他們相信馬來西亞文化會根據「那些構成這個國家人口的民族們的文明」演化，並發展成為一個「妥協、融合，與整合下的結果」。馬來西亞國家文化明顯是構築且圍繞在馬來文化的根基之上[32]。

邁向國家身分的提案

　　五一三事件後，馬來西亞為了打造國家文化成立了國家諮詢理

28　Solehah Ishak, *Histrionics of Development*, 14.
29　引自 Derek Davies （ed.）, *Far Eastern Economic Review Asia, 1974 Year Book*（Hong Kong: Far Eastern Econimic Review Ltd, 1974）, 209.
30　Solehah Ishak, *Histrionics of Development*, 36.
31　N. J Ryan, *The Cultural Heritage of Malaya*（Kuala Lumpur: Longman Malaysia, 1971）, xi.
32　Wan Hashim, *Race Relations in Malaysia;* Ishak Solehah, *Histrionics of Development*.

事會（National Consultative Council），藉此「建立一套對於種族之
間合作與社會整合方面有益且實用的準則」。[33]這個理事會提出了
新的國家意識形態，或稱國家原則（Rukun Negara）。此原則用來
確保現存憲法能夠被接受，並且用來推廣國族建構，以及克服現存
原生效忠（primordial loyalties）的問題。

在1969年7月，沙菲宜（Tan Sri Ghazali Shafie）宣布馬來西亞
將擁有一個國家意識形態，提出對於解決國家內部族裔問題的新解
方。[34]國家意識形態被稱為國家原則。除了以整合並統一人民為目
標之外，國家原則更被做為強化政治現狀的一種方法。國家原則的
五條原則如下：

信奉上蒼
忠於君國
維護憲法
尊崇法治
培養德行[35]

國家原則作為一種意識形態是為了結合馬來西亞內部不同種族
團體，並幫助個別國民融入馬來西亞社會的方法。作為意識形態，
它是用來協助「馴服原生主義」（primordialism），以達成政治共
識且合理化權威的工具，藉此服務馬來人主掌的政府。更重要的是，
它能幫助打造國家內部的馬來政治霸權。此原則的貫徹實行同時也

---

33 R.S. Milne, "National Ideology and Nation Building in Malaysia," *Asian Survey* 10.7（1970）: 573。

34 R.S. Milne, "National Ideology and Nation Building in Malaysia," 573.

35 Wan Hashim, *Race Relations in Malaysia*, 90.

斷然摧毀所有非土著馬來西亞人的希望；與其在試圖打造「馬來西亞人的馬來西亞」（Malaysian-Malaysia）的主流馬來文化中被同化，他們更希望追求文化多元主義。[36]

在接受這個意識形態的情況下，非馬來人被迫屈服於馬來人政權的合法性。[37]政府統一國家的政策廣泛地被視為摧毀移民社群獨特文化元素的手段，並以明顯是馬來西亞的事物來取代它們。[38]

馬來西亞劇作家紀傳財（Kee Thuan Chye）在與卡尤姆（M. Quayyum）的訪談中精要地傳達了五一三事件後馬來西亞人的生活：

> 〔在暴動以前〕我們共同和諧地生活……沒有敵意存在的跡象。當然，「他者屬性」（Otherness）的要素在我們的互動中仍然存在，但我們和彼此是相熟的……我們從未覺得，「噢，他是馬來人（或華人或印度人），所以最後不要和他有任何關係」。我們一起玩耍，我們一起歡笑……我們沒有想到〔那事件〕會劇烈改變這國家的生活型態，而且負面地在我們所有人心中強化「他者屬性」的概念。直到今天，馬來人和非馬來人的關係都不再一樣。[39]

---

36 同上書，頁73-94。

37 R.S. Milne, "National Ideology and Nation Building in Malaysia," 567.

38 Wan Hashim, *Race Relations in Malaysia*；亦見 T.G. McGee, "Population: A Preliminary Analysis," in Gungwu Wang, ed., *Malaysia* （London: Pall Mall Press, 1964），67-75；S. V. Selvaratnam, *Decolonization, The Ruling Elite and Ethnic Relations in Peninsular Malaysia* （Brighton: Institute of Development Studies, University of Sussex, 1974）。

39 Mohammad A. Quayum, "Confessions of a Liminal Writer: An Interview with Kee Thuan Chye," *Kunapipi* 17.1 （2005）：135.

　　紀氏的說法揭露的是，五一三事件導致馬來西亞成為一個分裂的國家，以及馬來西亞國族或馬來西亞種族實現以前必須面臨的挑戰。

馬來西亞英文文學中對於五一三事件的再現

　　做為英國殖民主義的遺產並且在1940年代崛起的馬來西亞英文文學完全是英文教育系統（在高校及大學層級）的產物。在一個有著可以追溯至15世紀的悠久古典馬來文文藝傳統以及據稱從18世紀開始快速發展的現代馬來文文藝傳統的國家裡，[40]以英文寫作的馬來西亞作家是晚近才出現的。因此，以英文寫作的馬來西亞作家並未被熱切地歡迎。

　　馬來西亞的政治議程公然將以英文寫作的馬來西亞作家置於主流馬來西亞社會的外圍，因為他們以一個不被認為是國家文藝傳統的語言書寫。布魯斯特對於以殖民語言書寫之矛盾的看法能夠精確地套用在以英文作為文藝媒介的馬來西亞作家身上：「正如被殖民的作家諷刺地明瞭他在殖民脈絡的霸權中被邊緣化，後殖民作家也清楚知道國族主義的霸權」。[41]西姆斯也指出在馬來西亞，

　　在政府代表國家的情況下，英文是一種外來的侵擾，只有在最

40　Mohd. Taib Osman, *The Development of Malay Literature* （Kuala Lumpur: Times Books International, 1986）, 19-21.

41　Anne Brewster, "The Discourse of Nationalism and Multiculturalism in Singapore and Malaysia in the 1950s and 1960s," *SPAN* （24 April, 1987）: 142.

私密且家居的情況下才能被容忍，它不但是一種可能挑起過去
殖民情緒的威脅，更代表華人以及有時印度人弱勢商人社群的
公然挑戰；因此對於馬來西亞的英文詩人來說（這包括所有以
英文寫作的人），他使用的語言讓他與公共生活及整體社群的
富足心靈有所疏離。[42]

　　雖然有這種對英文寫作不利的環境，以英文寫作的馬來西亞人
卻正在增加。這些以英文寫作的馬來西亞作家相當清楚這個國家加
諸在所有作家身上的限制。馬來西亞作家馬尼姆（K.S. Maniam）就
對一個作家面臨的局限相當清楚明瞭。在一個訪談裡，他表達了他
（或許也是所有馬來西亞作家）的憂慮：

　　我們無法如願地公開談論一些事物。有很多主題在這裡被稱為
　　「敏感議題」。在文學領域中，列入清單的敏感議題比起政治
　　圈的還要長。而且你也不能描繪個人對性愛的迷戀或是幻想，
　　除非你好好包裝它們。[43]

　　馬尼姆重申他對於加諸在他身上的限制的憂慮，因為這與他作
為一個作家想要誠實書寫的慾望互相衝突：

　　這潛在的意涵是，為了不要冒犯任何社群或權威，有些議題不

---

42 Norman Simms, "The Future of English As a Poetic Medium in
　　Singapore and Malaysia. Part Three," *Quarterly World Report - Council
　　of National Literatures* 3.2（1980）: 9.
43 見Thuan Chye Kee, *Just in So Many Words*（Singapore: Heinemann
　　Asia, 1992）, 15。

能直接地處理。[44]

作為一個馬來西亞人，紀傳財亦表達了與馬尼姆相似的擔憂：

> 一個作家必須以他的信念所帶來的勇氣書寫。他不能容許任何
> 妥協，也不能害怕後果。他必須準備好犧牲自己的舒適與安全，
> 如果情況需要他這麼做的話。[45]

紀傳財清楚地明瞭馬來西亞審查法之嚴格。作為一個比較有名
的馬來西亞作家，瓊內則試圖測試這些法條的界限，並且批評那些
有意識或無意識自我審查的作家：

> 如果自我審查對於這個國家的整體智性發展有害的話，那它對
> 於其文學的發展則更糟糕……但當它牽扯到創意寫作者時，這
> 樣的自我審查可以在某些思想與感受的特定領域（像是與宗教
> 或種族相關）根深蒂固到不再看起來像是自我審查。甚至在想
> 像力可以使點子或看法萌芽之前，它就已經在無意識的層次上
> 發揮作用。[46]

---

44 K. S. Maniam, "The Malaysian Novelist: Detachment and Spiritual Transcendence." Bruce Bennett, et al. （eds）: *A Sense of Exile* （Nedlands: The Centre for Studies in Australian Literature, The University of Western Australia, 1988）, 167-172: 171.

45 Thuan Chye Kee, "Dilemma of a Dog Barking at a Mountain: Pragmatist-Idealist Dialectic and the Writer in Malaysia," in M. A. Quayum and P. C. Wicks, eds., *Malaysian Literature in English: A Critical Reader* （Petaling Jaya: Pearson Education Malaysia, 2001）, 67.

46 Salleh ben Joned, *As I Please: Selected Writings, 1975-1994* （London:

余長豐在〈不可言說〉一詩中描繪作家及社會大眾必須順從的
自我審查以及諸多限制：

在那（不能被提及的）國家
談論是違法的
談論某些事情。

大家都是自由的，但是，
提出一些建議的方法或手段
去改善這些事情，

會受制於一個條件——
沒有人可以質疑
這些事情的狀態，

它們是神聖的因此
反對是違法的
反對這些事情。[47]

Skoob, 1994）, 52-53.

47 Ee Tiang Hong, "Nospeak," in T. H. Ee, *Tranquerah* （Singapore: National University of Singapore Press, 1985）, 10.

李珠佛處理跨文化暴力的黑色幽默

　　李珠佛（Lee Joo For）的戲劇《小屋裡發生的事》是1969年創作的，並在1970年演出。這齣戲是在五一三事件發生的那一年所寫的。這齣戲的焦點圍繞在主角伯奇這個虛構人物的身上，他被設定為1875年在霹靂州被謀殺的英國參政（Resident）的後代。其劇情圍繞在伯奇為了替他被謀殺的祖先報復，試圖強暴他的馬來人秘書羅茲妮。幽默橫貫了整齣戲，直到結尾才提到了群眾暴力與屠殺，但除了伯奇不小心射殺了他的馬來僕役伯依外，舞台上沒有出現暴力。

　　在《小屋裡發生的事》裡，李珠佛借鑑了馬來西亞歷史中的兩個歷史性時刻。第一，英國參政在1875年被殺害導致英國介入馬來屬邦，以及其次，五一三事件。5月的暴動對這個戲劇來說是重要的背景。伯奇的僕人伯依描述他見識到的混亂，然後跑回小屋說：

> 伯依：你知道嗎，羅茲妮女士，外面甘榜（kampung）、村落和街道那邊發生了不少麻煩……我稍微看到跟聽到了。人們在打架，和彼此相殺，焚燒房子，警察來了然後開火，士兵來了然後開火，然後警察和士兵離開後，人們又再度出來打架……[48]

　　在伯奇發現他無意地開槍並殺死伯依之後，他走進暴力的群眾之中，扛著死去的伯依。舞台指示指出，群眾攻擊伯奇並殺了他。這場戲有個相對模糊的結局。外面，人們在吶喊：

---

48 Lee Joo For, "A Happening in the Bungalow," in Lloyd Fernando, ed., *New Drama One* （Singapore: Oxford University Press, 1972）, 140.

外面的聲音：（1）殺殺殺掉另一款人！（2）打回去！殺掉另
一方的人！以血還血！殺殺殺！

但在舞台上：

羅茲妮：鄭，我要打破一個傳統。我要全心全意地告訴你——
我愛你！〔他們再度擁抱〕[49]

在這齣戲的結尾，外頭的暴力與室內一對馬來人與華人角色之
間的愛情劇碼在舞台上產生對比。結束以後，這齣戲讓觀眾自行思
考對他們來說仍舊記憶猶新的五月暴動。對於李珠佛處理種族暴動
的方式，作家費爾南多（Lloyd Fernando）就表示：「幽默在此作為
劇中所暗示更嚴重文化衝突問題的傷藥，但作者還沒有足夠的能力
去處理這個問題」。[50]

余長豐詩作中馬來西亞國族的負擔與幻滅

再來討論的兩個作品是余長豐在1976年發表的詩。余氏在1975
年離開馬來西亞並自我放逐。他成為澳洲公民，並在該地居住到1990
年過世為止。馬來西亞從五一三事件展開的一連串事態發展讓他產
生很大的焦慮。文學研究者辛格（Kirpal Singh）這麼形容余氏的詩：

49　同上書，頁143。
50　同上書，頁xv。

〔其詩作〕見證了他所承載的負擔——這負擔同時是外在的，更重要的是也是內在的。大部分他在詩中所描述與歷史有關的事情都是讓人不舒服的，尤其是馬來亞如何成為馬來西亞，並形成一個國家的曲折歷史。對於歷史對他深愛的國家所造成的影響，歷史在他眼前發展的形式，以及歷史為了符合時代需求及道德規範而被構成及打造的方式（換句話說，歷史被扭曲／修改／整體傳達／更動／編輯的方式）的內化與理解都對他造成了創傷，如同他沮喪地在他其中一首詩中所表達的一樣。[51]

余氏的兩首詩作〈吉隆坡，1969年五月〉以及〈安魂曲〉都直接指涉了五一三事件對馬來西亞人產生的暴力與影響。在〈吉隆坡，1969年五月〉中，敘事者描述了他的家庭如何因為遠離暴力而感到幸運與安全。第二節則提及了政府控制的媒體如何呈現這個事件：

在黑白電視上
抽搐的國家新聞快報裡。
間歇的鏡頭中出現燒焦的殘骸，
穿著豹紋的士兵、帶刺的路障，
政府解釋暴動的起因，
戒嚴的原因。[52]

詩的最後一節帶出了詩人對於時間流逝的傷感及失落：

51 Kirpal Singh, "Poetry and the Politics of History: Revisiting Ee Tiang Hong," *Asiatic* 3.2（2009）: 25.

52 Ee Tiang Hong, "Kuala Lumpur, May 1969," *Tranquerah*（Singapore: National University of Singapore Press, 1985）, 29.

現在越來越遙遠了，

怨憎、指責日漸消退，

花朵、葉片與枝幹上的塵埃

沈積在寥寥可數的記憶之谷裡。[53]

　　余氏祈禱式的詩〈安魂曲〉重新喚起了這場災難性的事件。存活者們現在有兩個選項，他們可以記住「五一三事件這堂課」，或是忘記他們所愛之人的死：

告訴你的孩子要記得

五一三事件這堂課，

或是叫他們忘記

死去的朋友或親戚，

這沒有太大的差別，

太陽跟月亮明天照常升起

太陽跟月亮照常落下

不論我們有多哀傷。[54]

　　五一三事件發生的25年後，余氏在1994年對於馬來西亞持續著

53　同上書，頁29。

54　Ee Tiang Hong, "Requiem," *Myths for the Wilderness* （Singapore：Heinemann Asia Ltd., 1976），55.

迷於種族、語言、宗教,及出生地感到幻滅,而這在他的詩〈一些新的觀點〉中明顯可見:

種族、語言、宗教,及出生地——
這些類別並無法滿足:
他們所談論關於你我的一切。
在這之間的空白與沈默呢?[55]

這個國家沒有繼續向前邁進,而余氏希望大家承認這些概念是失敗的。在詩的最後兩行,余氏籲求更具包容性的想法:

一個世界觀,
屬於二十世紀的、我們的世界觀。[56]

余氏的詩直接處理了種族、歸屬,及超越種族的議題。這些詩都是悲傷的,而它們都提出了馬來西亞人必須面對的問題。他們可以選擇接受現狀並留下,或是像他一樣無法接受並離開。

社會工程的失敗:約瑟夫的詩作

另一位詩人約瑟夫(Ghulam Sarwar Yousuf)在〈5, 13, 1969〉這首詩中處理了政府為馬來西亞社會帶來凝聚力的企圖,如何以失

---

55 Ee Tiang Hong, "Some New Perspectives," in *Hearing a Horizon* (Singapore: Unipress, 1994), 10.

56 同上書,頁10。

敗告終：

> 手術般的權宜之計
> 實施了十年或更久
> 雖然看似給人希望
> 但卻不是植皮手術
> 或社會與文化上的
> 鍊金術[57]

他認知到社會工程並沒有成功。但是他認為社會從這樣的災難中康復是有希望的：

> 但是肉體會復原
> 在它們自己適當的時間
> 靈魂會接合
> 以它們自己奇妙的方式[58]

約瑟夫對一個團結的馬來西亞社會的關切和後殖民評論家巴巴（Homi Bhabha）對文化多樣性如何被抑制的形容互相呼應。馬來西亞想讓不同種族團結的企圖反映了巴巴所指出的：

> 這是一個被打造出來透明可見的規範，一個主流社會或優勢文

---

57 Ghulam Sarwar Yousuf, "May 13, 1969," in *Perfumed Memories* （Singapore: Graham Brash, 1982）, 34.

58 同上書，頁34。

化給予的規範。這樣的規範表示，其他文化都很好，但我們必
須能夠在我們自己的地圖上去標示它們的座標。[59]

巴巴同時也承認「試著把不同的文化形式拼湊在一起並假裝他
們可以輕易地並存，實際上非常困難，甚至是事倍功半且不可能
的」。[60]但他繼續主張：

> 所有形式的文化都在持續混雜（hybridity）中。但對我來說，
> 混雜的重要性並不在於它使我們能夠去追溯那導致第三空間崛
> 起的兩個原初時刻，而是這「第三空間」促使了其他身分位置
> 的崛起。這個第三空間取代了構成它的歷史，並設立了新的權
> 力架構、新的政治議題，而以傳統認知去理解這些都是不適當
> 的。[61]

巴巴的「第三空間」概念與馬來（西亞）人的國族文化觀有所
關聯。但是，兩者之間只有一個共通點。兩者都承認不同文化能夠
融合為一個混雜文化。然而，對於如何達成這種混雜文化的方法，
以及如何理解融合後的結果，兩者在觀點上是互相衝突的。

巴巴視混雜的過程為文化融合的結果，沒有經過設計或無法計
畫。這種混雜的重要性在於它無法「追溯……兩個原初時刻」。[62]巴

---

59 Homi K. Bhabha, "The Third Space: Interview with Homi Bhabha," in
   Jonathan Rutherford, ed., *Identity, Communnity, Culture, Difference*
   （London: Lawrence and Wishart, 1990）, 208.

60 同上書，頁209。

61 同上書，頁211。

62 同上書，頁211。

巴對於混雜文化的感受似乎是一種理想化的形式，其中原初文化是
無法被追蹤的。在現實中，不管文化多麼緊密的交織或精煉，它們
的根源很少被完全去除。另一方面，馬來（西亞）人對國族統一的
企圖是刻意且計畫過的。那是一個有意識去打造國族文化的企圖，
而這樣的企圖持續賦予原初文化重要性。

有鑑於此，如同伊沙克所指出的，[63]馬來西亞文化仍相當根基
於馬來人文化，而這與巴巴所謂應該產生「不同的、新的且無法辨
認的事物，一個協商意義及再現的新領域」[64]的混雜過程概念有所
出入。馬來西亞文化工程的特質，就是在混雜的馬來西亞文化中，
不斷給予馬來人文化優越性。

馬來西亞小說家對五一三事件的處理

有趣的一點是，本文討論到書寫五一三事件的作家，不論他們
寫的是小說、短篇故事，或戲劇，主角都與作者擁有一樣的種族身
分。唯一的例外是費爾南多，他筆下的主要角色都是以馬來人為主。
[65]在費爾南多的小說《就是綠色》中，達蘭和莎拉是主要的角色，
而雲民是一個華人角色。

《就是綠色》處理了暴力對於不同族裔產生的後續效果。小說
在暴動發生不久後的緊張氣氛中開始：「大家都說不同的語言，大

63　Solehah Ishak, *Histrionics of Development*.
64　Homi K. Bhabha, "The Third Space: Interview with Homi Bhabha,"
　　211.
65　譯注：費爾南多（Lloyd Fernando）的雙親為來自斯里蘭卡的錫蘭
　　（又譯僧伽羅）人（Sinhalese），而費爾南多在新加坡成長求學，
　　並在馬來西亞任教。

家都用不同的字眼，而所有人都對於別人不理解他們感到受傷且憤怒」。[66]莎拉對於五一三事件的想法如下：

> 沒有人真的搞懂五一三事件，她這麼想。假裝自己可以客觀看待這件事是無可救藥的。就算和跟你很親近的人討論，你還是要小心防備這個人可能不知不覺地就向他人引述你的說法。如果有第三者在場，那就更糟了，你會從對他有利的角度出發來發言。如果他是馬來人，你會用一種方式談論，華人就用另一種，印度人再用另一種。就算他沒有在聽也是一樣。到最後這就像一道難看的傷疤一樣，變成你對發生過的事情的看法：底下的傷口持續流膿。[67]

卡尤姆認為，費爾南多在暴動後利用了這種敵托邦式（dystopian）的環境「來展開他替國家搜索靈魂的過程：這個可怕的苦難該怎麼被克服，而和平該怎麼在未來被尋得，抑或這個國家即使帶有種族及文化多元性，她該怎麼達到團結及一致性？」[68]不同的角色有著他們自己對馬來西亞的願景。潘里瑪的願景是馬來人的馬來西亞，而奧瑪爾的是一個伊斯蘭式的馬來西亞。莎拉、達蘭和雲民都對馬來西亞有著包容性的願景，也就是容納所有不同種

---

66 Lloyd Fernando, *Green is the Colour* (Singapore: Landmark Publishers, 1993), 59.

67 同上書，頁93。

68 Mohammad A.Quayum, "'My Country'/'Our Country': Race Dynamics and Contesting Nationalisms in Lloyd Fernando's *Green is the Colour* and Shirley Geok-lin Lim's *Joss and Gold*," *Crossroads: An Interdisciplinary Journal of Southeast Asian Studies* 18.2 (2007): 73-74.

族。雲民的觀點是馬來西亞人應該「理解彼此」,而且他拒絕前往
英國找他的妻小,或是去澳洲找他的哥哥。[69]

　　林玉玲(Shirley Geok-Lin Lim)的《馨香與金箔》把背景設定
在暴動的一年前到暴動當天,故事的發展則從1968到1981年橫跨了
吉隆坡、紐約與新加坡三個地方。這本小說比較廣泛地呈現了馬來
西亞的生活,以及五一三事件如何持續困擾書中的角色們。小說中
的角色分屬兩個種族陣營,馬來人跟非馬來人(印度人與華人)。
小說的第一章就呈現了這些角色互相衝突的觀點。五一三事件感覺
尚未平息,且種族之間仍舊分裂。馬來人角色如阿卜杜拉和薩瑪德
視麗恩、艾倫,和吉娜為「他者」,因為他們不是馬來人。對於阿
卜杜拉和薩瑪德來說,馬來西亞是馬來人的國家,而如果任何人對
此感到懷疑,他們「該被關起來或是送回中國或印度」。[70]阿卜杜
拉期許別的種族被整合進馬來人文化中:「我們需要一套單一的價
值來讓我們維繫在一起」。[71]另一方面,麗恩相信馬來西亞國族。
但和阿卜杜拉和薩瑪德不同的是,她相信印度人和華人也是馬來西
亞人。她想要一個更包容的馬來西亞,讓不同種族能平等共存:「馬
來西亞所有東西都是拼拼湊湊的、混合的、囉喏(rojak)。一點馬
來人、一點華人、一點印度人、一點英國人。馬來西亞就是囉喏,
只要拌得好,就會非常可口」;她補充道:「再多給我們幾年,我
們會變成一個全新的國家。再也沒有馬來人、華人、印度人,而是
一個整體的人民」。[72]

---

69 Lloyd Fernando, *Green is the Colour,* 69.
70 Shirley Geok-Lin Lim, *Joss and Gold* (Singapore: Times Books
    International, 2001), 78.
71 同上書,頁182。
72 同上書,頁45。囉喏為一種馬來西亞常見的蔬果沙拉,原意為混合

麗恩甚至拒絕自己的華人身分，並在與丈夫的對話中確認這點：「我不是華人。我是馬來西亞人」；稍後，她在日記中寫道：「所有這些有關華人權益的言論讓我噁心。馬來人權益、華人權益。沒人討論馬來西亞人的權益。我是個馬來西亞人。我不存在」。[73]就像是費爾南多的小說《就是綠色》的角色一樣，在《馨香與金箔》中我們看到，角色們對一個共享的馬來西亞抱持著對立的觀點。那些抱持著更具包容性的馬來西亞觀點的人，必須與那些眼中只有「馬來人的馬來西亞」的人互相爭執。

薩瑪拉森（Preeta Samarason）的小說《夜晚即全日》（*Evening is the Whole Day*）透過一個馬來西亞印度人家庭的生活經驗來看待五一三事件。這本小說從1980年9月6日開始，在1980年8月29號結束，以非線性的方式展開敘事。這本小說在一系列的回顧中，在這些日子之間來回穿梭。作者用一個題為〈權力鬥爭〉的章節來處理五一三事件。當小說角色們被捲入這場真實的事件時，暴動的即時性也被小說捕捉。薩瑪拉森對這場暴動的處理既具風格化的描繪，也帶有事實性的陳述。她將種族間想像出來的威脅與恐懼呈現為一場「謠言」與「事實」間的致命舞蹈，而這場舞蹈接著爆發為在吉隆坡街道上的暴力及混亂：

> 雖然這不可能用說的解釋，但在選舉的三天後，謠言與事實在吉隆坡午間的熱氣中迸發，謠言穿著紅色的洋裝，事實穿著燕尾服，他們一起在街道上跳起了下流的探戈。[74]

物，也有混合各種食材的意思。在此則引申為多元文化的混合概念。

73　同上書，頁71、90。

74　Preeta Samarasan, *Evening is the Whole Day* （London: Harper Collins Publishers, 2008）, 120.

在接下來的段落，敘事者詢問：

戲弄著印度人與華人群眾的謠言與事實，是哪一方帶著承諾與
建議經過了馬來人的居住區？該你來舔我們的靴子了！一直講
馬來人至上（ketuaan Malayu），現在我們來看看誰是主人！吉
隆坡是屬於華人的。滾回去你的村莊（Balek Kampung）！回到
你落後的村子。滾回家。滾回你的故鄉。[75]

接續這段，薩瑪拉森呈現了一個馬來西亞式的潘朵拉，她穿著
紗籠（sarong）並在耳後掛著國花朱槿花，然後打開了裝著馬來西
亞種族衝突所產生各種併發症的箱子：

這些字眼充滿惡意地飛撲出來，很快地，它們是否真的曾被述
說變得不再重要。它們是真實的，而且根深柢固。它們迸發成
火焰；他們在大庭廣眾下燃燒，並讓未受保護的眼睛流下眼淚。
現在任何人都可以說出這些字眼。A可以爆出B、B可以爆出C，
而C可以回過頭來再爆回A。因為說實在的，在這個國家裡，那
聲滾回家可以被巧妙或不巧妙地對著任何人吶喊。[76]

朝著印度人及華人大喊「滾回家」，是馬來西亞持續存在的爭
議性問題。在巧爾莉（Bernice Chauly）的詩〈仍舊〉裡，現在可以
看到有種把這句話奉還給馬來人的慾望：

---

75 同上書，頁121。
76 同上書，頁121-122。

而這會帶我們邁向何方？
燃燒圖片是簡單的
焚毀教堂是簡單的
說「阿拉站在我們這邊」是簡單的
說「滾回家，滾回印度」是簡單的

[…]

我們想說「你才回家，死豬（babi）」
我們想說「什麼是馬來人？」
我們想說「什麼是馬來西亞人？」[77]

　　這首詩點出了馬來西亞人的歸屬與身分問題。第一行的「我們」
可以指涉所有種族或是其他非馬來人的種族，而最後三行的「我們」
則肯定排除了馬來人。暴動過了44年以後，當此詩出版時，他者此
一概念的定義仍舊懸而未決，而50年後當我正在撰寫這篇論文也仍
舊是如此。

　　討論五一三事件最新的馬來西亞英文創作是奧卡芙（Hanna
Alkaf）的青少年小說《天空的重量》（*The Weight of Our Sky*）。在
一場與泰倫斯（Terence Toh）的訪談中，奧卡芙說明她為何寫下這
本小說：

77　Bernice Chauly, "Still," in Bernice Chauly, *Onkalo*（Singapore: Math
　　Paper Press, 2013）, 7.

我一直都對五一三事件很感興趣。我們知道這件事發生過，而我們三不五時總是被某個政治人物以其幽魂般的存在威脅。但我們從未真正聽說到底發生了什麼事。

「在我們的教科書中，只有幾個段落與此相關，而且還是已經消毒過的。我想知道當時是什麼感覺，人們真正經歷的事」，這位吉隆坡出生的作者這麼說。

我從未見識過（五一三事件）反映在我們的文學作品中，尤其是以青少年做為目標群眾的文學。

而且我擔心，就算是我這一代，我們並沒有真正理解它。我們離這個事件越遙遠，年輕人就越不知道，而人們就越不記得它。

如果我們對我們歷史最糟糕的時刻輕描淡寫，而且不努力去保存它，我們會冒著重複犯下這件事的危險。我們必須從中學習。[78]

　　奧卡芙點出了為什麼五一三事件持續困擾馬來西亞社會的許多原因。她強調馬來西亞人對暴動的了解是多麼膚淺，以及這個事件如何仍被政治人物用來恐嚇馬來西亞人。
　　暴動50年後，當五一三事件的影響仍舊足以讓馬來西亞人臣服

78　見Terence Toh, "Hanna Alkaf Dives into Racial Riots, Mental Health on Debut YA Novel," *The Star*, 13 March 2019: https://www.star2.com/culture/2019/03/13/hanna-alkaf-debut-novel/。

於種族主義政客的詭計時,《天空的重量》出現在馬來西亞的文學
地景上的時機再恰當不過。雖然小說中的角色陷入了暴力之中,但
這場暴力並非以任何血腥的方式呈現。主角美拉提見證了她最要好
的朋友沙菲葉被帶走,只因為她是馬來人,而在小說的結尾也證實
沙菲葉最終死在華人暴徒的手上。美拉提逃脫了相似的命運,因為
她被一個認為美拉提是歐亞混血兒的華人婦女所拯救。好友之死後
來變成了她必須承擔的罪惡感,因為當沙菲葉死去時,她仍舊活著。

　　雖然有這些種族衝突的案例,仍有不同種族的角色們企圖向彼
此提供協助,而這給予一個正在掙扎試圖和諧共存的國家一點希
望。因暴動被殺害的人數仍舊不明。政府公布的數字是讓人懷疑的。

　　美拉提的媽媽,一個在公家醫院上班的護士,表示「我用自己
的雙眼看見了那些屍體」,並且補充「不可能只有196具屍體,不可
能」。她指涉的是政府報告中的死亡人數,而她的觀察得到了這樣
的回應:「『〔他們〕必須顧面子嘛』,張叔叔安靜地說。」[79]

　　本文討論的四個小說家探討了如何描寫1969年那場足以撼動國
家核心的暴動。這些小說在1993-2019年間出版,第一本在暴動26
年後出現,而最新的則是在暴動的50週年。作者包括兩個印度人、
一個華人,及一個馬來人。他們筆下的角色全都試圖處理作為馬來
西亞人的意義。種族和宗教似乎是角色們邁向團結及和平的國家路
上所面臨的主要障礙及掙扎。小說家們沒有提供簡單的解答,雖然
他們筆下的一些角色想要一個更具包容性、人人平等的馬來西亞。

79　Hanna Alkaf, *The Weight of Our Sky* (New York: Simon & Schuster,
　　2019), 274-275.

馬來人的罪惡感與五一三事件

　　兩個馬來人作家分別在一個短篇故事和一部舞台劇中對五一三
事件的處理方式都呈現了一個有趣的現象：他們的主角都身懷一種
罪惡感。在拉斯蘭（Karim Raslan）的短篇故事〈英雄〉中，一個女
兒為了揭露關於一個殘障男人納茲寧背後的真相，打擾她78歲的年
邁父親。她曾看過他搭乘計程車來到他們家，而她的父親給了他一
些錢。她對父親說，「我想知道關於那個男孩納茲寧的事。在那些
日子裡，他曾經常常拜訪我們家。我想知道為何你對他這麼好。麥
克總是說你在那些日子裡很大膽且勇敢」[80]。

　　身為女兒的法里薩接著請她的父親寫下關於過去的事，因為他
似乎無法談論它。他雖不情願，但同意這麼做，並寫下了日記。拉
斯蘭把父親對於女兒想知道的事的想法呈現給讀者：

> 當她提到「過去」的時候，我知道她真正的意思。她想要我寫
> 下關於五一三事件的紀錄——好像那血腥的幾週所發生的事能
> 夠解釋接下來的幾十年一樣。我一直試著告訴她過去並不是只
> 有五一三事件。1969年是一個反常，一個讓人厭惡的反常，就
> 只是這樣。[81]

　　在他最後的日記記錄中，法里薩的父親描述了自己如何扮演一

---

80 Karim Raslan. "Heroes," in *Heroes and Other Stories* （Singapore:
    Times Books International, 1997）, 27.

81 同上書，頁30。

個重要且忠貞的公僕。他必須和其他政黨一起共事。他的工作要求
他為了「維護馬來人種族」而在整個馬來半島上到處旅行。[82]在路
上,一場與納茲寧有關的意外成為她的父親必須在餘生中持續背負
的黑暗祕密。她父親用來旅遊的車輛撞到了一位華人婦女,而他們
很快地被一群華人暴徒攻擊,這讓法里薩的父親想起了在秋傑路和
甘榜峇魯(Kampung Baru)發生過的事情。當他完全被可能喪失性
命的恐懼給吞沒時,他指示司機離開肇事現場,他的任務在他心中
仍舊排在第一順位。他年輕的助理納茲寧完全不在他們身邊,並被
遺棄在現場面對自己的命運。這位父親對自己的行為充滿悔意:

> 在我放開手煞車後,我是不是一直都該對納茲寧嚴重的負傷、
> 殘障的樣子,以及我自己的恐懼及恥辱負起全責呢?
> 我已經見識過我自己的「墮落」了:我活著經歷過它了。我看
> 過自己最糟的一面了。我再做什麼都無法與這樣的失敗相比。[83]

同一時間,法里薩找到納茲寧並自己發現了真相。納茲寧並不
責怪她的父親造成他的傷害。但是,法里薩還是責怪她的父親讓自
己失望,「怎麼會這樣?爸爸,你是我的英雄,但你讓我失望了」。
[84]

真相的水落石出撕裂了父女兩人。他告訴她:「法里薩,真相
並不總是值得去理解的」。儘管他這麼告訴他的女兒,他還是被過
去所困擾,並且為自己的懦弱感到悲傷:「我們像是狗用兩條腿夾

---

82 同上書,頁33。
83 同上書,頁47。
84 同上書,頁36。

著尾巴一樣逃跑」。[85]

　　穆拉德（Jit Murad）的劇作《在飯上灑上肉汁》也描述了一位馬來人父親如何面對自己與五一三事件相關的罪惡。在這齣戲裡，有一些關於五一三事件的指涉，而這位父親把一位名為諾丁的年輕人帶回他的家庭中。在這齣戲的第十幕，家中的一個手足札卡利亞向卡宋提起了諾丁這個名字，以及他與五一三事件的暴力的關聯：

> 札卡利亞：卡宋，你還記得諾丁嗎？你有想過他發生了什麼事嗎？那個爸爸領養的孩子？
>
> 卡宋：並不是那樣的。他是家裡的司機……爸爸覺得對他要負起責任。你總是會覺得要對家裡頭的鄉下人（orang kampung）負起責任。[86]
>
> 札卡利亞：隨便。你還記得任何跟五一三事件相關的事嗎？
>
> 卡宋：（停了一拍）我那時還是個小孩，但我記得，呃，家裡有多緊張。
>
> 札卡利亞：還記得諾丁有一天回來的很晚嗎？
>
> 卡宋：札卡，停止。
>
> 札卡利亞：他說他和他「穿制服的朋友們」在聯邦大道上設置了路障一整天，把所有車擋下來。
>
> 卡宋：你在幹嘛，你這混蛋？沒人想聽這個！
>
> 札卡利亞：記得他的眼睛多瘋狂，而他不停的大笑嗎？好像他沒注意到他渾身是血一樣。[87]

85　同上書，頁36、49。

86　譯注：馬來語orang kampung原意指村中的人，在此應有在富有家庭中工作的鄉下人的貶義。

87　Jit Murad, "Spilt Gravy on Rice," in *Plays* （Petaling Jaya: Matahari

諾丁的狂笑和他犯下暴力後的歇斯底里有關。透過爸爸的眼睛，我們看到的諾丁是個還沒有準備好面對城市生活的鄉下男孩（kampung boy）。這解釋了為何諾丁被城市男孩們帶去參與在聯邦大道上發生的暴力。爸爸也錯誤評估了諾丁，並把整個家庭及家務事都託付給他。當爸爸發現札卡利亞被諾丁性虐待時，才發現諾丁的背叛。但是，諾丁仍舊沒有被送走，而是被允許留下來擔任家族的司機。諾丁涉入五一三事件，而且曾經性虐待札卡利亞，但爸爸的罪惡感使得他不可能切斷與這個不法之徒的關係。

拉斯蘭和穆拉德都探索了他們筆下的馬來人角色在五一三事件期間所經歷的複雜責任與背叛。他們的個人生命永遠改變了，不論是透過他們自身的行動或是他們所信任之人的行動。

五一三事件：一段記憶

隨著時間過去，五一三事件成為了馬來西亞歷史中的一個時刻，以及每個人對於過去暴力事件記憶的一部分。兩個馬來西亞作家為這點作證。嘎那薩爾范（Paul Ganaselvam）在短篇故事〈旅途終點〉中，在一個句子裡提及了五一三事件。這個故事環繞著瑪麗皇后（Queen Mary）的人生打轉，一個17歲的年輕印度新娘，她在1939年離開了她的家園。這個故事橫跨了30年，一直到1970年。到故事結尾時，敘事者點出了瑪麗皇后人生中的指標性事件、她丈夫的人生，以及他們如何活過這一切：「入侵的日本人，以及1969年

的五一三事件」。[88]

　　對於五一三事件相似的處理手法可以在維塔馬尼（Malachi
Edwin Vethamani）的詩〈十五碑依舊〉中發現。詩人檢視了吉隆坡
一個被稱為十五碑（Brickfields）的區域的仕紳化。這首詩中的人物
哀嘆不同的事件如何導致他的家與村落的損失。五月的暴動就是其
中一個事件：

　　河床是水泥
　　茅草跟雜草都消失了。
　　河流穿戴著
　　季風排水渠道的面具。

　　我曾在那裡抓過魚
　　並見過漂浮的屍體
　　在五月暴動的時候
　　那分離我們的暴動。[89]

　　「屍體」指的是五一三事件的受害者，他們的遺體沿著巴生河
（Klang River）往下漂流。在這首詩中，暴動是為十五碑這個村莊
帶來改變的其中一個事件。這首詩以實事求是的態度來處理這場事
件，將之視為馬來西亞歷史中的另一場事件，並且探討它如何影響
普通人的生活。

88　Paul Gnanaselvam, "A Journey's End," in *Latha's Christmas and Other Stories* （Petaling Jaya: MPH Group Publishing, 2013）, 21.
89　Malachi Edwin Vethamani, "Still Brickfields," in *Complicated Lives* （Petaling Jaya: Maya Press, 2016）, 39-40.

結論

　　以英語創作的馬來西亞作家處理了許多對於馬來西亞來說重要的議題與事件，雖然他們的存在持續在這個國家中被邊緣化。五一三事件是許多這些作家作品中的主題。這個事件持續作為一個暴力的歷史性時刻，一道在50年後仍舊顯而易見且刻骨銘心的傷口。它常常像隻信天翁一樣被掛在馬來西亞人的脖子上，一道重壓在人民身上的詛咒，因為這場事件再度發生的可能性常被可恥的政治人物不斷重申。可是，馬來西亞作家們以謹慎及敏感的方式來處理這個事件，並不是因為審查法的存在，而是因為他們藉由書寫來面對及接受它，並且尋找讓這個國家治癒這道傷口且繼續向前的方法。

　　馬拉基・愛德溫・維塔馬尼（Malachi Edwin Vethamani），諾丁罕大學馬來西亞校區英文學院的院長，並擔任現代英文文學的教授，於2021年1月退休。他曾在東南亞地區的諸多大學裡任教，也是兩份馬來西亞全國性報紙的專欄作家。著有兩本詩集和一個短篇故事集，並且編纂了第一本英語馬來西亞文學書目和兩本重要的馬來文學選集。

　　沈昆賢，臺大外文系碩士，目前在美國加州大學洛杉磯校區亞洲語言與文化系攻讀博士，研究華語語系文學與電影。

創傷後：

馬來與馬華作家對513事件的心理比較

劉羿宏 譯

簡介

　　事發數十年後，五一三事件（1969）此一悲劇的記憶，仍然縈繞著馬來西亞社會。正因為此事標示著至今以來華人與馬來人間最嚴重的派別暴力衝突，馬來西亞的前統治黨在過去五十年間的歷次國家選舉中，總是將五一三事件當成他們的王牌，抵擋反對勢力以及任何要求改變的呼聲。

　　學者們對五一三事件衝突的起因仍沒有一致的看法。國家行動委員會（National Operations Council）的官方報告《513悲劇》（1969）中，指五一三事件是「一場策劃好的衝突」，[1]事件不僅與反對黨當時極具煽動性的競選演講及勝選遊行息息相關，[2]也與馬來西亞勞工黨此前的活動有所關聯，而當時的勞工黨或許也與馬來亞共產黨有

---

1 見National Operations Council, *The May 13 Tragedy: A Report*（Kuala Lumpur: Silverfish Books, 1969），27-28。

2 同上書，pp. 29-30。

所結盟。這份報告附和當時總理東姑阿都拉曼（Tunku Abdul Rahman）的觀點，而總理對此事件的記述也出版成《5月13日前後》（2007發行；2012修訂）。根據英國警官里昂康柏（Leon Comber）的理解，這起悲劇事件肇因於「歷史情勢」的爆發，亦即當「馬來人與華人之間的情緒衝突已經高漲到了隨即爆發的危險程度」，社群的混亂就迸發了。[3]柯嘉遜博士於2007年出版的《1969年暴動之解密文件》則藉由英國國家檔案館解密的報告指出，暴動事件並不能被解讀成社群衝突的自發行為或危險共產主義分子的策劃，而是一場企圖安排「政變」、有計劃的殺戮事件；也就是說，部分的激進馬來人致力於破壞東姑阿都拉曼的溫和政策。[4]

時至今日，若將五一三視為已獲完善解決且沒有造成任何社會後果的事件，那肯定是極為天真的想法。事實上，五一三悲劇的負面衝擊已形成後創傷的現象，持續烙印在馬來西亞人民——尤其是馬來人與華人——的潛在記憶中。直到最近幾年，「華人滾回中國」、[5]「華人是騙子」、[6]「杯葛華商企業」、[7]「華人是外來者（*pendatang*）」

3　Leon Comber，《1969年5月13日：馬來西亞歷史上最黑暗的一天》（雪蘭莪：Marshall Cavendish Edition，2012），頁61。

4　柯嘉遜（Kua Kia Soong），《1969年暴動之解密文件》（吉隆坡：SUARAM，2007），頁3。

5　「華人滾回中國」（馬來語：Cina balik Tongshan）是前華玲縣（Baling）政治人物Datuk Seri Abdul Azeez Abdul Rahim於2015年11月4日在國會所說的。前基那巴唐（Kinabatangan）的政治人物Bung Moktar也說過相同的話。同一句話，紅衫軍運動的領導者Sunger Umno Chief Jamal Md Yunos又再說了一次。

6　2015年12月22日，紅衫軍領袖Mohd Ali Baharom在一場新聞發佈會上說「你的種族都是騙子」。

7　2015年8月由馬來企業家Datuk Seri Ismail Sabari Yaacob所說。

[8]等陳述，讓馬來西亞華人仍然是社會及政治孤立的受害者。

本文試圖分析馬來人與華人的文學，呈現出他們作品中五一三悲劇的精神狀態。此研究檢視馬來人與華人作家所生產的自1969年至今的32個文學作品，這些作品將在第三部分討論。其中，九篇馬來作家的作品無一例外採取「處方式」（prescriptive）的寫作方法；華人作家的作品則多是「描述式」（descriptive）的，只有丁雲的華語短篇故事〈圍鄉〉（1982）及林玉玲的英文小說《馨香與金箔》（2001）兩篇除外。所謂「處方式」的書寫意味著作者具備清晰的意圖，也就是通過作品推播種族和諧、國家整體性等目標；這類的「處方式書寫」就如同醫生開藥給病人的處方籤。而「描述式」書寫指的是作品詳細描繪主角的悲傷與痛苦，並反映出後創傷階段的某種防衛與固著狀態。

在這些作品中，阿都拉胡賽因、丁雲、呂育陶、韓娜奧卡芙的書寫分處於四個不同的年代，也分別呈現出馬來與華人的民族心理狀態。本文因此將著重分析這四位作者的作品。他們觀看馬來－華人衝突的視角攸關著其代表的世代；他們對馬來西亞種族關係的態度或論點，又標示著各自書寫方法的不同，而這些不同，也反過來影響了他們的讀者。本文首先提供一個理解馬來文學與馬華文學的背景展開討論。

一、1930年代至今：馬來文學與馬華文學的比較

馬來西亞的現代馬來與馬華文學自1920年代晚期開始發展，前

8　Pendatang在馬來語中意味著「外來者」或「侵入者」。激進的馬來人對於馬來西亞華人抱持這樣的態度。

者的文化參照資源為中東地區，後者為中國。第一本現代馬來小說
是伊斯蘭學者賽錫哈地（Syed Sheikh al-Hadi）的《法理達哈倫的故
事》（*Hikayat Faridah Harun*），以中東地區為背景敘述女性解放，
於1926年出版。1927年，阿末拉錫達魯（Ahmad Rashid Talu）出版
第一本以馬來亞為背景的馬來現代小說：《真正的朋友》（*Kawan
Benar*）。另一方面，馬來亞最早的華語文學作品則出自報紙的文學
插頁，如1925年的《新國民日報》及1927年的《叻報》。1932年，
丘士珍發表第一本以馬來亞為背景的華語小說《峇峇與娘惹》。

　　1930年代時，阿末拉錫達魯、位處丹絨馬林的蘇丹依德利斯訓
練學院（Sultan Idris Teacher Training College）的講師以及其他數人，
為「馬來化」的馬來書寫提供雛形。1940年代前，馬來國族主義開
始冒現，包括沙末伊斯邁（A Samad Ismail）、阿都拉辛卡寨（A Rahim
Kajai）、沙古伯（Pak Sako）、阿曼波茲塔曼（Ahmad Boestamam）、
布哈努丁希爾米（Burhanuddin Helmi）等作家，都將文學與政治關
懷相結合[9]。這也是馬來人反對馬來亞聯邦形成的年代，他們認為這
樣的發展是殖民政府要去除馬來領導者與馬來人民特權的政治陰
謀。1950年代時，經由克里斯馬斯（Keris Mas）的指導以及「為了
社會的藝術」的口號，馬來作家組織成立「50年代派」（Angkatan
Sasterawan'50，ASAS 50）。這個派別深信馬來語及文化是達成國
族整體化的社會政治手段，因此極力迫使新加坡及馬來亞聯合邦推
動馬來語成為國家官方語言。儘管如此，此時的馬來作家仍允許其
他族群參與國族討論。而大學研究生發起的作家組織則在獨立後成

9　SM Zakir "Malay Language and National Literature: A Response" in
　　Mohd A. Quayum and Nor Faridah Abdul Manaf （eds）. *Writing a
　　Nation: Essays on Malaysian Literature*. Kuala Lumpur: IIUM. 35-48.

立，多半帶著理想主義的色彩；如東南亞文學獎桂冠賽莫哈末扎契（S. M. Zakir）所說，這些組織靠著「理想主義的影響與激進的運動」而持續運作[10]。

　　1957年8月31日，馬來西亞獨立，吉隆坡遂成馬來在地報紙、國家語文出版局（Dewan Bahasa dan Pustaka，DBP）、馬來亞大學的新總部。全國作家協會（PENA）也創立了，其中較為活躍的作家包括沙末伊斯邁、賽扎哈利（Said Zahari）、克里斯馬斯、阿斯拉（Asraf）、阿里哈芝阿末（Ali Haji Ahmad）、賽胡先阿里（Syed Husin Ali）、烏斯曼阿旺（Usman Awang）、卡拉德瓦塔（Kala Dewata）、卡辛阿末（Kassim Ahmad）等。1960年代間，馬來語已逐漸發展成思想的載體，1967年也正式成為馬來西亞的官方語言。與之形成對比的，是持續在日常生活及文學表現中使用自己母語的非馬來人的「他者性」。五一三事件一年後，馬來西亞政府實施了新經濟政策（New Economic Policy，NEP）。馬來語、伊斯蘭信仰成了國家認同的主要動力，而「國家文學」此一敘事獲得前所未有的強調；馬來學者伊斯邁胡先（Ismail Hussein）在1971年9月的《文學月刊》（*Dewan Sastera*）上發表相關文章後更是如此。1980年代時，馬來作家藉由東南亞文學獎開始受到區域性的肯定。值得一提的是，兩位以馬來語寫作的非馬來作家也曾囊括東南亞文學獎：林天英（2000）與楊謙來（2006）。另一個重要出版社ITNMB，亦即現在致力於翻譯作品的馬來西亞翻譯圖書院（Institut Terjemahan & Buku Malaysia，ITBM），也在1993年成立了。自2008年起，馬來西亞的馬來語出版品開始參與法蘭克福書展，逐漸贏得國際上的認可。

　　約莫在1930年代早期，馬來半島的華語「新興文學」開始定義

10　同上書。

自身的「南洋」或東南亞特質。新興文學受到中國「無產階級文學」的影響，初衷是為了服務「普通人」的文學興趣。然而，早在1930年代，文學評論家就已注意到新興文學異於中國大陸生產的文學[11]。至1940年代，馬來文學的主軸是國族主義，滲入馬華文學的則是抗日戰爭。譴責侵占募款的人之貪心與自私的鐵抗的〈白蟻〉（1939），正是這時代此類文學的例子之一。當馬來亞領袖們努力爭取1957年的獨立時，文學作品明顯表現出跨族群、建設國家等愛國的主題及關懷，但方北方的《娘惹與峇峇》（1954）所呈現的，卻是本地脈絡——即海峽華人社群——的家庭問題。

　　1967年，馬來語已被提升至馬來西亞的官方語言，華人作家的士氣遭到打擊。雖然馬來西亞當局並沒有禁止華人作家以他們的母語書寫，卻也不會視華人作家的作品是馬來西亞的國家文學。因此，不同於上一個年代的理想主義，此時期的馬華文學帶著「受傷」的潛在含意。即便如此，當時確實有著真誠認識且理解馬來文學的興趣。例如《蕉風》1971年4月5月合刊專號，就是為了理解「馬來文學」而發行。儘管如此，正在冒現的「馬來西亞華裔」身分遭遇了文化反向發展過程中的再中國化（或者說是「文化中國」的復甦），「馬來西亞華裔」這個身分又再一次地被複雜化。華人作家們訴諸古典的中華性以尋求自己的身分，他們的書寫採用古典或文化的形象與指涉，重申他們的華人文化認同。在1980年代，本地的華語報紙、方言集團及作家協會提供新的資金，鋪出一條滿是文學獎的道路，鼓勵年輕作家們在馬華脈絡裡書寫馬華。馬華文學的元老方北方，也在此時生產出「馬來亞三部曲」：《樹大根深》、《枝榮葉茂》（又名《頭家門下》）、《花飄果墮》。到了1990年代，黃錦

11　衣虹，〈新興文學的意義〉，《叻報》1930年4月16日。

樹的「斷奶論」與張錦忠的「混雜性」蔚為主流：前者提倡馬華文
學的主體性與特別性，後者探討馬來西亞華裔既包容且當代的視
野，也就是說，馬來西亞社會在本質上就是混合而成的，馬華文學
則是馬來西亞文學的一個重要部分。張錦忠的論點大概也是當今多
數馬華作家所持的看法。

二、回應五一三事件的馬來文學與馬華文學

　　五一三事件後，全國性的緊急狀態妨礙著獨立僅十數年的馬來
西亞的進步。同時，馬來西亞當局也嚴格控管及限制在公共場域討
論五一三事件。儘管如此，馬來西亞作家在1969年至2019年間，仍
持續在文學作品中呈現事件後的情緒餘波。以下是我收集的32篇由
馬來語或華語寫成、回應513事件的文學作品，依照發行順序列出：

　　　1.1969年至1979年：

作者	題名	文類	出版日期
烏斯曼阿旺	〈代罪羔羊〉	詩	1969年5月
賽扎哈利	〈隱藏的手〉	詩	1969年5月
賴敬文	〈大浩劫〉	詩	1969年7月
綠波	〈傷口〉	詩	1969年7月
淺丘	〈心象歷程〉	詩	1969年12月
歸雁	〈沒尾巴的獸〉〈那塊腐肉〉	短篇小說	1970年3月
沙農阿末（Shahnon	〈向我家問候〉〈Al〉	短篇小說	1970年5月

Ahmad）			
阿都拉胡賽因	《連環扣》	小說（馬來語版本首發於1971，英語翻譯於2010年開始流通）	1971年
薩瑪薩依德（A. Samad Said）	〈希望的種子〉	詩	1973年
余長豐	〈吉隆坡，1969年5月〉〈安魂曲〉	詩	1976年

　　在上述清單內，所有的華語詩（即〈大浩劫〉、〈傷口〉、〈心象歷程〉）本質上都是描述式的，敘述著事件中的悲痛與慘狀。另一方面，以馬來語寫成的詩（〈代罪羔羊〉、〈隱藏的手〉、〈希望的種子〉）、短篇小說（〈向我家問候〉與〈A1〉）以及小說《連環扣》則都是處方式的。也就是說，馬來語的文學作品表現出作者想要促進國家一體性的清晰意圖，強調的是所有人共有的好處，而非族群差異。下文將詳細討論阿都拉胡賽因的《連環扣》。

　　2.1980年至1989年：

　　1980-1989是馬來西亞引進新經濟政策的十年。有14位馬來作家試圖在他們的創作中引入新的題材和風格，並努力地朝向區域認可而努力。但幾乎沒有人重訪五一三這個話題，因為馬來文學正努力地與世界文學接軌。

　　丁雲的短篇故事〈圍鄉〉（1982；馬來語譯本 *Terbelenggu di*

*Kampung Halaman*已於1988年出版)、傅承德的詩〈驚魂〉(1987)。這兩部作品基本上都是描述式的。丁雲的〈圍鄉〉大概是頭幾篇試圖處理五一三事件的馬華短篇故事;此作品採取處方式的寫作方法,在故事的最後幾個段落中,強調不同族群背景的人們如何互相接受。下文將詳細討論此作。

3.1990年至1999年:

小黑的小說《前夕》(1990);阿都拉胡賽因的短篇小說〈梅利莎〉(1992);蔡月英的小說《靜默回聲》(1994);呂育陶的詩〈獨立日〉(1999)。同樣的,華語小說及詩作本質上皆是描述式的,而馬來文學則是採取處方式的寫作方法。阿都拉胡賽與呂育陶的作品將在下文加以討論。

4.2000年至今:

張思敏的小說《愛的眩暈》(2000);林玉玲的小說《馨香與金箔》(2001);黃錦樹的短篇故事〈開往中國的慢船〉(2001);呂育陶的詩〈只是穿了一雙黃襪子〉(2000)、〈我的五一三〉(2006)、〈1969年5月〉(2018);丁雲的小說《赤道驚蟄》(2007);林建文的詩〈在魚骸上刻骨〉(2009);李天葆的小說《綺羅香》(2010);黎紫書的小說《告別的年代》(2010);賀淑芳收錄於《迷宮毯子》中的短篇故事〈死人沼國〉(2014);哈菲扎伊敘韓(Hafizah Iszahanid)的小說《我們不是稻草人》(2015);韓娜奧卡芙的小說《天空沈重》(2019)。上述所有的華語詩作本質上都是描述式的,而兩部馬來小說則採處方式的書寫方法。下文將詳加討論丁雲、呂育陶、韓娜奧卡芙的作品。

三、阿都拉胡賽因的《連環扣》（1971）與〈梅利莎〉（1992）

　　阿都拉胡賽因（1920-2014）生於吉打州鉛縣的雙溪里茂港內鎮
（Sungai Limau Dalam, Yan, Kedah），在1996年獲馬來西亞國家文
學獎。他在家鄉的馬來學校接受早期教育，在亞羅士打的聖麥克及
英華學校（Anglo Chinese School Alor Setar）完成中學教育。日本帝
國占領馬來亞期間，阿都拉胡賽曾至新加坡「昭南興亞訓練所」受
訓三個月，之後加入日軍情報單位「藤原機關」。根據他自己的解
釋，他那時的「狂熱」國族理想主義讓他相信，他在協助日本人的
同時便能貢獻於推翻歐洲殖民勢力；當時在蘇門達薩與爪哇，也確
實有過靠著日軍策劃而擊潰荷蘭防衛軍的先例[12]。

　　對當時的馬來人來說，上述看法是普遍的，而阿都拉胡賽因的
《連環扣》也記錄了這樣的心理狀態。華人看待日本的態度，則明
顯對立於馬來人支持日本的心態。當時的華人在英軍潰退且放棄馬
來亞時，自願組成游擊隊義勇軍上前線抵抗日軍。但是當本地華人
結合他們所信服的左翼意識形態，並表現出對馬來亞的忠誠，馬來
人卻難以理解這樣的心態。在那個年代，冷戰已經開始，世界即將
根據「資本主義—共產主義」的軸線而分裂。本地華人對馬來亞展
現出來的忠心，以及他們試圖將馬來亞從殖民政府與入侵日軍「解
放」出來的理想主義，理所當然地被馬來亞的其他族群誤讀成中國

---

12 Abdullah Hussain, "Menoleh ke Belakang sebelum Melangkah Lalu
Melnagkah dengan Yakin" in *Pertemuan Abadi: Koleksi Terpilih
Abdullah Hussain*（Kuala Lumpur: Dewan Bahasa & Pustaka, 2000），
307。

在南方的共產主義擴張，而不是本地華人對馬來（西）亞的熱愛。

　　阿都拉胡賽因服膺於「50年代派」所強調的「為了社會的藝術」。
他堅信，馬來語的普遍化以及具有目的性的馬來文學，能促進馬來
西亞的整體性，更認為文學是促使讀者更接近善與真主安拉（Allah
SWT）的手段[13]。他的短篇故事〈梅利莎〉是書寫五一三悲劇的嘗
試。1992年8月，〈梅利莎〉首發於《文學月刊》雜誌，後收錄於兩
本獻給馬來西亞國家文學桂冠阿都拉胡賽的文集：《來自光之城》
（*Dari Kota Cahaya*）與《永恆的會面》（*Pertemuan Abadi*）。此
篇故事的主角是將五一三事件當作大學報告主題的華人女大學生，
梅利莎。研究過程中，梅利莎的其中一位受訪者是臉上帶著2公分傷
疤的華人女性倖存者，五一三事件發生時，這位女士與未婚夫前往
新村（Kampung Baru），在這趟不幸的旅途中，她的未婚夫被馬來
年輕人打死。其實，他們原本並沒有計畫要去新村，但因為要載他
們的馬來同事佳馬利亞回家，而必須往住家相反的方向繞道前去。
然而，雖然這件痛苦的事讓梅利莎失去了未婚夫，但並沒有影響她
對佳馬利亞的感情。阿都拉胡賽因如此評價這個模範角色：

　　這麼一個真正的馬來西亞女人、這塊神聖土地的真正印記，她
　　不會去計較任何錯誤或冤屈。她沒有因為失去未婚夫就讓她的
　　馬來同事承擔過失責任，而是繼續維持他們之間彷若真正姐妹
　　般的友情。發生那場不幸的悲劇後，即便終生未嫁，她對生命

---

13 Abdullah Hussain, "Sastera Boleh Memperkukuh Kepercayaan
　　Beragama," in *Pertemuan Abadi: Koleksi Terpilih Abdullah Hussain*
　　（Kuala Lumpur: Dewan Bahasa & Pustaka），288。此為1996年他出
　　席國家文學獎授獎儀式（Anugerah Sastera Negara ke-8）的演講。

也沒有一絲遺憾。[14]

　　故事中，主角梅利莎自己也承受著失去她心愛男友的苦痛。那位男孩曾許下與她結婚並告訴她更多有關伊斯蘭信仰的承諾，但他卻永遠消失了。五一三事件時，男孩與他的母親便是在國家體育館附近狂亂奔跑的人群中犧牲的。

　　「為什麼會有暴動？為什麼住在這麼一個平靜祥和國家的人們，會突然攻擊且殺害彼此？為什麼華人一定要殺馬來人，而馬來人一定要殺華人？為什麼？」[15]在故事的尾聲，阿都拉胡賽因認為，種族間對抗的種子只不過是「殖民政府植入的病毒」，亦即「種族對立的病毒」[16]。他還主張，「即使梅利莎說的是中文、依附著中國文化，而且她的祖先是來自廣州的移民，但她沒有辦法在中國生活……他們的心態是不一樣的」[17]。身處那時那地（1992年）的阿都拉胡賽因，面對那些逼迫本地華人「回去」中國的人們，提出一個反論：事實上，馬來西亞早已是好幾個世代的馬來西亞華裔們珍惜的出生地與家鄉了。

　　〈梅利莎〉出版前，阿都拉胡賽在他的得獎歷史小說《連環扣》中，也已經處理了馬來西亞內不同人種間的關係。由於《連環扣》在五一三悲劇不久後就出版，因此在實際內容中並未描述事件本身。但小說仍然誠實檢視了讓印度、馬來、華人分裂的歷史因素。《連環扣》描寫英國殖民政府「分而治之」的政策如何透過馬來人

14　Abdullah Hussain, "Melissa," in *Dari Kota Cahaya*（Kuala Lumpur: Dewan Bahasa & Pustaka, 1997），670。引文為作者翻譯自馬來原文。
15　同上書，頁668。
16　同上書，頁672。
17　同上書，頁680。

較為劣勢的經濟地位，成功製造出馬來人民中的強硬派。故事中，
當日軍侵略馬來亞半島，其中一位馬來領袖拉奇姆告訴村民：「我
們一定要幫助日本人。如果英國人經過我們的村，我們就把他們抓
起來交給日本人」[18]。他說：「日本人就是把白人趕走的那些人，
有朝一日，我們也會統治我們自己的國家」[19]。

　　正如《連環扣》所呈現的，馬來人也將他們對殖民政府的仇恨
投射到本地華人身上，認為華人都是些運用狡猾花招從馬來人身上
獲取財富的異教徒。當時的馬來人如果無力償還逐漸積累的負債，
白人資本家往往能得到他們的抵押財產；那個時代的人們還沒有完
全了解銀行及法律體系。《連環扣》中，塞曼的爸爸將自己的房子
抵押給高個兒華裔「小生意人」（*taukeh*）席那龐江，後來，雖然
華人龐江拿出簽名文件為證，但塞曼從未看過此文件也從未從他父
親那聽過相關的事，雙方間散發出對彼此的不信任：「塞曼開始考
慮華人龐江這個人。若他就這樣被日本兵抓走了，那豈不是很好？
那麼稻田就可以物歸（原）主了」[20]。

　　　《連環扣》的最後，馬來人、印度人、華人這三個不同的
族群學會接納彼此，似乎理解了他們身處在名為馬來西亞此一新興
國家中的新角色，而馬來亞也在1957年8月31日迎接馬來亞獨立紀念
日。阿都拉胡賽因表現出來的強烈慾望是，所有人民「組成一個單
一的馬來亞社會，任何人都能活在和平與和諧中」[21]。他特別將尤
程——即華人龐江的第二個兒子——描寫成馬來西亞華裔年輕世代

18　Abdullah Hussain, *Interlok*, trans. Hazizi Hamzah Hashim Yaacob
　　（Kuala Lumpur: Dewan Bahasa & Pustaka, 2012），318-19。
19　同上書。
20　同上書，頁318。括號內的字為作者所加。
21　同上書，頁406。

的模範，強調尤程與父親的不同，他對待馬來人是如何地由衷親切，而且對馬來西亞充滿摯愛。

四、丁雲的〈圍鄉〉（1982）與《赤道驚蟄》（2007）

丁雲（1952- ）本名陳春安，出生在雪蘭莪州巴生市（Klang, Selangor），他的家庭並不富裕。丁雲的出身反證了「馬來西亞華裔都是有錢的都市人」這個常見誤解。丁雲完成小學教育後，無法繳交7.5令吉（約台幣56.25元）的學費而必須中斷學業；11、12歲年幼敏感的丁雲開始在烏魯冷岳縣（Hulu Langat）工作，體會了包括死亡、愚昧、人們的惡意對待、與心儀女孩的短暫愛戀等等生命難題。這些生命經驗都呈現在他後來的「莊園小說」（estate novels）。除了留心自己的生活境遇外，多才多藝的作家丁雲也生產多篇小說、短篇故事、劇本、散文、評論文，以及《我來自紐約》（*The Kid from the Big Apple*）這份電影草稿。

生於1950年代的丁雲及他的同代人都記得，五一三事件及茅草行動（Operation Lalang）是戳刺著不同種族間族群敏感度的兩起重大事件[22]。1969年五一三事件期間，莊園社區與外界的電話聯絡被完全截斷了，丁雲深受其苦，因為他的身體與情感完全隔絕於他的母親及8個兄弟姊妹。他的〈圍鄉〉講述的正是此事。〈圍鄉〉在1982年馬來西亞華人作家協會與《馬來西亞通報》共同主辦的文學比賽

---

22 茅草行動是五一三事件後，馬來西亞皇家警察所發起的第二大鎮壓事件。藉由內安法令（Internal Security Act，ISA），政治嫌犯（含NGO運動分子、反對派政治人物、知識分子）都沒有經由審判而直接受到拘禁。此事件也讓兩份報紙（*The Star* 與 *Sin Chew Jit Poh*）、兩份週刊（*The Sunday Star* and *Watan*）的發行執照被撤銷。

中，獲得短篇故事類的第一名。在那樣的後五一三年代，僅有為數不多的小說以五一三事件為題，丁雲的書寫可說是勇敢的。然而，即使〈圍鄉〉獲獎，《馬來西亞通報》刊登出的作品仍是刪節版。當時的媒體必須確保任何觸及五一三事件的作品皆是含蓄且有所保留的。

〈圍鄉〉是林拓的故事。林拓同他的父親及妹妹們住在一個郊區的村落，與馬來人及原住民部落比鄰而居。馬來西亞第三屆全國大選發生時，伐木園的工人們並不真的關心國家政治，不太在意究竟是「帆船」（也就是由巫統、馬華公會、國大黨組成的聯盟）或反對黨在他們各自的家鄉勝出，這些勉強餬口度日的工人並不會為了一張選票千里迢迢返鄉。林拓聽到城裡族群衝突的傳聞時，他毫不矯飾的思路或許正反映出當時大多數郊區住民的想法：「在這窮鄉僻壤的山裡，能搞出什麼亂子來？馬來人、華人，或者是山族人，同在一起過生活，一起工作，偶爾齟齬爭執是有的，暴亂嗎？殺戮嗎？那是屬於混雜紛亂的繁華都市才會發生的事吧」[23]？

五一三事件在城裡爆發時，許多住在馬來人旁的華人家庭遷出他們的村子，防止即將來臨的派系衝突。當馬來人的鼓聲益發劇烈、開始接近伐木園時，林拓的家人也開始逃跑的旅程。但他們最終還是回到他們的家，而且因為林拓的父親——總是在土地上工作的男人——堅持他需要他的犁與耕作工具，林家也就沒辦法再次離開。不久後，林家看似完全不可能躲過逐漸逼近的殺戮，火炬也已出現在他們的家門。就在此時，故事出現美好的轉折：黑暗中的訪客其實是林家的馬來朋友薩瑪德與莫哈瑪德，他們當時已經沒有存糧

---

23 丁雲（1982），〈圍鄉〉Part I. http://www.sgwritings.com/14992/ viewspace_45025.html，2018/12/28瀏覽。

了。就像林家一樣，薩瑪德與莫哈瑪德也害怕被武裝的暴民殺害，他們造訪林家只是希望能得到些許如樹薯粉或豆子之類的食物。丁雲在此發出響亮而清晰的號召：為了全國人民的安康，派系活動應該受到抑制，同時必須促進彼此間的接納。

五、呂育陶的〈我的五一三〉（2006）、〈1969年5月〉（2018）及相關詩作

　　呂育陶至今仍持續撰寫大量有關五一三悲劇的作品。呂育陶在檳城出生，於馬來西亞拉曼大學學院（Tunku Abdul Rahman College）完成大學前教育，後就讀於美國坎貝爾大學（Campbell University）。呂育陶是軟體工程師，但他從來沒有放棄寫作的企圖。他所具備的語言創作天賦以及前衛的寫作風格，讓他的詩作囊括多項華語文學大獎，包括台灣時報文學獎、馬來西亞花蹤文學獎、馬來西亞傑出年輕作家獎、馬來西亞海鷗作家獎等。呂育陶的詩集包括《在我萬能的想像國度》（1999）、《黃襪子的自辯書》（2008），以及《尋家》（2013），這些著作中也不乏政治性的作品，他通常以「黃襪子」、「跳高橫竿」為象徵，描寫1970年代起馬來西亞政府實施社會改造計畫時，馬來西亞華裔面臨的困境。「黃襪子」的象徵性也在詩人林建文的作品集《貓住在一座熱帶原始森林》（2009）發揮影響。

　　呂育陶至少有四首詩生動地描繪五一三悲劇。例如他的圖像詩〈1969年5月〉（2018），透過三份日曆說明三個不同團體與悲劇的關係：「贏」的那方（那些成功地將513從日曆上抹除的人）、五一三事件受害者的家屬（這些父母除了513再也沒有其他與五月相關的記憶）、利用五一三事件修辭來操弄群眾的政治投機分子（從513

之後每天也是513）。

五月，1969 [24]
勝利一方的歷史課本

MON	TUE	WED	THU	FRI	SAT	SUN
			1	2	3	4
5	6	7	8	9	10	11
12		14	15	16	17	18
19	20	21	22	23	24	25
26	27	28	18	30	31	

母親節之後孩子被動物般宰殺的母親日曆

MON	TUE	WED	THU	FRI	SAT	SUN
			☐	☐	☐	☐
☐	☐	☐	☐	☐	☐	☐
☐	13	☐	☐	☐	☐	☐
☐	☐	☐	☐	☐	☐	☐
☐	☐	☐	☐	☐	☐	

既得利益集團永遠的談判手段

MON	TUE	WED	THU	FRI	SAT	SUN
			1	2	3	4
5	6	7	8	9	10	11

---

24 這首圖像詩由詩人呂育陶本人供稿，曾於2014年8月發表在《星洲日報》副刊「文藝春秋」，尚未收錄在任何詩集裡。

12	13	13	13	13	13	13
13	13	13	13	13	13	13
13	13	13	13	13	13	

　　另一首題為〈我的五一三〉（2006）[25]的詩共58行，提供更多
富有詩意的意象：

　　　　回憶那天我沒看見一滴血
　　　　在母親的子宮裡我的睡夢
　　　　只是被跳動得
　　　　比逃難的步伐快的心臟敲碎
　　　　回憶擱淺於此
　　　　我分不清那是戰鼓或是心跳

　　　　絕望冷卻的屍體以及
　　　　活人提問的嘴唇
　　　　一一被法令埋葬

　　　　噤聲的童年噤聲的公路
　　　　噤聲的軍營噤聲的咖啡廳
　　　　噤聲的電話亭噤聲的圖書館
　　　　噤聲的羽球場噤聲的日記

25　這首詩首發於2006年6月2日的《蕉風》，後被收錄於呂育陶的《尋
　　家》，以及田思、王濤、呂育陶的《首屆方修文學獎獲獎作品集：
　　詩歌卷》（新加坡：八方文化），頁238-40。

> 噤聲的精神病院
> 噤聲的母親

接近詩的尾聲時，詩人抱怨道：

> 大選海報掛起時
> 總有聲音幽靈般從海報背面透出
> 『投我……，否則時鐘
> 　將回撥五月十三日
> 　那年』

> 城市承受太多歷史的負擔
> 淤積的心事
> 無法停下
> 定格一塊五一三紀念公園

　　如酷刑般的五一三之痛也現身在呂育陶的另兩首詩。〈獨立日〉（1999）：

> 之后的某个雨日
> 紛紛抽出長矛巴冷刀辯論真理。父親和華人的血
> 縫在同一个刀口上
> 木槿花的红。淌血的街道

　　呂育陶的〈只是穿了一雙黃襪子〉（2000）則將自己描寫成一個在母親子宮內驚恐的胚胎：

　　我還藏在羊水動蕩的子宮裡
　　情緒高昂的馬來鼓催促母親的心跳
　　匆匆縮進喋聲的膠林躲避一把
　　劈開官員過量粉飾好天氣的巴冷刀
　　那一年人類登陸月球胡士托搖滾不息三天夜
　　軍槍埋葬國會顏色相異的旗幟
　　所有不公與歧視都凍結成死者墳地凸起的土丘

　　國民同色的血液總安排在5月13日流出體外
　　場地換在海對岸赤道上真理被騎劫的島嶼
　　陽具上膛的暴民踢開法律的鐵柵
　　把無政府主義的精液播種在
　　一個不允許野狗般使用自己母語的少女子宮裡
　　僅僅，是為了她母親穿過一雙黃襪子？
　　一陣多元文化叢林深處吹來的冷風
　　把我推回這土地流血的那一年，那一天……

　　呂育陶如此劇烈且創傷式地表述殺戮現場的暴力，正標記了他記憶中後創傷階段的固著。直到今天，這仍代表著眾多馬來西亞華人受傷的精神狀態。

六、韓娜奧卡芙的《天空沈重》

　　馬來西亞潛力十足的新興作家韓娜奧卡芙（1985- ），是D.K. Dutt優異文學獎（D.K. Dutt Award for Literary Excellence）的得主。《KK

編年史》與《2017小籃子》兩本短篇小說集出版於2017年，但接著，
韓娜奧卡芙展現更大的企圖心，出版講述五一三悲劇的小說《天空
沈重》（2019）。她或許也是第一位選擇以英文書寫此議題的馬來
作家。

　　《天空沈重》的主角是一位歐亞混血青少女，米拉提阿莫
（Melati Ahmad）。故事中，伊斯蘭教神靈不斷向米拉提預示她的
母親將被無情殺害，讓米拉提精神上受到創傷。這個神靈是惡魔擁
護者的角色，祂扭曲了米拉提的感情；同時，作為一個文學手段，
這個神靈也成為小說家奧卡芙的魔幻寫實語言，任意再現多人被殺
死的怪誕畫面。這些持續出現在米拉提幻覺中的畫面，其實是當時
因派別暴動的種種殘酷情形，以及五一三悲劇帶來的破壞的真實寫
照。在那個不幸的日子，城市中心展開的是不同人種間的互相攻擊，
不久後，多起事件相繼爆發：一群馬來人在電影院裡被謀殺、樓房
與汽車被縱火、華人的商店被子彈射擊等。米拉提逃過一劫，沒有
遭到謀殺，但卻與母親失去聯繫。不過，因為神聖天意使然，一位
米拉提不認識、名為碧姨的華人女士收留了她，碧的房子也成為許
多人避難所。碧的兒子文森更幫助米拉提與母親團聚。故事中的米
拉提總是與責任的重量纏鬥著：「她就要死了，而且這就是你的錯。」
[26]當米拉提因她最好的朋友撒芙之死感到極度的悲傷時，她也背負
著沈重的需要「救」她母親的心理負擔。米拉提的不知所措與無力
感促使讀者思考這究竟是誰的「錯」，而我們又該如何回應如此巨
大的國家悲劇。

　　小說中，米拉提總是面對著「我可以救這一位……不，我沒辦

26　見Hanna Alkaf, *The Weight of Our Sky*（New York: Simon & Schuster,
　　2019）, 261。

法」的困境,以及那個困境導致的罪惡感[27]。在身分認同的層面上,她渴望被所有人接納;但馬來人視米拉提為背叛者,而華人視她為潛在的威脅,因此她想要全然否定自己:「我不是他們的一分子!」[28]。馬來西亞華裔面臨的認同危機則展現在弗蘭奇(碧的另一個兒子)所發出的憤怒怨言:「我們的家庭早在這好幾個世代了……英國人從我們的工作中得到所有的錢,現在馬來人也想故技重施。」[29]「這裡已經不是馬來人的土地(Tanah Melayu)了。這裡是馬來西亞……12年前,當他們宣佈自英國獨立時,那不僅是馬來人辛勤努力的成果,更是每個人的——馬來人、華人、印度人,每一個人。」[30]那時,種族暴動就在街上發生,馬來人對華人叫喊:「回去中國!」[31]

奧卡芙的《天空沈重》是一本寫給青少年的小說,她以處方式的寫作方法敘述五一三的議題:小說中呈現了兩個幾近完美的模範角色,也就是米拉提的母親與碧姨。這兩位女士皆深切奉獻於神,米拉提的母親因她的熱烈禱告而聞名,碧姨則因她對耶穌基督的信念(以牆上的木刻十字架為象徵)而備受稱讚。她們也都犧牲自我,為大量的悲劇倖存者提供避難所與溫暖:碧姨將自己的食物全數給予向自己尋求避難的倖存者,而米拉提的母親雖然對自己女兒的下落全然不知,同樣發揮大我精神,跟著醫療小組四處移動,救治病人。

---

27 同上書,頁133、233。
28 同上書,頁172。
29 同上書,頁69。
30 同上書,頁73。
31 同上書,頁258。

結論

悲劇性的事件發生後，人們往往得面對諸如否認、憤怒、對「假如當時……」的持續協商、悲傷、沮喪等經驗。多數的人大概可以透過調養感受或重構承受過悲劇的視野，而恢復原狀。但是並非每個人還能認同那些讓他們失望的人。原諒是一件事，但內在自我的恢復則是另一回事。在後創傷階段，一個人對悲劇的否認以及與他人的疏離，很可能導致劇烈的痛苦與綿延的悲傷。一定程度上來說，馬來西亞華裔在書寫五一三事件的痛苦時所運用的描述式語言與防衛性語氣，反映出他們在後創傷階段情緒及精神上的固著性。如此這般「受傷」的語言，似乎就成了馬來西亞華語書寫的內建基因。另一方面，即便當今的馬來作家從一開始就遵守處方式的準則，推崇高於任何作者意圖的「人性」，他們也不會全然忽略五一三事件帶來的後創傷結果。悲劇發生50年後，面對種族和諧的想望，五一三事件仍是令人坐立難安的議題，而馬來作家從未放棄處理此一悲劇的可能性。

在上述四個馬來西亞作家中，阿都拉胡賽因與丁雲代表著在馬來亞獨立日之前出生的兩個不同世代；呂育陶與韓娜奧卡芙則分別代表兩個在獨立後出生的世代。如第四部分討論的，阿都拉胡賽因表現出「50年代派」提倡的「為了社會的藝術」的世代堅持，「50年代派」隨後也在形塑馬來西亞認同核心時，為馬來語及伊斯蘭信仰奠下基礎。阿都拉胡賽因採取的處方式寫作方法，為其他族群參與馬來（西）亞的國族打造過程提供空間，但這樣的空間是根據特定語境構建出來的。丁雲表現出的世代，則是馬來西亞從英國取得獨立後國家自治機器開始運轉的那十年。這個世代目擊了五一三悲

劇，並且被國家緊急狀態壓抑著，此時發表的作品也遭受到國家對
其中潛在「破壞性成份」的嚴格控管。如上述第五部分，丁雲的〈圍
鄉〉（1982）對不同族群間互動的展望，可能是在五一三相關作品
中唯一一篇採取處方式寫作的華語文學。

　　詩人呂育陶代表的是形成馬來西亞當今主要經濟力量的世代，
這些人在現在的國家機構中擔任高層管理者。他們的世代首先經歷
了前總理敦拉薩（Tun Abdul Razak）主導的「新經濟政策」。「新
經濟政策」以及控管華人註冊公立大學、就職於公家機關的嚴格配
額制（固打制），讓華人面臨了許多困難。從那時開始，華人難免
受到身分認同情結所苦，在出生地也不禁認為自己是「二等公民」。
第六部分討論的呂育陶詩作，描寫的正是這個嗚咽般的心理狀態。
最後但同樣重要的作家韓娜奧卡芙代表的是接受當代教育的馬來世
代。在族群差異與不和諧的議題上，這個世代想要開展出新的對話
路徑，然而，奧卡芙持有的文學觀點──以人性為準則去處理冒現
的種族衝突──仍遵守馬來亞作家創立世代（如50年代派）方針的
規約。

　　展望未來，只要馬來西亞華裔在任職公務機關與就讀公立大學
上仍遭受不公平的對待，在當代華語文學的領域中就會出現像呂育
陶這樣藉寫作發洩不滿的作家。另一方面，若馬來人是國內的主要
族群且具有「土地之子」（bumiputera）特權的自信，在國家憲法之
下又是確定無疑且受到保護的，那麼，馬來作家從一開始就遵從的
處方式寫作可能也不會改變。馬來及華人語言在政治地位上的不
同，以及這兩個族群對五一三事件的認知差異，讓他們在各自文學
作品中採取不同的寫作途徑。馬來人與華人在講述五一三悲劇時的
差距，反映出的是後創傷階段的不同程度。如果五一三事件的不幸
記憶仍深埋在馬來人與華人社群各自的精神狀態中，那麼，五一三

此一主題也毫無意外會持續出現在馬來西亞年輕人的書寫中。

　　郭紫薇，現任馬來西亞世紀大學資深講師、馬來西亞華人作家協
會一員及《離散與文化批評國際期刊》助理編輯。研究包括馬來西
亞文學、文學倫理學批評、第二外語教學和教育學。除人文研究外，
也參與多項雙語或三語（含括馬來文、英文和中文）的翻譯計畫。
　　劉羿宏，夏威夷大學美國研究博士，現任中研院歐美所博士後研
究員，研究主題為：文化冷戰下的愛荷華作家工作坊與國際寫作計
畫，以及亞裔美國文學。

五一三的幽靈

李有成

繁茂生長的
惟毒草之芽
長銹的鐵蒺藜
新舊交替更換

歷史之手：
血染的脈搏
你往哪甩了？[1]

一

　　黃錦樹有一篇題為〈開往中國的慢船〉的小說，情節所敘饒富

＊　本文為「後五一三馬來西亞文學與文化表述國際會議」之主題演講
　　（國立中山大學人文研究中心，2019年5月13-14日），承張貴興與
　　高嘉謙提供若干研究資料，特此致謝。
1　阿都‧拉笛‧莫希丁（A. Latiff Mohidin），〈歷史之手〉（"Tangan
　　Sejarah"），收入莊華興編譯，《西崑山月：馬來新詩選》（加影：
　　貘出版社，2006），頁64。

寓意，對本文的論證具有啟發意義，我想就從這篇小說談起。馬來
西亞華裔少年鐵牛因聽信鎮上一位老人「唐山先生」所說的故事，
以為三寶公鄭和「其實在某個地方還留下了一艘寶船，在北方某個
隱密的港灣，每年端午節前夕會開始出發，以非常慢的速度，開往
唐山。三年或五年才會到達，抵達北京。之後再回來，在原來的港
口等上船的人。」[2] 據說這艘慢船只載13歲以下的小孩。鐵牛的父
親在他三歲時因在大芭伐木被大樹壓死，日後母親卻每每以其父「去
唐山賣鹹蛋」一語搪塞鐵牛的詢問。[3] 鐵牛在「唐山先生」講述寶船
的傳說時多方探詢，包括寶船「停泊的地點、時間、要不要船票、
從那條路去等細節」。蒐集了足夠的資訊之後，有一天，鐵牛瞞著
母親，帶著平日放牧[4]的水牛，一大早「收拾了僅有的幾件衣服，沿
著河，向著北方緩緩的離去。」[5] 他就在老牛的陪伴下展開尋訪寶
船往唐山尋父之旅。〈開往中國的慢船〉情節詭譎，枝節蔓生，真
真假假，虛虛實實，布局想像近乎汪洋恣肆，黃錦樹刻意打破常情
常理的敘事邏輯，將鐵牛尋覓寶船之旅託付魔幻寫實，並且藉市井
傳說託意說事。鐵牛與其老牛先是深陷猛虎和野豬出沒的原始森
林，人騎著牛狂奔數十哩後來到一處河邊，之後又走到鐵路旁，走
過一個又一個的馬來甘榜（鄉村），在城鎮上碰到有人示威抗議，

2　黃錦樹，〈開往中國的慢船〉，收入王德威編，《由島至島》（台
　　北：麥田，2001），頁247。黃錦樹這本小說集書名故作懸宕，意
　　義游移。書名扉頁作《由島至島》，書脊作《刻背》，封面則加馬
　　來文作《由島至島Dari Pulau Ke Pulau》。甚至目次題目也與內文
　　者不同：〈開往中國的慢船〉在目次中作〈慢船到中國〉。本書修
　　訂版以書名《刻背》刊行（台北：麥田，2014）。
3　「去唐山賣鹹蛋」為馬來半島華人社會的日常用語，表示與世長辭。
4　黃錦樹，〈開往中國的慢船〉，頁247。
5　同上書，頁249。

接著「幾度穿過深林，生怕再遇上老虎，還好頂多遇見大象、野豬、狒狒、四腳蛇、眼鏡蛇、烏龜、螃蟹和其他從沒聽說也沒吃過的地上爬的動物。」[6] 等他最後來到港口時，他從沉睡中醒來發現，自己原來已經身在巨大的寶船上：

> 突然，他看到了，或者說他覺得自己看到了，雖然看起來沉沒已久但仍可以見它的巨大，它讓整個港猶如一片死地。堵塞在港口、傾斜著，桅杆已歪斜或斷裂，朝天伸出屍骸的手臂，褪色破爛的帆已經看不出原來是甚麼顏色。有的破布上還可以見著殘缺的漢字，殘缺的部首或殘剩的局部，在風中髒兮兮的呼呼抖動不已。風吹過船骸發出巨大的呼吼聲。上頭棲滿了烏鴉，墨點般的，哀哀不已。[7]

就小說的題旨而言，這段文字寓意不難體會，寶船桅斷帆爛，船骸殘破，堵塞在港口中，早已不堪航行，往中國之路終究已經斷絕。〈開往中國的慢船〉因此可說是黃錦樹的解構計畫，意符斷殘模糊，符意曖昧難明，就像風帆布上的漢字，只剩下「殘缺的部首或殘剩的局部」，始源與意義顯然已不復可尋。鐵牛最後被一位開卡車回鄉的馬來人司機帶到一處偏僻的漁村，「此後他就留了下來，寄養在一戶年邁而貧困的馬來人家庭中，沒有子嗣的他們把他的到臨看成是阿拉的恩賜，在一個尋常的日午，他面無表情的被帶去割了包皮皈依了清真，且有了另一個名字，鴨都拉」。[8]

6　同上書，頁259。

7　同上書，頁263。

8　同上書，頁263。

　　換言之，回歸故土，落葉歸根既然已經無望，另一個選擇——不管是心甘情願或是半推半就——則是落地生根，不過鐵牛的例子較為極端，最後他竟為馬來人收養，取了個馬來名字，從此信奉真主阿拉，徹頭徹尾馬來化與伊斯蘭化。黃錦樹的頑童流浪記最後以鐵牛改名換姓，棲身異族異教劃下句點，其中寓意不言而喻。王德威因此視〈開往中國的慢船〉為華人的離散寓言，他問說：「名與實已經不符，時空已經離散。開往中國的航期何在？六百年後的華裔子弟還趕得上嗎？」[9] 張貴興則乾脆稱這艘慢船為「離開中國的慢船」，從此一去不返，再無航期。[10] 高嘉謙對鐵牛的最後命運更是憂心忡忡，他的憂慮隱藏在他的提問中：「這會不會是作者暗示『馬華』的一種出路？」[11]

　　值得注意的是，鐵牛的最後歸宿發生在1969年5月13日的種族暴動——俗稱五一三事件——之後不久，在他來到港口發現寶船的殘骸之前，他親身經歷這場暴動：

> 金光裡，來到一個從未見過的地方。沒有甚麼樹，路很大，可是非常奇怪的是沒有車在路上走。到處都有人躺著一動也不動。地上左一窪右一窪深紅，躺著的人身上也都染了一片紅。

9　王德威，〈壞孩子黃錦樹——黃錦樹的馬華論述與敘述〉，見黃錦樹，《由島至島》（台北：麥田，2001），頁15。

10　張貴興，〈離開中國的慢船〉，《中央日報・副刊》，2001年12月10日。

11　高嘉謙，〈歷史與敘事：論黃錦樹的歷史書寫〉，收入馬來西亞留台校友會聯合總會主編，《馬華文學與現代性》（台北：秀威，2012），頁85。另見高嘉謙，〈骸骨與銘刻：論黃錦樹、郁達夫與流亡詩學〉，《馬華文學批評大系：高嘉謙》，鍾怡雯與陳大為主編（中壢：元智大學中語系，2019），頁135。

有的房子在冒著煙。不斷的有人從街的一端跑到另一端，後頭
追趕的人用布包著臉，右手長刀高高的舉起，兩個人的嘴裡都
發出奇怪的叫聲。或者一聲長長的慘叫。有人在猛力撞門，或
揮棒敲擊著窗子。甚麼地方有女人和小孩的哭聲。披頭散髮的
人彼此追趕著。

停在路邊的〔車〕都是被打扁的，玻璃窗都被打破了，地上都
是碎玻璃，牛慢慢走動踩出許多聲音。一棟棟火柴盒式的樓，
一整排一整排的，掛滿了國旗和各式各樣飄揚的旗，牛頭稱仔，
大粒人的大頭大齒牙。警察、紅頭兵，一群人跑出來，鞭炮聲，
許多人便怪叫著倒下。紅頭兵對著跑著的人，不管是跑前面還
是後面，逮到就是一棒。[12]

　　上述引文雖屬小說家言，卻是馬華文學中少見的對五一三暴動
某個場景的敘述。鐵牛與其老牛親歷的暴力現場過了若干時日之後
竟演變為小報上的鄉野傳奇：

　　就在那不久之後，在許多華人村莊裡都不約而同的暗地流傳著
那樣的小報：頭版上刊出一幅彩色照片，背景是大片殷紅的血
和成堆的屍體，模糊的烈士銅像；前景是一頭牛和牛背上的小
孩，小孩恰好把頭轉過來，夕陽餘暉把他的頭照得泛出金光，

---

12 黃錦樹，〈開往中國的慢船〉，頁261。引文第二段中提到的「牛
　 頭稱仔」為當時政黨的黨徽。牛頭屬左翼的勞工黨，該黨其實杯葛
　 一九六九年那場大選。稱仔即天秤，為後來執政聯盟國民陣線
　 （Barisan Nasional）的黨徽。當時執政黨巫統、馬華公會及印度國
　 大黨聯盟的黨徽為一艘帆船。「大粒人」應指各政黨候選之競選肖
　 像，「紅頭兵」為馬來西亞鎮暴部隊之俗稱。

其上是幾隻烏鴉或鴿子撲翅翻飛的模模糊糊影像。間中潑灑過
血痕似的斗大血紅標題：**五一三暴動**。[13]

這段文字相當重要，一方面證實鐵牛親眼目睹的血腥場面確為
五一三暴動，另一方面則反諷地指出歷史的弔詭與無奈：暴動過程
中所留下的「殷紅的血和成堆的屍體」，在時日推移之下，早已淪
為小報照片的背景，其前景反而是在暴動場景中不期路過的鐵牛與
其老牛——他們的最後命運似乎才是照片的重點。經過了五一三事
件，用張貴興的話說，「不管那艘船有多慢，我們已經離去」。[14] 其
實不僅船已經離去，在暴動事件之後，留下來必須面對的將是新的
身分與新的認同。

二

據小說集《由島至島》所附〈黃錦樹創作年表〉所示，〈開往
中國的慢船〉發表於2000年11月，[15] 此時距五一三事件已超過30年。
[16]五一三事件無疑是馬來西亞歷史的重要分水嶺。事件發生後，政

---

13 黃錦樹，〈開往中國的慢船〉，頁263-64。
14 張貴興，〈離開中國的慢船〉。
15 高嘉謙、胡金倫、黃錦樹輯，〈黃錦樹創作年表（一九九八——二〇
    〇一）〉，見黃錦樹，《由島至島》，頁380。
16 像某些歷史事件一樣，五一三種族暴動至今真相難明，官方與民間
    各有說法。官方將事發原因歸咎於反對黨因大選後挑釁遊行造成的
    後果；民間則多視此為執政的巫統內部權力鬥爭的陰謀設計。歷史
    學者廖文輝甚至認為「這是場有計畫的政變」，當時以副首相敦阿
    都拉薩（Abdul Razak）為首的巫統少壯派刻意藉暴動逼迫開國首相
    東姑阿都拉曼（Tunku Abdul Rahman）讓出政權。見廖文輝，《馬

府宣布國家進入緊急狀態，憲法凍結，國會停止運作，並且成立國家行動理事會（National Operation Council），由副首相敦阿都拉薩負責，等於架空首相東姑阿都拉曼的權力。敦阿都拉薩的新權力結構隨即藉一個個行政命令改變過去的政策。東姑阿都拉曼於1971年2月辭職，由敦阿都拉薩接任首相。1971年開始實施新經濟政策，接著推行國家文化政策，企圖以這些國家政策進一步鞏固馬來人至上（Ketuanan Melayu）的思想意識。其後果是，用政治學者王國璋的話說，這樣的國家政策「嚴重壓縮非馬來人在政經文教諸領域的空間，讓他們淪為某種程度上的二等公民」[17]。五一三事件之後政府毫無顧忌地擴大與深化這些獨尊單一種族與文化的政策，馬來西亞從此深陷種族政治的泥淖之中，種族對立，社會分化，至今無法自拔。詩人艾文在其1973年的短詩〈苦難〉中，早已預見這樣的結果。這首詩的意象令人觸目心驚，以下是詩的最後一節：

> 縱然
> 土地如此廣大
> 我們拖著的

（續）————————————————————

　　來西亞：多元共生的赤道國度》（台北：聯經，2019），頁409-10。
　　另請參考王國璋，《馬來西亞民主轉型：族群與宗教之困》（香港：香港城市大學出版社，2018），頁39-41。有關五一三事件的英文著作請參考Kua Kia Soong, *May 13: Declassified Documents on the Malaysian Riots of 1969*（Petaling Jaya: Suaram Komunikasi, 2007); Leon Comber, *13 May 1969: The Darkest Day in Malaysian History*（Singapore: Marshall Cavendish, 2009）；有關五一三事件的口述歷史則請參考五一三事件口述歷史小組編，《在傷口上重生——五一三事件個人口述敘事》（八打靈再也：文運企業，2020）。
　17 王國璋，《馬來西亞民主轉型》，頁42。

沒有完結
好像還在擴大
腐爛[18]

　　土地廣大，不幸卻已經腐爛；而且情況不僅繼續擴大，惡化，至今沒有終結。艾文的〈苦難〉是在新經濟與文化政策下少見的具有批判意義的一首詩，半個世紀後的今天重讀這首詩，我們不難發現，詩人彷如預言者，詩末所抒發的憂懼顯然並非危言聳聽，無的放矢。[19]

　　五一三事件30年後黃錦樹發表〈開往中國的慢船〉，馬來西亞的種族政治業已鋪天蓋地，籠罩整個國家的政經文教生活。心所謂危，黃錦樹在30年後召喚五一三事件的創傷記憶，說明此創傷記憶仍像幽靈那樣，盤桓在馬來西亞的歷史時空，始終未曾獲得安頓。〈開往中國的慢船〉中的鐵牛的最後出路是以易名改宗安身立命，斷骨療傷，不得不然。不過另外有人卻別有其他選擇，另覓出路。

　　原籍馬來西亞的華美女作家林玉玲（Shirley Geok-lin Lim）在五一三暴動發生25年後出版其回憶錄，其中有若干章節特別回憶事件的經過及其影響。1969年五一三暴動時林玉玲二十四歲，為馬來亞大學英文系的碩士研究生。5月13日星期五這一天，她在學校上課，正好上到莎士比亞《馬克白》（*Macbeth*）一劇中女巫現身的一幕，她在回憶錄《月白的臉：一位亞裔美國人的家園回憶錄》中將劇中這部分情節與馬來西亞社會對比：「這樣的情節在鬼影幢幢的

18　艾文，《艾文詩》（美農：棕櫚出版社，1973），頁1。
19　我對艾文〈苦難〉一詩的詮釋另見李有成，〈在種族政治的陰影下：論一九六〇年代的大山腳詩〉，《馬華文學批評大系：李有成》，鍾怡雯與陳大為主編（中壢：元智大學中語系，2019），頁110-11。

馬來西亞社會，讀起來如兒童漫畫裡的惡魔。跟馬來西亞人想像中
的吸血女鬼（pontianak）和開腸破肚的惡鬼（hantu）比起來，『蠑
螈的尾巴』與『蟾蜍的眼睛』全都成了滑稽突梯的小玩意兒。」[20] 這
段引文當然是追憶文字，目的無非在營造五一三事件發生前的社會
氛圍，未必是作者其時的想法。值得注意的是這段文字所仰賴的魅
惑論（hauntology）修辭，將當時的馬來西亞描述為一個鬼魅橫行、
邪氣禍祟的世界，正好為即將到來的血腥暴力鋪路。

　　暴動這一天林玉玲人在事發地點的吉隆坡，她在加油站被服務
人員勸導離去，回到住處才知道吉隆坡發生種族暴動。她在回憶錄
第七章中這麼記述當時的情形：

　　家裡只有收音機，沒有電視，所以戒嚴這五天我們完全和消息
　　隔絕。從收音機裡，聽說有一群來自鄉下的馬來民眾，因為抗
　　議華人舉辦選後勝利遊行，跑來示威抗議。報導指稱他們原本
　　身上佩著巴冷刀自衛，結果演變成暴力事件。過了一些時候，
　　先是謠傳，後來看到外電報導，證實在吉隆坡有許多華人的商
　　店遭人縱火燒毀，數百名華人被殺。事後統計，大屠殺的結果
　　有大約兩千人喪生。軍隊進來了，可是馬來軍人處理種族暴動

---

20 Shirley Geok-lin Lim, *Among the White Moon Faces: An Asian-American Memoir of Homelands*（New York: The Feminist Pr., 1996): 134. 本書於一九九七年出版東南亞版，副書名改為「一位娘惹女性主義者的回憶錄」（"Memoirs of a Nyonya Feminist"），由新加坡國際時代圖書出版社（Times Book International）出版。引文所據為張瓊惠的譯本，因行文需要，部分譯文曾略加修飾。見林玉玲，《月白的臉：一位亞裔美國人的家園回憶錄》，張瓊惠譯（台北：麥田，2001），頁222。

的速度緩慢，據說還反而射殺了一些華人。[21]

　　林玉玲的簡單敘述說明了暴動的表面原因與大致經過。由於官方說法始終諱莫如深，坊間對五一三的真相因此多所臆測，莫衷一是，林玉玲的說法只是民間傳言的一個版本，只不過這卻也是一般非馬來人社會願意接受的版本。

　　五一三事件之後餘波盪漾，後來的發展前文已經略加說明，林玉玲也以她在事件後的抉擇與親身經歷，分析這個事件對她個人乃至於眾多馬來西亞人的衝擊：

> 在馬來西亞菁英逐漸成形的過程中，五一三暴力事件變成一場血腥革命，馬來西亞的願景原本希望達到多元文化一律平等的理想，……如今卻變成以馬來人為主導、種族階級分明的態勢。……
> 即使已經過了25年，到現在我還是無法確定自己當時所作的決定是否正確。……像我這樣的人，思想並沒有受制於種族歧視的意識形態，原本希望建立一個美麗的新國家，但夢想破滅之後，出走似乎是比較容易選擇的路。後來有成千上百的馬來西亞人移民到澳洲、香港、新加坡、英國、加拿大以及美國。[22]

　　對許多馬來西亞人而言，五一三事件標誌著建國理想的破滅，此後的當權者只想透過種族政治謀取個人與集團的利益，缺少追求

21　Shirley Geok-lin Lim, *Among the White Moon Faces*, 135; 林玉玲，《月白的臉》，頁222。

22　Shirley Geok-lin Lim, *Among the White Moon Faces*, 136; 林玉玲，《月白的臉》，頁224。

公平社會的思想、理想與意志。在這種情形之下，出走對某些個人
而言可能是更好的選擇。林玉玲即是其中之一。她是受英文教育的
菁英分子，用她後來自嘲的話說，「現在看起來，獨立後的12年就
像過渡狀態下的空白期，我們這些年輕被殖民的喜愛英語的殭屍，
仍然吮吸著一個叫英國的已經分離的死亡的奇幻母國的血」。[23]國
家語文政策的改變對她的打擊可想而知，在獨尊馬來文的情況之
下，殖民遺緒的英文優勢不再，她的華人身分更使得她失去公平競
爭的機會。[24]25年後，五一三事件仍像幽靈那樣蠱惑她的離散生活，
成為驅策她動筆撰寫其回憶錄的重要動力。

　　1999年，在去國離鄉30年後，林玉玲接受她的回憶錄的譯者張
瓊惠的訪談，在談到撰寫回憶錄的動機時，她對五一三事件後馬來
西亞各方情勢的發展仍然耿耿於懷，難掩心中的失望與悲憤：

> 我主要的動機是想寫下華人的馬來西亞（聽起來似乎報復心
> 切），這樣馬來西亞的華人以後才會了解過去他們身上發生了
> 什麼事。……目前所實施的種族配額制度是個極度不公不義的
> 制度，簡直是將華人貶為次等公民。有些馬來西亞華人已經接
> 受自己不算是真正馬來西亞人這樣的想法。我寫回憶錄的原

23　Shirley Geok-lin Lim, "The Breaking of a Dream: May 13th, Malaysia,"
　　Sun Yat-sen Journal of Humanities, 48（Jan. 2020), 40.

24　在接受胡迪（Timothy Fox）的訪談時，林玉玲曾經這樣表示：「在
　　馬來西亞的青年時期，我的確想像自己參與那個民族主義蓬勃的後
　　獨立運動，那真是後殖民歷史的一刻。」見 Timothy Fox, "Just
　　Another Cell in the Beehive: Interview with Shirley Geok-lin Lim,
　　Feminist Scholar, Teacher and Poet," *Intersections* 4（September 2000).
　　Retrieved　from　http://intersections.anu.edu.au/issue4/lim_fox_inter
　　view.html

因，就是要讓華人知道他們已在馬來西亞定居了數個世代，他
們跟馬來人一樣，都是馬來西亞的公民，他們沒有必要忍受那
樣的不公不義。[25]

　　林玉玲的省思充滿了批判意義，這段話不僅反映了她對故土建
國之初理想的幻滅，她的回憶錄更是意在顛覆強勢種族與國家機器
所宰制的國族敘事。她的離散故事也是她那一代馬來西亞人——尤
其是少數族裔——與後來者的離散敘事。這一切的後果無疑都可回
溯到1969年5月13日這場種族暴動的悲劇。
　　《月白的臉》自然是一部離散回憶錄，離散在這個情況之下也
不免被模塑為深具批判意識的公共領域。[26]林玉玲在她的回憶錄
中，不斷藉由這樣的公共領域對她生長的故國表示異議與抗爭。她
因此將自己的回憶錄歸類為生命書寫，而與一般所謂的自我書寫大
異其趣，用她自己的話說，「作家如果自視為某個集團——國民、
種族，或者任何方面都屬於弱勢者（族裔、少數分子、女性、身障
者等等）——的一分子，勢必很難書寫肖像型的自傳，把整個敘事
縮減為只是個人的個性，也就是自我書寫。相反的是，我們所說的
生命書寫必然會採用與自傳相關、卻又有所區隔的文字類型：歷史、
實錄、日記、散文，甚至詩。」在這樣的生命書寫中，個人的「個
性」將「成為更大的紛擾的社會、經濟及政治結構與力量的一部分」。
[27]基於這樣的體認，林玉玲的回憶錄所嘗試再現的，在更大的意義

---

25 Joan Chang, "Shirley Geok-lin Lim and Her *Among the White Moon Faces*," *New Literature Review* 3: 5（Summer 1999）: 4.

26 有關離散公共領域的討論，請參考李有成，《離散》（台北：允晨
    文化，2013），頁36-43。

27 Shirley Geok-lin Lim, "Academic and Other Memoirs: Memory, Poetry,

上，是某些馬來西亞華人在五一三事件後的生命遭遇。

2001年林玉玲出版其經營了不下20年的長篇小說《馨香與金箔》。這部多少帶有自傳色彩的小說重提五一三事件。《馨香與金箔》全書共分三大部分，每一部分又細分成若干章節。五一三事件與其後續發展出現在第一部分〈交遇〉第10至12章。第10章主要為女主角麗恩的日記，可是日記只從5月1日寫到5月12日，13日之後闕如。12日的日記一開頭就寫到：「令人興奮的週二。今天大選。我們這一邊看來會取得若干勝利。我們這一邊？我沒投票，但我有選邊，也知道心有所好。」[28] 麗恩為馬來亞大學英文系的研究生，嫁給商人葉亨利，卻又與在系上任教的美國和平工作團的團員查斯特要好。5月13日這一天兩人原先約定至麗恩友人艾倫住處見面，沒想到卻被艾倫放鴿子，麗恩即隨查斯特回返他與馬來人朋友阿都拉與沙默合居的住處。阿都拉和沙默都是狂熱的馬來人民族主義者。阿都拉更是思想偏激，暴動發生過後，他一度對麗恩說：「我告訴過妳，華人不要逼我們太甚。這是我們的國家。如果他們想找麻煩，麻煩就會找上他們。」[29]

麗恩隨查斯特來到其住處後，才從沙默那裡獲知吉隆坡一帶因暴動已經宵禁。麗恩以電話與家裡聯絡，傭人告以亨利也因宵禁無法回家。與回憶錄《月白的臉》不同的是，《馨香與金箔》中對五

(續)————————————

　　and the Body," Rocío G. Davis, Jaume Aurell, and Ana Beatriz Delgado, eds., *Ethnic Life Writing and Histories: Genre, Performance, and Culture*, Contribution to Asian American Literary Studies, Vol. 4 (Berlin: Lit Verlag, 2007), 24.

28　Shirley Geok-lin Lim, *Joss & Gold* (Singapore: Times Books International, 2001), 90.

29　同上書，頁98。

一三暴動的描述著墨不多，林玉玲在敘事過程中表現得相當節制，主角不在風暴現場當然是主要原因，其敘事觀點難免受到限制。作者因此採用側寫的策略為暴動經過留下想像的空間。在獲知吉隆坡發生暴動之後，麗恩跟隨查斯特爬上其住處屋頂，想了解事態的嚴重性：

> 當她打開眼睛，她看見夜空的一邊一片橙黃色。在橙黃色中有細微的黑絲線冉冉上升，就像飄動的蜘蛛網絲那樣。他們什麼也沒聽見。整個樓房密集的社區寂靜無聲。宵禁之外彷彿還同時停電。每個人似乎都把燈火熄了，像沙默那樣把門關上，然後隱身消失。[30]

接著她還看到「八打靈再也暗色靜寂的地區，天邊燃燒著暗淡的火，還有一圈圈軟如絨毛的煙」。[31]這些遠景的描述當然未見血腥或殺戮場面，馮品佳認為這樣的「敘事有如遵循亞里斯多德式的古典悲劇律法，完全以間接方式表達暴力」。[32]後來我們知道亨利的父親葉先生被暴民殺害，可是「警方不願交還葉先生的遺體。家人可以籌辦葬禮，但不能瞻仰遺容，以免進一步引發公共失序」。[33]同樣的亨利父親受害的經過在小說中也是一筆帶過，林玉玲只以其極度低調的葬禮凸顯當權者如何投鼠忌器。

---

30 同上書，頁95。

31 同上書，頁96。

32 馮品佳，〈漂泊離散中的華裔馬來西亞英文書寫：林玉玲的《馨香與金箔》〉，見《她的傳統：華裔美國女性文學》（台北：書林，2015），頁107。

33 Shirley Geok-lin Lim, *Joss & Gold*, 100.

　　而在私領域裡，因為宵禁的關係，麗恩留在查斯特住處過夜，兩人就在五一三事件這一天發生了一夜情，麗恩竟因此暗結珠胎，後來生下混血的女兒素音——這個名字不免讓我們聯想起著名女作家韓素音（Han Suyin）。素音因此稱得上是五一三事件的結晶，而《馨香與金箔》往後的敘事即環繞著素音的成長而開展。從這個視角看，麗恩與素音母女的故事自然會被注入「強烈的國族寓言意涵」。[34]

　　不過擺在本文的論述脈絡裡，五一三事件之後麗恩以下的思考更具意義：

> 你無法出生與成長在一個你一生不為你所屬的地方。你怎麼能夠不生根，把你附屬於某片土地的無形細絲，水的根源？如果把一棵樹從它所屹立的土地拔起，剝奪其水分，它就會死去。[35]

　　這段文字的譬喻簡單，將人喻為樹，如果失去所屬的土地，也就失去了根，失去了水分，樹就只有枯萎死去。林玉玲此處顯然有意透過麗恩的想法論證公民與國家的關係——這正是五一三事件後種種不公不義的政治安排所造成的問題。我想指出的是，不論是回憶錄《月白的臉》或小說《馨香與金箔》，林玉玲似乎無法抗拒將這些敘事文類轉換成某種論辯，這樣的結果其實都與五一三事件後種族政治全面宰制馬來西亞的公民生活密切相關。

34　馮品佳，〈漂泊離散中的華裔馬來西亞英文書寫〉，頁105。
35　Shirley Geok-lin Lim, *Joss & Gold*, 98.

三

　　黃錦樹在〈開往中國的慢船〉中透過主角鐵牛親歷五一三暴動的敘述，或者林玉玲在其回憶錄中對同一事件報導的追憶，馬來女作家漢娜奧卡芙（Hanna Alkaf）在其小說《天空沉重》中對這場血腥動亂的記述相對之下更為詳盡細膩：

> 街道一片荒涼。空蕩蕩的店鋪牆壁盡是最近紛爭留下的傷痕：
> 濺血的痕跡與彈孔，這些毫無意義的暴力標誌。這裡是被焚燬
> 的汽車殘骸；那裡是商店櫥窗散落一地的玻璃碎片；更遠處的
> 路面則是蔓延一地的污跡，就像澳大利亞的外形那樣，一眼可
> 知那是曬乾的血跡。還有一個似曾相識，但剎那間我並未意識
> 到的怪異場景，只因為我在腦海中對這一切早已習以為常：那
> 些失去生命的遺體，數量之多，難以計算。男人、女人，甚至
> 兒童，有些看起來接近我的年齡，有些甚至比我還小，有些還
> 穿著校服。有個女孩的藍色絲帶拖曳在她軀體後面，就躺在路
> 面上，絲帶與其半成形的辮子散髮交織在一起。[36]

　　與林玉玲和黃錦樹這兩位離散作家不同的是，韓娜奧卡芙雖然曾經留學美國，並在美國短暫工作，目前則在她的出生地吉隆坡定居。《天空沉重》是她的第一部小說。上述引文中的「我」是位叫默拉蒂阿默的16歲馬來女子中學的學生——她是小說的主角兼敘事

36　Hanna Alkaf, *The Weight of Our Sky* (New York and London: Salaan Reads/ Simon & Schuster, 2019), 122-23.

者。默拉蒂的父親是位警員，1967年11月檳城發生罷市暴動，他奉
派至檳城執勤，第二天就不幸為暴徒殺害。默拉蒂為強迫症
（Obsessive-Compulsive Disorder，簡稱OCD）患者，大致在父親遇
難之後，她就為這個精神疾病所困。病發時她的心中會不時出現一
個像阿拉丁神燈裡那樣的精靈，一再提醒她自己如何是位掃把星，
總是為身邊的人帶來噩運。一旦遭到精靈現身蠱惑，默拉蒂只有不
斷以手指頭持續拍打身邊的物品三次，而且還得「一二三、一二三」
不斷輕聲細數，才能短暫解除此強迫症——因此默拉蒂始終認為
「三」是她的神奇數字。用她的話說，「只要我滿足他〔精靈〕的
要求，他就保證我媽媽的安全。當我因不堪為這些數字所役，深感
挫折而企圖反抗時，他又在我的腦海中開始另一連串的死亡，繼而
對我的恐懼反應大笑不已。」[37] 她的母親了解她的狀況，在尋求現
代醫學協助無效之後，只好訴諸民俗療法，花了兩個小時的巴士車
程，帶她到芙蓉（Seremban）郊區向某位著名的巫師求助。結果卻
僅獲得三小玻璃瓶的神水救助——其中一瓶據巫師說還得到《古蘭
經》的加持。

　　除了若干倒敘，《天空沉重》的敘事時間在一週左右，而這也
是五一三暴動最關鍵的一週。從這個視角看，《天空沉重》不僅是
馬來少女默拉蒂的種族暴動歷險記，五一三事件本身更是小說無所
不在的主角。在小說第二章裡，漢娜奧卡芙藉默拉蒂與其同學好友
莎菲雅阿德南的一場對話，大致交待了暴動前夕馬來西亞的政治情
勢與社會氛圍。默拉蒂這麼回想：

　　我不太理會政治——在我看來，政治就是一群老男人比賽誰的

37　同上書，頁26。

聲音最大——就在幾天前，執政的聯盟第一次沒贏得超過半數
的選票，而兩個華人政黨卻讓人跌落眼鏡，贏得勝利。這個餘
震動搖了我們的左鄰右舍，每個人無不對這件事議論紛紛。[38]

5月13日反對黨舉行勝利遊行，引發流血衝突，燒殺破壞隨即擴
大蔓延，最後釀成暴動。官方將暴動歸罪於共產黨，只是不敢也不
便明言的是事件背後所涉及的兩種意識形態的鬥爭，一種視馬來西
亞為馬來人的土地，另一種則是馬來西亞人的馬來西亞。這兩種意
識形態的對立並非全然始於1963年9月16日馬來西亞的成立，早在
1957年8月31日馬來亞獨立建國時即已隱然若現：當時馬來亞的正式
國名英文作馬來亞聯邦（Federation of Malaya），馬來文卻作馬來
人的土地聯邦（Persekutuan Tanah Malaya）。不同語文的國名其實
隱含不同的政治或意識形態假設。[39] 不過韓娜奧卡芙並未在她的小
說中深入探討類似的議題，她只是透過小說人物在言談中提出這兩
個無法相容的概念。

　　《天空沉重》的敘事情節始於5月13日這一天。默拉蒂與莎菲雅
放學後至吉隆坡市中心茨廠街旁的麗士電影院觀賞保羅紐曼主演的
電影。看完電影，莎菲雅意猶未盡，想要再看一遍，默拉蒂只好獨
自離去。等默拉蒂走進茨廠街時，她發現街上空無一人：「商店鐵
門拉下來了，小販也失去蹤影，只留下市場常見的廢棄物。」[40] 一

38　同上書，頁18。

39　陳政欣的小說〈我爸一九四八〉對這個問題有簡要的討論，見陳政
　　欣，《小說的武吉》（八打靈再也：有人，2015）；另見林春美與
　　高嘉謙主編，《野芒果：馬華當代小說選，2013-2016》（八打靈
　　再也：有人，2019）。

40　Hanna Alkaf, *The Weight of Our Sky*, 30.

位三輪車夫催她趕緊回家，因為「馬來人和華人正互相砍殺」。[41] 默拉蒂隨即回到麗士電影院，要把莎菲雅帶走。此時電影螢幕已經打出「宣布警急狀態」的字幕。

在混亂中一群手持各種武器的華人衝進電影院來，劈頭就要求觀眾中的馬來人往一邊站，當默拉蒂還來不及反應時，一位華人太太一把拉著她，告訴領頭的人默拉蒂是位歐亞混血兒（Serani），是她八打靈再也鄰居的女兒。默拉蒂眼看同學莎菲雅被留滯下來，自己卻隨華人太太逃脫現場，內心深感自責不已。隨後幾天精靈一再現身她的腦海，譴責她必須為莎菲雅的死亡負責。華人太太自稱美姨（Untie Bee），她帶著默拉蒂在茨廠街一帶躲躲藏藏，一度在一位馬來人三輪車夫的協助下躲過馬來人的追殺。默拉蒂親眼目睹一群馬來人瘋狂地在茨廠街燒殺掠奪，甚至連開車路過的印度人也遭殃：「在他想再說些什麼之前，他的車子突然起火，他從車中跳出來，哀嚎驚叫。他還來不及反應，暴徒就衝了過來，一陣飛拳重擊他身體的各個部位，發出噼啪與令人內心怦然的嘎扎聲，直到最後他一身傷痕與血跡，……他朝火焰飛撲過去。」[42] 這個場景讓默拉蒂震驚不已。在驚慌中美姨的兒子文生適時出現，開車將他們救離火海中的茨廠街。

我簡單交待《天空沉重》開頭部分有關五一三事件的敘述是有用意的。小說的肇始部分其實決定了往後小說情節的發展與結束。就情節鋪陳而言，不難看出韓娜奧卡芙在敘述暴動場景時如何在策略上求取平衡：如果提到華人的暴力行為，接著幾無例外會補上馬來人如何殺人放火；反之亦然。就像小說中一再引述的，華人要馬

41　同上書，頁31。
42　同上書，頁48。

來人回到森林中去，馬來人則要華人滾回中國。這樣的平衡策略主
宰了整本小說的情節安排，書中例子甚多，這裡不再一一列舉。即
使小說最後提到難民的收容場所，華人被安排到精武體育館，馬來
人則有國家體育館——雖然前者為私人所有，後者則屬國家機構。
而默拉蒂卻是唯一曾經在動亂中到過這兩座體育館的人。以下是她
對這兩個體育館的觀察：

> 我發現不是〔國家體育館〕比較大——而是這裡人比較少。不
> 像擁擠不堪的精武體育館，人必須在彼此之間與家當之間縮緊
> 自己的身體，在國家體育館行動比較自由，可以佔用較大的空
> 間，為自己製造某種像家那樣的感覺。空氣間少了些緊張，多
> 了些呼吸的空間。[43]

　　這樣的對比當然也是作者刻意的規劃，其實隱含她對整個事件
的合理推論，即五一三事件中華人受到的傷害與災難要遠大於馬來
人。
　　政府既已宣布戒嚴，家顯然已回不去了，美姨要默拉蒂暫時跟
她回家。美姨的先生姓鍾，默拉蒂稱他鍾叔叔，除文生外，他們還
有一位兒子法蘭基。文生對整個事件的看法較為中立平和，法蘭基
則較為激進，總站在華人立場大肆抨擊馬來人，他甚至無法認同母
親把默拉蒂帶回家裡來。兄弟之間立場不同，看法互異，當然也是
韓娜奧卡芙的平衡策略之一。這個策略在整本小說中前後是相當一
致的。此時電話已經不通，默拉蒂只好留住鍾家。這是默拉蒂第一
次與華人同住，樣樣新奇，尤其置身於不同的意識形態環境，面對

43　同上書，頁200。

不同政治立場的衝擊，這是默拉蒂心智成長的開始。

在某種意義上，《天空沉重》確實可以被納為一本成長小說。鍾叔叔與美姨善良大方，隨後還收留了不少上門求助的難民。兒子文生不曉得如何申請到紅十字會志工的證件，不時駕車外出尋找食物。事件發生三天後政府宣布短暫解除宵禁，默拉蒂堅持要隨文生外出尋訪母親。他們先到默拉蒂居住的甘榜峇魯（Kampong Baru），結果獲知母親在事件發生後就回到吉隆坡中央醫院加入救援工作。等他們趕到中央醫院時，卻發現母親其實也出外尋訪默拉蒂。接下來的小說情節可以歸之為默拉蒂的尋母歷險記，韓娜奧卡芙藉默拉蒂尋母之旅，透露了吉隆坡在種族暴動之後的悲慘狀況。這些親眼目睹的經歷帶給默拉蒂巨大的衝擊。她冒著生命危險先後來到收留難民的精武體育館與國家體育館，甚至重回茨廠街附近的麗士電影院，以為母親可能在那兒等她出現。在這個過程中她參與救助臨盆的婦女與母親失散的兒童——一位自稱為美的小女孩，她發現在救難時種族身分完全毫無意義。最後她在茨廠街附近的一所華文中學（當時的坤成女子中學？）找到母親，原來她在那兒協助救護傷患。母親的一位傷患伊丹傷勢較重，必須立刻送醫救治。母親於是開著學校的小型廂型車往醫院飛奔，不料路上卻遇到華人與馬來人兩方暴徒持械對峙，而華人一方帶頭的竟是默拉蒂認識的法蘭基——鍾叔叔與美姨的兒子。由於事態緊急，默拉蒂在氣憤之下衝出車子，對著對峙的雙方喊叫：

> 我抬頭看著午後蔚藍的天空，設法整理我的思緒。「Di mana bumi dipijak, di situ langit dijunjung. 你們之前聽過這句話嗎？意思是說，我們立足的地方，也就是我們撐起天空的地方。我們的生死依靠的是我們生活的土地的律法。只不過這個國家為我

們全體所共有。我們創造我們的天空，我們也可以將天空撐起
來——共同合力撐起來。」[44]

一旦將自己心中的憤怒宣洩，默拉蒂內心突然感到平和，長期
困擾她的精靈消失離去，她的強迫症似乎不藥而癒。此時法蘭基已
經受傷，文生也不期而遇，儘管華人與馬來人雙方還互相辱罵，一
時不肯離去，母親卻趁機載著法蘭基、文生、伊丹、默拉蒂及小女
孩美往中央醫院奔馳而去。在這段情節結束時，作者透過敘事者兼
主角的默拉蒂這麼說：「在我還來不及回神之前，我們早已身處彼
此的懷中，哭泣，歡笑，彼此緊握著手，彷彿永遠不願放開。」[45] 漢
娜奧卡芙為小說留下一個充滿希望的結局——一個和解的可能性。

《天空沉重》以簡短的〈尾聲〉結束全書：在一個陽光明媚的
清晨，默拉蒂到她的同窗好友莎菲雅墓前哀悼，這時動亂早已結束，
而且距莎菲雅的葬禮已有兩個月。〈尾聲〉不只交代了莎菲雅受害
的事實，更重要的是，漢娜奧卡芙刻意讓敘事者的話證實傳聞中政
府處理受難者遺體的情形：

當醫院滿是屍體，一片混亂，無法確保將這些遺體歸還給他們
的家人時，政府就採取劇烈的措施。遺體被帶走，埋在幾個大
墓穴裡：每個人一個大坑，這就是他們擠滿友伴的最後安息地。
你根本無從抗議，無從知道心愛的人是否屬於其中一位。……
根據政府的說法，在緊張、混亂的那一週，整個城市被撕裂，

---

44 同上書，頁264。
45 同上書，頁270。

街道滿是鮮血和屍體，共有439人受傷，196人被殺。[46]

這個傷亡數據隨即遭到質疑。作者藉默拉蒂母親——別忘了她是中央醫院的護士——的話否定官方說法。「『我親眼目睹這些遺體，』她說，同時以手輕拍報紙，搖搖頭。『不可能只有196人。不可能。』」[47]

四

2018年12月9日的《亞洲週刊》有一篇林友順的分析報導，題為〈大馬反種族歧視公約觸礁〉，旨在析論何以馬來西亞甘冒違背普世價值的批評，不願簽署聯合國的《消除一切形式種族歧視國際公約》（The International Convention on the Elimination of All Forms of Racial Discrimination, 簡稱ICERD）。反對者主要為支持巫統和伊斯蘭教的馬來人，理由很簡單，他們擔心這個公約會影響他們目前所享有的各種特權與利益。林友順的文章特別提到當時執政者希望聯盟(Pakatan Harapan)成員黨之一的民主行動黨領袖林吉祥的說法：

行動黨資深領袖林吉祥指責一些不負責任人士企圖利用ICERD

---

46 同上書，頁272。實際的五一三受難者墓園位於吉隆坡近郊的雙溪毛糯（Sungai Buloh），在一座小山坡上，山坡下為雙溪毛糯醫院所屬的清真寺，稱伊本西那清真寺（Masjid Ibn Sina），醫院就在清真寺旁。墓園經民間整理後才略成目前規模，只是至今尚無碑文說明事件經過。我有詩〈訪五一三事件受難者墓園〉略記其事，刊《星洲日報‧文藝春秋》（2019年7月20日）。

47 Hanna Alkaf, *The Weight of Our Sky*, 272.

課題，煽動種族情緒來引發種族衝突；他說，如果簽署ICERD
會引起類似（1969年）「五一三事件」的種族問題，他相信大
馬人不會堅持要簽署這份公約。[48]

林吉祥所指責的「一些不負責任人士」指的就是那些汲汲於鞏
固自己的特權地位的馬來人領袖，他們早已多次集會遊行，反對政
府簽署這個反種族歧視合約，而且在遊行集會中，部分極端分子還
一再召喚五一三的幽靈，並以之裹挾政府，甚至揚言重演五一三事
件也在所不惜。這也是林吉祥之所以話中有話，擔心再次引發類似
50年前的五一三流血暴動。五一三事件所帶來的政治影響上文已多
所論述，不過正如參與五一三事件口述歷史計畫的傅向紅所指出
的，其效應尚「以其他方式在人們的日常生活中延續」：

> 有人從此不敢踏進電影院，有些死難者伴侶必須單獨撫育孩
> 子，有些人持續活在恐懼、創傷、怨恨或憤怒中，有些人選舉
> 前必然囤糧，有人自覺或不自覺地對特定族群產生偏見，有人
> 不斷自我提醒不可仇恨特定族群，有些人擔心談論該事件會再
> 次引起暴動或被官方對付，也有人因為曾經親睹血腥暴力而痛
> 恨血腥暴力，有人因此懷疑民主而擁護威權……[49]

這也正是黎紫書小說《流俗地》的敘事者所說的，「誰沒經歷
過當年的五一三事件呢？……大家提起這個仍禁不住臉上色變，對

---

48 林友順，〈大馬反種族歧視公約觸礁〉，《亞洲週刊》（2018年12
   月9日），頁15。
49 傅向紅，〈反思五一三事件：個體敘事、記憶政治與和解的倫理〉，
   五一三事件口述歷史小組編，《在傷口上重生》，頁23。

時局越發擔憂。」[50]事隔50年後，五一三的幽靈依然盤桓在馬來西亞的天空，形成漢娜奧卡芙小說書名所謂的「天空沉重」，顯然還猶待安魂。有關五一三事件的文學創作雖非汗牛充棟，但也不在少數。這篇論文討論了不同種族、世代及語文的作家與作品，包括黃錦樹的小說〈開往中國的慢船〉、林玉玲的回憶錄《月白的臉》與小說《馨香與金箔》，以及漢娜奧卡芙的小說《天空沉重》，以展現這些作家如何以自己的獨特方式為五一三的幽靈安魂——甚至於為50年前五一三事件的蒙難者安靈。

李有成，曾任中央研究院歐美研究所特聘研究員兼所長，其學術近著有他者三部曲，包括《他者》、《離散》及《記憶》，另有詩集《迷路蝴蝶》等。

50　黎紫書，《流俗地》（台北：麥田，2020），頁41。此書另有馬來西亞簡體字版：黎紫書，《流俗地》（八打靈再也：有人，2020）。

致讀者

　　馬來西亞在1969年爆發513事件，導致數百人死亡。為了紀念這場悲劇，50年後張錦忠教授在高雄中山大學籌辦了「後五一三馬來西亞文學與文化表述」學術研討會，會後他選出一些論文，交給《思想》發表。對馬來西亞之外的讀者來說，「513」是一件遙遠而陌生的舊聞。但是這場血腥事件，起於族群的對立、仇視，爆發為民眾之間的街頭屠殺，所造成的傷害強化了馬國政治社會制度的扭曲，積澱在華人與馬來人的記憶中，沒有化解也無從淡忘，其幽靈在五十年後仍然在作祟。

　　針對這個敏感的議題，我們特別提供篇幅，讓馬國的華人與非華人有一個回憶與反思的公共空間，同時也給其他地區的華人一個吸取經驗的機會。畢竟，馬華人士是台灣社會上特別是文化領域裡一個重要的群體，我們有義務去認識他們的一段歷史。

　　汪暉教授堪稱當代中國最受矚目的思想家之一，在華人讀者之間如此，對西方左派他更是中國新左的代表人物，備受重視。但是他的大量著作，雖然閱讀者眾，卻少見到認真、深入、可信的解析與批評。與他的影響力相比，這種缺乏批評的狀況並不正常。成因當然很多，包括了汪暉理論文字的艱澀、糾結、冗長（其實讀他一些紀念師友的文章，你會發現他完全寫得出動情、幽雅，令人低迴的作品），但在更大的程度上，當前體制下政治思想與觀點受到的層層拘束，已經封閉了公開討論的環境。這種情況，對中國思想界的傷害固然深重，但汪暉本人只能在同溫層裡聽到附和的回聲，也

會感到遺憾吧。

　　汪暉在2020年出版了《世紀的誕生：中國革命與政治的邏輯》，是他計畫中「20世紀的中國」三卷中的第一本。這本書的主旨是說明，從近代西方的角度看，20世紀的社會主義革命在蘇東乃至於西方世界固然歸於失敗，但因此瀰漫在西方左派之間的悲觀幻滅是錯誤而且多餘的。只要轉換視角，就會看到中國革命已經成功開啟了社會主義革命的另一條道路，締造了新的秩序與價值系統。因此20世紀非但不以社會主義失敗而告終，反而是「世紀的誕生」，這個世紀看到了一種由中國在漫長過程中摸索出來的革命政治。

　　汪暉的原創論點之一是用「人民戰爭」闡釋中國革命政治的主要面向。他強調人民戰爭締造了新的「政治主體」。中國革命的主體不再是資產階級革命的第三等級，不是傳統馬克思主義「去政治化」的無產階級，而是一種在動態的政治關係（包括土改，黨與群眾互動，生產、行政與軍事的結合，文化改革）中形成的「人民」。汪暉志在重新構築中國革命史，為陷入迷惘的中共重溫自己的歷史。

　　如何評價這一套複雜的論述，對該書讀者將是艱鉅的挑戰。本期榮劍先生的長文，接下了這個挑戰。他對汪暉觀點的闡釋夠不夠準確，他的嚴厲批評是不是公平、有效，讀者必須自行判斷。20世紀革命的經驗堪稱豐富而又沈重，有鑑於其代價之高昂，任何對革命的反思都有其價值。因此我們要肯定汪暉與榮劍各自的努力。話說回來，20世紀革命政治一個最關鍵、也始終沒有找到答案的問題，殆為這種政治的「形式」或者制度究竟是什麼面貌。畢竟，尋覓相應的制度設計與正當性條件，注定是政治思考最現實、也最棘手的任務。本刊下一期將發表與此相關的文章，讀者會有興趣的。

編　者
2021年 8月

思想43
五一三的幽靈

2021年9月初版　　　　　　　　　　　　　　定價：新臺幣360元
有著作權・翻印必究
Printed in Taiwan.

著　　　者	邱	士		杰
	榮			劍
	許	偉	恒	等
編　　　者	思	想 編	委	會
叢書主編	沙	淑		芬
校　　　對	劉	佳		奇
封面設計	蔡	婕		岑

出　版　者	聯經出版事業股份有限公司	副總編輯	陳 逸	華
地　　　址	新北市汐止區大同路一段369號1樓	總 編 輯	涂 豐	恩
叢書主編電話	（02）86925588轉5310	總 經 理	陳 芝	宇
台北聯經書房	台北市新生南路三段94號	社　　長	羅 國	俊
電　　　話	（02）23620308	發行人	林 載	爵
台中分公司	台中市北區崇德路一段198號			
暨門市電話	（04）22312023			
台中電子信箱	e-mail：linking2@ms42.hinet.net			
郵政劃撥帳戶	第0100559-3號			
郵 撥 電 話	（02）23620308			
印　刷　者	世和印製企業有限公司			
總　經　銷	聯合發行股份有限公司			
發　行　所	新北市新店區寶橋路235巷6弄6號2樓			
電　　　話	（02）29178022			

行政院新聞局出版事業登記證局版臺業字第0130號

本書如有缺頁，破損，倒裝請寄回台北聯經書房更換。　ISBN　978-957-08-5954-6　(平裝)
聯經網址：www.linkingbooks.com.tw
電子信箱：linking@udngroup.com

國家圖書館出版品預行編目資料

五一三的幽靈/邱士杰、榮劍、許偉恒等著 . 思想編委會編 .
初版 . 新北市 . 聯經 . 2021年9月 . 364面 . 14.8×21公分（思想：43）
ISBN　978-957-08-5954-6（平裝）

1.種族衝突　2.族群問題　3.文集　4.馬來西亞

546.59386.　　　　　　　　　　　　　　　110012133